W0277480

www.heller-verlag.de

Dr. Tino Lorenz

Am Leben

Notarzt im Rettungshubschrauber

HELLER VERLAG

Die Deutsche Nationalbibliothek verzeichnet diese Publikation in der Deutschen Nationalbibliografie. Detaillierte bibliografische Daten sind im Internet unter **www.dnb.de** abrufbar.

Autor: Dr. Tino Lorenz
Lektorat: Anke Witzel und Gabi Heller
Umschlaggestaltung: Kurt Kritzinger
Umschlagbilder: Klaus Heller

Druck und Bindung: Druckerei Steinmeier, Deiningen
Gedruckt auf umweltfreundlichem Recycling-Papier.

2., aktualisierte und erweiterte Auflage 2016

D-82019 Taufkirchen bei München
Tel.: BRD 089-612 2829 Fax: BRD 089-612 6869
Internet: www.heller-verlag.de E-Mail: info@heller-verlag.de

ISBN 3-929403-24-4 Printed in Germany

Dieser Titel ist in jeder guten Buchhandlung und im Internet unter ***www.heller-verlag.de*** und ***www.amleben.de*** auch in folgenden Versionen erhältlich:

Hörbuch auf 4 CDs ISBN 978-3-929403-30-5
Hörbuch MP3-Download ISBN 978-3-929403-41-1
eBook-Version ISBN 978-3-929403-51-0

»Be yourself, no matter what they say!« –
»Bleib du selbst, egal was die anderen auch sagen!«
Sting

Inhalt

Für meine Töchter Romy und Paula.

»Ich hab euch lieb, bis zum Mond und wieder zurück.«
Sam McBratney

Prolog

Über zwanzig Jahre liegt er nun schon zurück, mein erster Einsatz als Notarzt an Bord des Rettungshubschraubers. Trotzdem ich zu jener Zeit bereits seit einigen Jahren Erfahrungen auf dem Notarztwagen gesammelt hatte und die Ausbildung zum Chirurgen mit all ihren Härten, Ecken und Kanten mir eine gewisse mentale Resistenz gegenüber schwer verletzten oder erkrankten Patienten verliehen hatte, waren meine Knie weich, das Herz schlug bis zum Hals, als ich zum ersten Mal an Bord des Helikopters abhob. Mich erfüllte aber auch eine fieberhafte Erwartung. Zuletzt hatte ich wohl solch einen Anflug von innerer Gespanntheit, als ich, noch Kind, am Weihnachtsabend vor der verschlossenen Tür zum Wohnzimmer warten musste. Doch die »Folge deinem Traum«-Stimmung sollte recht bald relativiert werden. Da waren all die neuen Dinge: die medizinischen Besonderheiten der Luftrettung, Flugphysiologie, Navigation, Meteorologie, Luftrecht, Hubschraubertechnik, Verhaltensregeln bei Flugunfällen...

Die Enge des Innenraums, die Mannigfaltigkeit der Apparate und Instrumente, die geballte Technik auf kleinstem Areal machten mich anfangs schon etwas beklommen.

Sichtlich beeindruckt vom relativ unruhigen Flugverhalten, dem permanenten Richtungswechsel nach oben und unten, nach rechts und links, horizontal und vertikal, galt anfänglich all meine Anstrengung dem Ziel mir nichts anmerken zu lassen, wie damals am Beginn meines Medizinstudiums, als ich erstmals im Präparationssaal vor einer Leiche stand und mich die Übelkeit zu übermannen drohte.

Ich konzentrierte mich also auf meine neuen Aufgaben als Hubschraubernotarzt, vom Drumherum bekam ich zunächst nur wenig mit, fand keinen »Augenblick« für die Weite der Landschaft dort unter uns oder für das wunderbare Gefühl des Fliegens.

Als ich dann von diesem ersten Einsatz zurückkehrte, wollte ich justament wieder aufhören, alles hinwerfen. Ein angetrunkener Pkw-Fahrer war des Nachts in eine Gruppe von fünf Kindern gefahren, nur ein Kind überlebte schwer verletzt – schreckliche Bilder, welche mir bis heute nicht aus dem Kopf gehen.

Seither gab es viele, zu viele Unfälle, schwerste Erkrankungen, tragische Schicksale, dramatische Rettungsaktionen, aussichtslose Situationen, in einem Job, der zu achtzig Prozent aus Warten und Langeweile besteht. Die restlichen zwanzig Prozent sind blanker Stress, Entsetzen, Kampf, Freude und Leid.

Es ist nicht nur der Enthusiasmus, die Liebe zum Fliegen, jenes Gefühl, das keinem gleicht, was uns eint – es sind genauso Alltagsprobleme, gescheiterte Partnerschaften, neue Lieben oder auch das »Nicht-mit-jedem-mitsterben-können«, wenn wir einmal zu spät kommen. Wir kämpfen nicht selten um das Leben anderer, haben aber auch so manchen Kampf im eigenen Leben auszufechten.
Wir sind dran – »Am Leben« – versuchen anderen, die wir mitten im Leben treffen, das Leben zu erhalten oder sie wieder ins Leben zu holen.
Nicht selten sind wir die letzten, die einen Menschen am Leben sehen und wenige Augenblicke später die ersten, die seinen Tod erleben.
Wir erleben Änderungen von Lebensläufen und Lebensplänen in wenigen Augenblicken – den vom Brand Entstellten, den querschnittsgelähmten Motorradfahrer, einen jungen Patient mit einer Gelbsucht, der von seinem nicht operablen Bauchspeicheldrüsentumor erfährt und von seiner verbleibenden Zeit, die nur noch wenige Wochen beträgt.

Menschen retten, um die Niederlagen auszuhalten?!

Wir selbst sind »Am Leben«, wollen es möglichst gut meistern, für die Familien und Kinder, für uns – das Leben erleben, etwas erleben und einfach nur leben.

Wie es gelingt, bestimmt das Leben.

Wir sind erwachsene Menschen, die die Spuren ihrer Lebenserfahrungen in sich tragen, die nicht zu Ängstlichkeiten neigen. Wir neigen vielmehr dazu, die Dinge so zu sehen, wie sie sind. Und doch bleiben Ängste, konkurrierende Ängste. »Ist das, was ich gerade tue richtig? Warum? Warum nicht?« Die meisten werden dadurch verwirrt, verunsichert, tendieren zum Nichthandeln, wir müssen handeln – es wird erwartet.
Es ist unsere Sinneswahrnehmung, auf die wir vertrauen, die wir beständig schulen. Diese Sinneswahrnehmung gilt es dann durch Erfahrungen zu interpretieren – eine überraschend simple Formel, die sich jedoch unter notfallmäßigen Bedingungen nicht selten als recht schwierig erweist.

Das Leben mit diesem uns so fordernden Job gleicht dem Zusammensein mit einer Diva – gelegentlich triumphal, geht es die meiste Zeit reichlich lustlos mit uns um.
Mithin schultern wir Schlafmangel, Familienkrisen und Stress und beschreiten damit »belastet« unseren Weg.
Das Schicksal anderer bestimmt unseren Tagesablauf, legt das Arbeitspensum fest.

Delta-Hotel-Tango-India-Bravo

»Dresden Tower, Delta-Hotel-Tango-India-Bravo a BK one-one-seven helicopter is ready for take off. This is an ambulance-flight from our base at Bautzen to highway A4.« Bernds Stimme durchbricht den Lärm der anlaufenden Turbinen, noch etwas außer Atem von den gut 300 Metern, welche wir in einem straffen Sprint zurücklegen müssen, um, wie vorgeschrieben, in drei Minuten in der Luft zu sein.

Unsere Piloten, welche grundsätzlich den direkten Weg zum Einsatzort zu wählen suchen, kontaktieren die Flugsicherung, um die Genehmigung für den erstellten Flugplan und Informationen zum vorherrschenden Luftverkehr zu erhalten.

»Roger, Delta-Hotel-Tango-India-Bravo.« Tower und Ground weisen uns in der im Luftverkehr üblichen englischen Sprache die zu durchfliegenden Lufträume zu, geben Auskunft zum zu erwartenden Flugverkehr, informieren über die aktuellen Wetterdaten mit Wind- und Luftdruckverhältnissen.

Der Pilot ist stets als Erster am Helikopter, macht den Take-off-Check und lässt die beiden, zusammen eintausendeinhundert Kilowatt starken, Motoren an. Der mitfliegende Rettungsassistent sucht unterdessen das Einsatzziel anhand der von der Rettungsleitstelle durchgegebenen Koordinaten auf unserer riesigen Landkarte, welche den Großteil der Wand im Stützpunktzimmer einnimmt. Etwa mittig in der Karte prangt eine rote Pinnwandnadel, die genau die Koordinaten unserer Hubschrauberbasis wiedergibt. Umgeben ist dieser Fixpunkt von einem skalierten Kreis, auf dem die Himmelsrichtungen verzeichnet sind – Norden liegt bei 0°, Osten bei 90°, den Süden markieren 180°, den Westen 270°. An jener roten Nadel hängt die ein Meter lange Schnur, welche alle 3,7 Zentimeter

eine rote Markierung aufweist. Diese Striche stellen die zu absolvierenden Flugminuten dar, setzt man eine Fluggeschwindigkeit von 120 Knoten voraus. Das ergibt zwei Meilen pro Minute, rund 3,7 Kilometer.
Frank zieht den Faden nach rechts, zählt zwölf Markierungen.
»93 Grad, 12 Minuten«, der Notfallort ist ermittelt.
Aufgabe des Notarztes ist es, die an der Ladestation hängenden Geräte wie Spritzenpumpen und Absaugung zu ergreifen und diese im Hubschrauber zu platzieren.
Schon laufen wir los, durch die Tür, auf der mit großen Lettern geschrieben steht:

CAUTION!
When you go me on the Nerven
I'll put you into the Gully, do the Deckel druff and
you never come back to the Tageslicht!!!

Wieder einmal erfolgt die Alarmierung, dem Klischee aller Fernseh-Soaps zum Thema »Rettungsflieger« folgend, gerade als der dampfende Kaffee eingeschenkt war und die aufgebackenen Frühstücksbrötchen begannen, ihren lieblichen Duft im Bereitschaftszimmer zu verbreiten. Der Tisch ist übervoll von den unterschiedlichsten Köstlichkeiten. Allerdings haben wir es auch nach fünf Jahren noch nicht geschafft, unsere Einkäufe richtig zu koordinieren. So stehen heute beispielsweise fünfzehn Becher Joghurt zum Verzehr bereit, zwanzig Brötchen, zwei Brote, dreimal Spagetti, dreimal Tomatensauce. Dafür fehlen Kaffeesahne und Butter.
Egal, wir müssen sowieso los.
Eilig und präzise gibt Frank, der Rettungsassistent, mit dem ich meistens Dienst habe, Unfallort, Himmelsrichtung und die voraussichtliche Flugdauer an Bernd im Cockpit weiter.

Die Bildung von festen und bereits eingespielten Arzt-Rettungsassistenten-Teams ist angestrebt worden, um gerade in der Primärrettung optimal, rasch und koordiniert handeln zu können. Die hier beim Rettungshubschrauber in Bautzen mitfliegenden Rettungsassistenten – »Assis«, wie sie bei uns heißen – sind lang im Rettungsdienst Erfahrene oder gelegentlich auch Medizinstudenten in den »letzten Zügen« ihrer sechsjährigen Ausbildung. Bei Primäreinsätzen treffen wir, im Gegensatz zur sekundären Rettung, wo bereits versorgte Patienten in Zentren der medizinischen Maximaltherapie verlegt werden, als erstes aller Rettungsteams am Notfallort ein, sind die Erstversorger, müssen somit alle nötigen Maßnahmen koordinieren, gegebenenfalls weitere Rettungskräfte anfordern. Bei Massenunfällen werden die Verunglückten nach dem Schweregrad ihrer Verletzung, dem Dringlichkeitsgrad ihrer medizinischen Versorgung eingeteilt, Tote müssen gekennzeichnet und isoliert werden. Es ist schon vorgekommen, dass ein tödlich Verunfallter eines Massencrashs, der am Anfang der Unfallstelle lag, von mehreren nacheinander ankommenden und unabhängig voneinander handelnden Rettungsteams reanimiert wurde, natürlich erfolglos. Retrospektiv wurde herausgefunden, dass insgesamt fünfmal versucht wurde, den Toten wieder zum Leben zu erwecken, von fünf verschiedenen Teams. Es wurde lediglich versäumt, die Leiche abzudecken, als Zeichen für die Nachfolgenden. Wertvolle Zeit zur Behandlung der anderen Verletzten ging verloren. Man muss also an eine ganze Menge denken, Details beachten, Prioritäten setzen. Bernd, der 35-jährige »Wessi« – mittlerweile wohl schon »Wossi« – ein passionierter Ausdauersportler und Saunagänger, ist ein Pilot von bestem Schrot und Korn, der alles fliegen kann, was einem Hubschrauber auch nur im Entferntesten ähnelt. Er, mit den Börsen-News per Tablet als ständige Begleiter, der Kunstschütze (mir war vorher gar nicht bewusst, dass man so oft daneben schießen kann), der Genießer der italienischen Küche und profunde Kenner guter Weine, ein lebenserfahrener Globetrotter, war es auch, der mich zur Teilnahme am New York Marathon ermutigte. Seither laufe ich, gegenwärtig nur sporadisch, in der Hoffnung, dieses Vorhaben irgendwann zu realisieren. Mit »laid-back« würden ihn die Amerikaner wohl charakterisieren. Jene Entspanntheit, die kein großes Aufheben um das eigene profunde Können macht. Jene Einstellung zum Leben und den Dingen, die tagtäglich um ihn herum geschehen, ohne andauernd in Oberlehrerart darüber zu philosophieren. Stil haben, ohne ihn permanent zwanghaft zur Schau stellen zu müssen. Entspannt sein und stets aufrichtig, oberflächlich lässig, wenn es passt, äußerst ernsthaft, wenn es darauf ankommt.

Unterschwellig, aber doch leidenschaftlich, lanciert Bernd bei den leider viel zu seltenen Gelegenheiten eines gemütlichen gemeinsamen Essens oder einer, in unserer Altersgruppe doch nun schon mehr oder minder unspektakulären Kneipentour, seine Lifestyle-Noblesse à la MIB – eines »man in black«. Stets dem neuesten Modetrend entsprechend, schafft er es aber irgendwie, seine Passion nicht zu einer teuren »Stoff-Wechsel-Krankheit« ausarten zu lassen. Zumeist entwickeln wir beide dabei den Ehrgeiz, uns in der jeweiligen Runde als ausgewiesene Weinkenner schlechthin zu geben. Im »Fachkreis« philosophieren wir so über Shiraz, Cabernet, Chardonnay und all die anderen »Gewächse«, haben dabei immer einen mordsmäßigen Spaß und zelebrieren so geradezu unsere Art von Dolce Vita. Mit Bernd bin ich in den letzten Jahren die meisten schwierigen Rettungseinsätze geflogen, die aufgrund ihrer Tragik, ihrer Schwere oder der geteilten Freude über den Erfolg in der Erinnerung hängen geblieben sind – vielleicht oder ganz sicher erwuchs gerade daraus diese echte »Männerfreundschaft«. Mit ihm habe ich aber auch die

unendlichen Stunden des Wartens zwischen den Einsätzen verbracht, sie irgendwie sinnvoll zu nutzen gesucht. Meist haben wir die Zeit dann doch nur totgeschlagen.
Ich mag ihn ob seines Enthusiasmus‘ auch in schwierigsten Situationen, seiner Ehrlichkeit, seines spitzbübischen Humors, des verschmitzten Lächelns auf dem Gesicht mit den jungenhaften Zügen. Er ist einer der Landsmänner aus den alten Bundesländern, der das ihnen eigene Klischee nicht erfüllt.
Er ist ziemlich normal geblieben, muss nicht ständig belehren. Ihm kann man sich auch und gerade mit ernsthaften Dingen des Alltags anvertrauen, hat immer das Gefühl, angehört zu werden, sich in den meisten Fällen verstanden zu wissen. Sein Urteil hat für mich Gewicht. Es wird nicht um die berühmten sieben Ecken geredet, sondern geradeaus.
Mit einem umfangreichen Repertoire an Mimik und Gesten, welche ich im Laufe der Jahre zu deuten gelernt habe, verleiht er seinen Huldigungen oder niederschmetternden Urteilen, seinen Ratschlägen und gut gemeinten Hinweisen, seiner Freude und Zufriedenheit oder seinen Ärgernissen einen unnachahmlichen Ausdruck.
Frank, Ende zwanzig, Rettungsassistent seit vielen Jahren, jener Hüne von einsfünfundneunzig bringt fast einhundert Kilogramm auf die Waage. Der kann dir glatt einen ausgewachsenen Mann allein aus dem Auto bergen. Einer, auf den ich mich getrost in allen möglichen und unmöglichen Notfallsituationen verlassen kann, wenn beispielsweise parallel mehrere Personen versorgt werden müssen oder schwierige Bergungen vollsten Einsatz erfordern. Ein alter Brummbär, manchmal verletzlich, nie nachtragend. Es wohnt ein weicher Kern in dieser rauen Schale, in einem guten Freund.
Der Rettungsassistent steht nicht nur dem Notarzt zur Seite und ermittelt anhand der Koordinaten den Einsatz-

ort, ihm obliegt auch die Dokumentation und Materialbeschaffung. Beim Start beobachtet er außerdem, neben der Maschine stehend, den Anlassvorgang, beaufsichtigt den Heckbereich des Hubschraubers, führt während des Fluges den Funkverkehr, beobachtet den Luftraum und hilft beim Navigieren. Im Landevorgang informiert er den Piloten über die für ihn nicht einsehbaren Gegebenheiten unter der Maschine.
Noch im Abheben rufe ich die Leitstelle Bautzen, um Näheres zur Anzahl der Verunglückten und über deren Verletzungsmuster zu erfahren. Da diese Angaben fast immer auf den telefonischen Schilderungen äußerst erregter und medizinisch naturgemäß wenig beschlagener Laien basieren, sind diese nur Anhaltspunkte, aber hilfreich, um ein erstes Vorgehen nach der Landung mit Frank festzulegen.
Unsere Flughöhen betragen in Anpassung an die herrschende Wetterlage, das zu überfliegende Gelände und den Luftverkehr zwischen 100 und 800 Meter. Zur Durchführung des Sichtfluges ist für die Wolkenuntergrenze ein Minimum von 150 Metern über Grund vorgesehen. Um Menschen zu retten, muss diese im Einzelfall gelegentlich aber auch unterschritten werden.
Es ist immer noch ein ungutes, bedrückendes Gefühl, wenn Kinder, wie auch dieses Mal, in schwere Unfälle verwickelt sind. Der negative Aspekt daran ist – man kann sich nicht daran gewöhnen. Und die positive Seite – man gewöhnt sich nicht daran.
Diese Rettungseinsätze treffen uns noch immer wie aus heiterem Himmel, obwohl uns bewusst ist, dass sie alltäglich sind.
Die meisten von uns haben Kinder. Ich muss dann an meine Töchter Romy und Paula denken.
Wir sprechen unter uns nicht oft über solche Gefühle, aber ich bin überzeugt, den anderen geht es sicher ganz ähnlich. Jeder trägt so sein Päckchen, macht es mit sich aus.

Der mit zwei Erwachsenen und zwei Kindern voll besetzte Audi 80 ist eine zwei Meter tiefe Böschung herunter gerast, liegt stark beschädigt auf dem Dach. Aufgrund der ständig weiter verbesserten Sicherheitsvorrichtungen in den Personenkraftwagen gestalten sich die Unfälle selten so verheerend, sind die Verletzungen der Beteiligten nicht so schwer, wie sie sich anfänglich aus der Luft darstellen. Auch diesmal bietet sich uns im Landeanflug ein zerstörerisches Bild von Dreck, Autoteilen, Blut, Gepäckstücken, Kinderspielsachen.

Dank Franks tadelloser Navigation und Bernds unbestrittenen Flugkünsten kreisen wir bereits nach zehn Minuten Flugzeit über dem Unfallort, einen geeigneten Landeplatz suchend.

»Der Rettungshubschrauber Bautzen geht zur Landung am Unfallort auf der A4. Wir melden uns bei Ihnen wieder, sobald wir starten«, funken wir.

Da es sich auf der Autobahn nach dem Unfallgeschehen blitzschnell aufgestaut hat, sich aber kein Ignorant, wie nicht selten erlebt, auf Schleichwegen am Stau vorbeizudrängen sucht, zieht Bernd die BK 117 mit einer raschen Rechtskurve nach unten und landet sanft wenige Meter vom Unfallgeschehen entfernt. Eilig legen wir unsere Headsets, jene Hör-Sprech-Garnituren, mit denen wir während des Fluges untereinander Kontakt halten, beiseite. Schnappen uns Rettungsrucksack und das ein tragbares Beatmungsgerät beinhaltende Rescuebag, schieben die Tür auf, springen nach draußen. Mit den Gedanken schon bei den Verletzten, nehmen wir den Lärm der auslaufenden Rotoren überhaupt nicht wahr, ziehen jedoch instinktiv den Kopf ein – eigentlich ist ja meilenweit Platz zwischen meinem Kopf und den rotierenden Blättern –, rennen los. Ich muss unbedingt mindestens fünf Kilogramm abnehmen, denke ich, unter der Last des Rescuebags schwer atmend, während ich die 100 Meter von der Autobahn,

die Böschung hinab und über die Wiese bis zu den Verletzten zurücklege. Bei meinen unsteten Ernährungsgewohnheiten zwischen nächtlichen Operationen, dann am Tage meist nur mit der Möglichkeit für eine Mahlzeit, die aber dann hastig eingenommen wird und oft zu reichlich ist, und abends zu Hause – wenn einmal zu Hause – gute Hausmannskost, wird sich dieses Unterfangen wie immer recht schwierig gestalten.
Noch im Laufen beginnen meine Blicke das Umfeld abzusuchen. Das im Anflug schon registrierte Chaos breitet sich entlang der deutlich sichtbaren Brems- und Rutschspur des Wagens aus. Die Eltern der Kinder haben sich selbstständig aus dem Wrack, welches nur noch entfernt an einen Pkw erinnert, befreien können und versuchen ihre beiden auf der Rückbank eingeklemmten und heftig wehklagenden Töchter zu beruhigen.
Das Mädchen von schätzungsweise sechs Jahren schreit herzzerreißend, klagt lauthals über ihren stark blutenden, offensichtlich gebrochenen rechten Unterarm. Okay, wer laut schreit, ist bei Bewusstsein, wer über einen blutenden Arm klagt, ist orientiert, geht es mir durch den Kopf. Ihre vielleicht zwei Jahre jüngere Schwester jedoch liegt zusammengekrümmt, kreidebleich und wimmernd zwischen Beifahrersitz und hinterer Sitzbank eingeklemmt. Die strohblonden Haare kleben blutverkrustet im blassen Gesicht, die Augen zusammengekniffen, als wolle sie alles, was um sie herum geschehen ist, verdrängen. Die Schuhe der Mädchen liegen verstreut auf der Wiese vorm Wagen, daneben einige Spielsachen.
Ich werde mich an solche Bilder wohl nie gewöhnen können.
Ein starker, penetranter Benzingeruch erfüllt die Luft.
»Zuerst die Kleine!«, schreie ich Frank zu, während er sich wütend durch die wie Aasgeier lauernden Schaulustigen kämpft.

Keiner der Unfallzeugen hatte bis zu unserem Eintreffen den Verunglückten in irgendeiner Weise beigestanden, ihnen geholfen. Mit den Fingern auf besondere »Highlights« weisend, die Augen geweitet, um ja nichts zu verpassen. Bei diesem Anblick kann einem schon speiübel werden. Parallel zu unserem Eintreffen rücken über die Gegenfahrbahn unüberhörbar Feuerwehrfahrzeuge und Polizeiwagen an.

Unter Zuhilfenahme schwerer Bergungsvorrichtungen gelingt es uns rasch vorzudringen. Die Bergungsscheren zerschneiden A-und B-Holm wie weiche Butter, die Splitter der berstenden Sicherheitsglasscheiben fliegen uns um die Ohren. Der zwei Nummern zu große Feuerwehrhelm rutscht mir ständig ins Gesicht, während ich, bäuchlings über dem Vordersitz in Richtung Rückbank liegend, zwei Zugänge – jeweils einen in Venen der rechten und linken Ellenbeuge der dünnen Ärmchen des Kindes – lege, zieht Frank zunächst zwei Ampullen der von mir benötigten Medikamente in entsprechender Verdünnung auf, macht Infusionen bereit. Der Puls der Kleinen ist nur schwach an der Halsschlagader zu tasten, das kleine Herz schlägt häufiger, als es dies normalerweise tun sollte. Viel zu schnell. Die Haut ist bleich und mit kaltem Schweiß überzogen. Instinktiv vollziehen sich unsere Handlungsabläufe, tausendmal praktiziert und doch immer unter anderen Umständen.

Das Kind im Rettungsdienst ist kein kleiner Erwachsener, darf auch nicht als solcher angesehen oder gar entsprechend therapiert werden. Die kindlichen Reserven sind sehr schnell erschöpft, die Möglichkeiten der Gegenregulation in kritischen Situationen nur begrenzt.

Der bedeutsamste Mechanismus des Ausgleichs bei Volumenmangel, im Falle von starken Blutverlusten, besteht in der Vasokonstriktion – der Verengung kleiner Gefäße in Armen und Beinen. Deren Großteil an Blutvolumen steht

nunmehr der Versorgung lebenswichtiger Organe zur Verfügung. Aus diesem Grund lassen sich Schockzustände bei Kindern im Unterschied zum Erwachsenen schwieriger diagnostizieren und werden nicht selten verkannt.
Kühle, marmorierte Haut, als Zeichen fehlenden Blutes in der Peripherie und eine Erhöhung der Herzfrequenz sind Zeichen des beginnenden Schocks. Anders als beim Erwachsenen wird ein Abfall des Blutdruckes nicht nachweisbar, da er mittels eingeschränkter Versorgung der peripheren Anteile, z. B. der Extremitäten, kompensiert wird. In Einzelfällen können bis zu fünfundzwanzig Prozent Volumenverlust vorübergehend ohne Blutdruckabfall gegenreguliert werden. Äußere Blutverluste werden häufig überbewertet, innere Flüssigkeitsverluste, da nicht sichtbar, dagegen eher unterschätzt. Wichtig ist daher ein ausreichender Flüssigkeitsersatz über periphere Venenzugänge, deren Schaffung gerade bei zentralisierten, ausgekühlten Kindern erhebliche technische Probleme aufwerfen kann. Für so geartete Fälle steht uns ein schraubenähnlicher Applikator, welcher in ein bestimmtes Areal des Schienbeines eingedreht wird, zur Verfügung. Hierüber kann nun die benötigte Flüssigkeit über das Knochengewebe in den Kreislauf des Kindes gelangen.
Eine weitere Schwierigkeit stellt die Intubation, das Einbringen eines Tubus in die Luftröhre zum Zwecke der Beatmung, dar.
Generell sind beim Kind im Gegensatz zum Erwachsenen die Atemwege weniger stabil und naturgemäß viel kleiner. Bei einer eventuellen Wiederbelebung müssen natürlich auch die unterschiedliche Atemfrequenz und das Atemvolumen der einzelnen Altersgruppen Berücksichtigung finden. Während sie beim Neugeborenen vierzig Atemzüge von dreißig bis fünfzig Milliliter Volumen pro Minute betragen, benötigt ein Schulkind zwanzig Atemzüge von zwei- bis vierhundert Milliliter Atemvolumen.

Algorithmisch schemenhaft schwirren Medikamente, deren Dosierung, eventuelle Neben- und Wechselwirkungen durch meinen Kopf. Intuitionen eben – niemand kann erklären, wie sie funktionieren – man reagiert spontan in dem Wissen, dass das, was man tut, richtig ist.
Ich wünschte, ich hätte auch im privaten Leben mehr an Intuitionen.
Wie viel wird das Mädchen wohl wiegen? Aus dem Körpergewicht errechnet sich die Dosis. Unterdosierungen wirken nicht oder zu kurz, Überdosierungen können die bedrohliche Situation eskalieren lassen, bedürfen der Gegenregulation. Langsam appliziere ich zunächst ein starkes opiatverwandtes Schmerzmittel über den gelegten venösen Zugang, schließe zwei Infusionen an, um den vermuteten Blutverlust kompensieren zu helfen. Vorsichtig ziehen wir zu dritt das Mädchen hervor und legen es behutsam auf die von Bernd mitgebrachte Spezialmatratze. Die aus der Matratze abgezogene Luft lässt jene versteifen und sich dem Körper so anpassen, dass der Patient, egal welcher Statur, stabil und sicher transportiert werden kann.
An der ständig wachsenden Zahl von Gaffern vorbei, bringen wir unsere kleine Patientin in einen der mittlerweile eingetroffenen Rettungswagen. Frank angelt im Vorbeigehen eine kleine Puppe vom Boden, schüttelt den Schmutz ab und legt sie neben die Kleine auf die Trage. Um die übrigen Verletzten kümmern sich unterdessen ein weiterer Notarzt und vier Rettungsassistenten.
Der gebrochene Oberschenkel, welcher deutlich von seiner anatomischen Achse abweicht und eine extreme Umfangszunahme aufweist, ist schnell eingerichtet und von der Besatzung des Rettungswagens geschient. Was mir mehr Sorgen bereitet, ist der äußerst druckschmerzhafte Bauch und die Kreislaufsituation des Kindes. Diese kleine, zerbrechliche Person da vor mir ringt um ihr Leben. Ich hatte diese Symptome schon zu oft gesehen, um nicht zu

vermuten, dass eine innere Blutung vorliegen kann, der Transport umgehend und schonend erfolgen und unser kleiner Patient so rasch wie nur irgend möglich weg von hier in den Operationssaal gelangen muss.
»Narkoseeinleitung«, raune ich Frank zu, der schon vorsorglich die wichtigsten Dinge der Erstversorgung bereitgelegt hatte. Obwohl er mir schon die spezielle Blutdruckmanschette für Kinder reicht, habe ich Mühe, diese am Oberarm des Kindes zu platzieren. Der Arm ist einfach zu dünn. Unter permanenter Kontrolle der Kreislaufsituation und der Sauerstoffsättigung im Blut führen wir das künstliche Koma herbei, die Einlage eines Tubus in die Luftröhre des Kindes gelingt mühelos. Maschinell bewerkstelligte künstliche Beatmung, verbunden mit der völligen Schmerzausschaltung und dem Schlafzustand, stellen einen für das Kind, in Anbetracht der schweren Verletzungen, stressarmen Zustand dar, welcher für einen schonenden Transport essenziell ist.
»Die Kinderchirurgen der Uniklinik wissen Bescheid, dass wir kommen!«, tönt Bernds vertraute Stimme über die Kopfhörer, während er beide Turbinen nacheinander anlässt. Frank steht noch draußen und gibt acht, dass die schaulustigen Massen genügend Abstand zum Hubschrauber halten und weder sich noch uns gefährden.
Volle Leistung, Steuerknüppel vor – wir werden in die Sitze gepresst, heben ab und schießen davon.
»Etwa fünfundzwanzig Minuten Flugzeit!«, vernehme ich Bernd, bevor er sich beim Tower des Flughafens meldet, Start- und Landungsort sowie die geplante Flugroute mitteilt, lokale Wetterinfos ordert und die Bestätigung des Flugplans abwartet.
Anders als beim Hinflug muss der Pilot neben allen fliegerischen Tätigkeiten nun auch die Navigation und den Funkverkehr bewerkstelligen. Auf dem Flug zum Unfallort saß der Rettungssanitäter auf dem Copilotensitz, jetzt brauche

ich ihn hier hinten und wir haben alle Hände voll zu tun. Ein zwanzigminütiger Flug mit einem lebensgefährlich verletzten Kind an Bord kann zur Ewigkeit werden.
Die beengten Verhältnisse im Hubschrauber erlauben, anders als in den überzogenen filmischen Drehbüchern von wahren »Wunderärzten« dargestellt, welche an Bord ganze Operationen vollführen, nur begrenzte Möglichkeiten invasiver Therapien am Patienten. Man muss vor dem Start bereits möglichst alle Eventualitäten einkalkulieren, Komplikationsmöglichkeiten minimieren, besser noch ausschalten.
Anfangs musste ich lernen, dass es gravierende Unterschiede zur Notarzttätigkeit auf der Straße gibt. Nicht nur, dass der Hubschraubernotarzt fast ausschließlich zu schweren Unfällen, todkranken Patienten, gelegentlich auch als Ultima Ratio zum mit seinem Latein am Ende der Fahnenstange angelangten »Boden-Notarzt« gerufen wird, muss er oft ein viel aggressiveres Patientenmanagement betreiben. Die Möglichkeit, am Straßenrand mal kurz anzuhalten, den Patienten in aller Ruhe wiederzubeleben, erforderliche venöse Zugänge zu legen und so fort, gibt es hier oben in der Luft nicht. Ungeplante Zwischenlandungen auf unbekanntem Terrain sind besonders des Nachts und bei Wetterunbilden äußerst gefährlich und sollten unter allen Umständen vermieden werden. Wer sieht schon alle Hochspannungsleitungen, Telefonmasten, Verkehrsschilder, losen Gegenstände, die umherfliegend zur Gefahr werden können?
In dreiminütigen Intervallen erscheinen auf dem Überwachungsmonitor die aktuellen Blutdruckwerte des Kindes; Sauerstoffsättigung im Blut, Puls, EKG und die Kohlendioxidkonzentration in der Ausatemluft werden permanent angezeigt.
Unsere BK 117 verfügt gegenwärtig über drei verschiedene Beatmungsgeräte, eines davon ist transportabel für die Wegstrecken zum und vom Helikopter. Mit ihnen, mit

insgesamt vier Spritzenpumpen, mit vielfältigen Möglichkeiten zur Schaffung von Zugängen in Blutgefäße, mit Kathetern für Magen und Harnblase, mit Drainagemöglichkeiten für den Brustkorb und diversem anderen Equipment wird das jeweilige Team in die Lage versetzt kurzstreckige Rettungsflüge aller Art, aber auch längere Verlegungsflüge mit intensivmedizinisch therapierten Patienten optimal durchführen zu können.

Mächtige Windböen schütteln die Maschine, begleiten uns nicht gerade sanft im Landeanflug. Für mich ist es immer wieder erstaunlich, wie weich die Piloten, trotz der nicht unerheblichen Turbulenzen, die Kufen auf den Beton des Landeplatzes aufsetzen lassen. Der schon bereitstehende Rettungswagen rollt vorsichtig heran. Zügig wird unser kleiner Patient an das transportable Beatmungsgerät angeschlossen und in den Krankenwagen, mitsamt aller Überwachungseinrichtungen und Infusionen, umgelagert. Der Schockraum der Rettungsstelle ist bereits auf unsere Ankunft vorbereitet. Kinderchirurgen, Traumatologen, Schwestern, Pfleger und Anästhesisten, insgesamt neun Personen, bemühen sich nun um das Kind. Was für den Außenstehenden chaotisch anmuten mag, ist ein ausgeklügeltes, wohlkalkuliertes Vorgehen, wobei jeder für sich seine Teilaufgabe erfüllt, um nach kurzer Zeit ein konkretes Bild über die Schwere des Verletzungsmusters entstehen zu lassen.

Die Ultraschallaufnahmen bestätigen meinen anfänglichen Verdacht – traumatisch bedingte Leber- und Milzverletzungen, verbunden mit massiven Einblutungen in den Bauchraum, lebensbedrohliche Läsionen, die eine notfallmäßige operative Intervention erfordern.

Auf dem Flug zurück zur Basis versuche ich das Geschehene nochmal zu überdenken, es gibt immer Zweifel. War es die richtige Handlung zum richtigen Zeitpunkt? Doch wir haben versucht, unser Bestes zu tun.

Der Hubschrauber geht sicher zur Landung, die Turbinen werden abgestellt, wir schieben die Türen auf und der Stationsalltag hat uns zurück. Einsatzprotokoll schreiben, Verbrauchsmaterialien auffüllen, Filtertüten suchen, Tassen spülen, frischen Kaffee aufsetzen, der abgestandene von heute früh hatte sich als inzwischen ungenießbar erwiesen.

Grenzfälle

Auf dem Rückflug zur Basis hänge ich meinen Gedanken nach.
Dort unten, am Rand der Dresdener Heide, bin ich zu Hause, in einem kleinen gemütlichen Haus mit großem Garten, unweit der von uns häufig benutzten Flugroute von Dresden in Richtung Bautzen gelegen. Vor einigen Jahren haben wir das Leben in der Hektik der Großstadt Dresden aufgegeben, sind hierher aufs Land gezogen, dem ländlichen Flair, der Ruhe und nicht zuletzt meinen großelterlichen Wurzeln folgend.
Östlich, am Flughafen Dresden-Klotzsche entlang, hinweg über Langebrück, einen Waldstreifen kreuzend, liegt es, umringt von hohen Kiefern und Birken, deren Blätterdach den Blick aus der Luft zum Haus nur eingeschränkt freigibt. Das ziegelrote Dach leuchtet markant zwischen dem Grün der Blätter, die Sonne spiegelt sich in der wetterfesten, typisch silberfarbenen US-Mailbox an der Gartentür. Eigentlich sollen diese Art von Briefkästen, der Aufstellanleitung folgend, mindestens fünfzig Meter vor dem Haus platziert werden, um quasi das Gefühl zu haben, zur Mailbox über die halbe »Farm« laufen zu müssen. Mir bleibt, mich mit siebenunddreißig Metern zufriedenzugeben. Auch kann ich von hier oben nicht erkennen, ob die zum Kasten gehörende rote »Hallo-die-Post-war-da-und-hat-was-mitgebracht-Fahne« aufrecht steht und von angekommenen Briefen und Zeitschriften kündet.
Zunächst sich an den Dächern der Nachbarhäuser in der kleinen Siedlung orientierend, kann man erst direkt im Überflug einen Blick erhaschen, erkennen, ob jemand zu Hause ist. Manchmal, am Wochenende, grüßen uns die in den Gärten sitzenden Nachbarn, die meist wissen, dass der »Doktor« da gerade vorüberfliegt, wieder mal im Dienst ist.

Dieses Stückchen Land ist mein Refugium, mein Zuhause – der Ort, an dem Seele und Verstand, Kopf und Bauch vereint sind. Hier empfinde ich wie nirgendwo anders das Gefühl von Heimat, von Geborgenheit und Ruhe.
Nirgendwo sonst erscheinen mir die Wiesen so grün, die endlosen Sonnenblumenfelder so leuchtend. Nirgendwo sonst genieße ich die Urgemütlichkeit bei einem Glas Wein am knisternden Kamin.
Leider bin ich viel zu selten hier und wenn, dann meist viel zu müde, um noch im Wald zu spazieren oder die wild wachsenden Früchte von allerlei Beerensorten und Pilze im Garten zu ernten. Dies erledigen dann oft die Vögel. Heruntergefallene Äpfel werden spätestens im Winter von hungrigen Rehen vertilgt.
Wie gut, dass es sich um ein Waldgrundstück handelt. Die meist viel zu hohe Wiese, wuchernden Sträucher, schief wachsenden Bäume – im Garten eines standardgerechten »Häusle-Besitzers« hierzulande undenkbar – deklariere ich, eher zur Beruhigung einiger weniger »Wehe-es-liegt-ein-Blatt-auf-meinem-Golfrasen«-Nachbarn als zu meiner eigenen, als »naturbelassen-urwüchsig«.
Die berühmt-berüchtigten »Chirurgendienste« lassen mich fast die Hälfte der Tage des Jahres in der Klinik übernachten. So bleibt in einem Leben auf der Überholspur und meist am Limit also wenig Zeit, über die Rätsel des Lebens nachzudenken. Ich bin überzeugt, lösen kann man sie eh nicht, maximal vielleicht buchstabieren, bestenfalls hinterfragen.
Dieses Fleckchen Erde hier benötige ich aber auch zum Auftanken, körperlich und mental. Dabei ist mein persönliches Tai Chi, meine fünf Tibeter, die Quelle der Kraft schier endloses Laufen im Wald, das Genießen der Stille, der Natur. Am liebsten jogge ich dann quer durch die Dresdener Heide, etwa acht Kilometer bis hin zu einem kleinen Stausee, nicht viel größer als ein herkömmlicher

Dorfteich und ebenso von Entengrütze überwuchert. Hier am Ufer habe ich in meiner Kindheit oft mit dem Großvater gesessen, seinen Geschichten gelauscht, die Ehrfurcht vor jeder kreuchenden und fleuchenden Kreatur erlernt. Die uns Kinder über alles liebenden und natürlich über alle Maßen verwöhnenden Großeltern wohnten damals in einem kleinen beschaulichen Dorf am anderen Ende des Waldgebietes.

Es liegt der Himmelsrichtung nach ungefähr gegenüber von Liegau-Augustusbad, meinem jetzigen Wohnort. Von den Großeltern habe ich eine ganze Menge von der Liebe und dem Verständnis für die Natur, den Wald, die Tiere mitbekommen, wurde bereits in frühester Jugend inspiriert – man kann schon sagen infiziert –, mich später irgendwann auch in der Nähe anzusiedeln.

Seit einiger Zeit lebe ich nun schon allein im Haus, seit jenen Tagen, als wir entschieden, getrennt zu leben, weil es besser für jeden von uns sei – eine Trennung auf Raten. Von heute auf morgen war aus der Drei-Personen-Kleinfamilie eine Ein-Mann-Wirtschaft geworden, mit dürftigen Erfahrungen in der Hauswirtschaft und Haushaltsführung.

Im Kühlschrank ein kleines Glas Pesto und ein Stück knochenharter Parmesan – im Bad nur noch eine Zahnbürste im Becher.

»Leben ist das, was dir passiert, während du dabei bist, andere Pläne zu schmieden« – John Lennons Erkenntnis hat nun auch mir ihren tieferen Sinn eröffnet. Ich hätte gern darauf verzichtet.

Anfangs waren viele Selbstzweifel. Anflüge von Optimismus beherrschten mich nur, weil mir keine andere Wahl blieb – viel später erst, weil sich Anlässe dafür boten.

Und wenn ich zweihundert Jahre alt werden sollte, was nach dem, was wir über die Biologie des Menschen wissen, nicht sehr wahrscheinlich sein dürfte, wird es mir

immer ein Rätsel bleiben, woher ich die Zuversicht nahm, diese Zeit zu meistern.
Mein Singlehaushalt wurde im Laufe der Zeit durch zwei Kater vervollständigt – der dickleibige, weil übergewichtige Herbert und Karl-Heinz fanden hier Unterschlupf und entgingen somit dem ihnen vorbestimmten Ertrinkungstod unmittelbar nach ihrer Geburt. Ich erinnere mich auch heute noch mit einem breiten Grinsen daran, wie ich mit einem meiner damaligen chirurgischen Kollegen die Kastration von Herbert plante, deren Verwirklichung an einem lauschigen Wochenende vollzogen werden sollte.
Wir hatten uns intensiv belesen, befreundete Tierärzte konsultiert, eine richtige kleine Operationseinheit hergerichtet. OP-Tücher, Einmalskalpelle, Nahtmaterial, Tupfer, Klemmen, Desinfektionsmittel – die Hobbywerkstatt im Keller war zum Emergency-Room mutiert, die errechnete Dosis des Narkosemittels schon auf zwei Spritzen aufgezogen, Herbert eingefangen und in der Katzenkiste, die ursprünglich mal ein alter Wäschekorb war, verstaut. Doch als er uns so unschuldig und treuherzig anblickte, erwachte jenes Verständnis in uns, welches sicherlich nur Männer aufbringen können, im Wissen um die Unumkehrbarkeit der »Verhältnisse« nach diesem kleinen und doch so bedeutungsvollen chirurgischen Eingriff.
Also ließen wir ihn wieder laufen und leerten stattdessen eine Flasche (oder zwei?) vom besten chilenischen Cabernet-Sauvignon, philosophierten über allerlei medizinische und paramedizinische Dinge, die Zufälligkeiten des Lebens, zumindest anfänglich.
Im Ergebnis wohnen in dem Haus da unten also nach wie vor drei richtige Männer!
Anfangs ging es ziemlich drunter und drüber, behaupten jedenfalls die Außenstehenden.
Haus und Garten bedurften der Hilfe, all derer sie nur habhaft werden konnten.

Die so erbarmungslose Entropie, die Zunahme der Unordnung von »Teilchen«, folgte ihren naturwissenschaftlichen Gesetzmäßigkeiten.
»Wie lange willst du das noch durchhalten, Junge?«
Eine besorgte Mutter kann manchmal auch anstrengend sein; nur gut, dass es so ist.
»Bis ich erwachsen bin.«
Eltern und Freunde waren gefordert, halfen beim Wäschewaschen – ich verfärbte ganze Waschmaschinenladungen und bald gab es keine weißen Socken mehr, nur gelbe oder hellblaue! – unterstützten mich beim Bügeln, beseitigten zur »Wollmausgröße« angewachsene Staubfussel. Mir fehlte damals einfach der mittlerweile stets geschärfte und unbestechliche »Hausmannsblick«.
Mein Vater entdeckte seine bisher unausgelebte Liebe zur Haustechnik, postulierte sie von nun an. Alle Nachbarn der Umgebung lernten dank seiner die Vorzüge eines Dampfreinigers kennen, nicht wenige legten sich selbst so ein »Wundergerät« zu und reihten sich von nun an in seine Gilde ein. An »seinen« verchromten Dampfreiniger lässt er bis heute keinen ran.
»Den kann nur so ein Fachmann wie ich richtig bedienen. Da ist so viel zu beachten!«, behauptet er und wir bestärken ihn natürlich in dieser Annahme. So be- und verdampft er vom Keller bis zum Dachgeschoss alles, was halbwegs wasserresistent ist und auch nur den Hauch einer Staubauflagerung aufweist, währenddessen meine Mutter in der Küche die köstlichsten Speisen zubereitet, große Teile davon für mich bevorratend einfrostet und zwischendurch ihre bis dato selten beanspruchten Kenntnisse im Entfärben von den von mir »vorgewaschenen« Kleidungsstücken zur Meisterschaft treibt.
Ohne die beiden hätte ich es sicher nicht so problemlos schaffen können, diese schwierigen Zeiten relativ unbeschadet an Körper und Geist zu überstehen.

Die Zelle »Familie« hat funktioniert. Zu einem Zeitpunkt, an dem man sich nicht besonders gut fühlt, von Selbstzweifeln gequält wird, fängt sie einen auf, behutsam, sorgenvoll, nie belehrend – eine schöne, eine gute Erfahrung. Man findet Geborgenheit, schöpft neue Kräfte. Ihr wahrer Wert lässt sich erst in diesen Situationen ermessen und ich bin dankbar dafür.
Mir war bewusst, dass es nicht im Vorübergehen zu schaffen sein würde, aber mit der Zeit würde ich den Mut finden, das Leben zu seinen Bedingungen zu leben, mich von Illusionen zu befreien – aber wer tut das schon gern freiwillig, ohne Widerstände?
Es war ein schwieriger Abschnitt des Lebens für mich, als ein Zweifler und Hinterfrager, als ein haptischer Bauchmensch eben – »Glück ist wie eine Mutter, Unglück ein Erzieher«.
»Jungs, es kommt gerade ein Anschlussflug rein«, teilt Bernd mit, das Fax in der Hand haltend. Laut den Angaben der Rettungsleitstelle werden wir am Grenzübergang in Görlitz benötigt, wo ein Mann im Pkw einen Herzanfall erlitten haben soll. Alle örtlich verfügbaren Notärzte sind jedoch zum gegenwärtigen Zeitpunkt im Einsatz, im Rahmen anderer Notfälle gebunden. Die eilig vorausberechnete Flugzeit von reichlich fünfzehn Minuten macht mich nachdenklich. Mit der Hoffnung, dass die Erkrankung nicht zu gravierend ist, wir zügig in einem von Polizei und Feuerwehr abgesperrten, mitten in der Stadt gelegenen und hoffentlich nicht allzu weit vom Notfallort entfernten Areal landen können, erscheinen am Horizont die ersten Umrisse der Grenzstadt. Die Kufen des Helikopters berühren mit leichtem Rucken den Boden. Wir springen heraus, laufen über einen Platz zum wartenden Polizeiwagen, der uns zum Ort des Geschehens eskortieren soll.
Dieses Mal habe ich den Rettungsrucksack auf dem Rücken, gut doppelt so schwer wie das Rescuebag. Zehn

Kilo, mindestens zehn Kilo müssen runter, nehme ich mir vor – zum wievielten Mal eigentlich?
Bereits nach wenigen hundert Metern raus aus dem Polizeifahrzeug, rein in den Rettungswagen, in welchen der Patient bereits verfrachtet wurde.
Im Öffnen der Tür begriffen, frage ich mich, was uns wohl erwarten wird. Die Angaben zum Einsatz waren wie so häufig nur bruchstückhaft.
Schon der erste Blick auf den Mann ist entmutigend. Tiefblau im Gesicht, geweitete Venen am Hals, mit marmorierter Haut, ohne auch nur das geringste Lebenszeichen, liegt er auf der Trage, beleuchtet vom kalten Licht der Neonröhren. Die EKG-Kurve des Monitors schlägt nur dann aus, wenn der Brustkorb des Mannes im Zuge der Herzdruckmassage komprimiert wird. Schweißgebadet bemühen sich zwei Rettungsassistenten, den regungslosen Körper wiederzubeleben.
»Wie lange reanimiert ihr ihn denn schon?«, will ich wissen.
»Ungefähr zehn Minuten, der Patient war bereits ohne Bewusstsein, als wir ankamen.«
Frank und ich übernehmen die bereits begonnenen Maßnahmen der kardio-pulmonalen Wiederbelebung. Herzmassage, Beatmung mittels Beatmungsbeutel, später maschinell, Medikamentengaben und Elektroschocks sollen das Herz, welches, nach 64 Jahren bereits stark vorgeschädigt, plötzlich seinen Dienst eingestellt hat, zum Weiterschlagen animieren. Schnell geraten auch wir ins Schwitzen, legen die Jacken ab.
Eine exakt und effizient durchgeführte externe Herzdruckmassage benötigt etwa achtzig Kompressionen pro Minute. Dabei muss der Brustkorb mit nicht unerheblichem Kraftaufwand eingedrückt, das Sternum, das Brustbein, vier bis fünf Zentimeter der Wirbelsäule genähert werden. Nur so kann ein genügender Blutstrom aus dem Herzen

erzeugt werden. Neben dieser direkten Herzkompression trägt eine Art Pumpmechanismus im Brustkorb, welcher aus den unterschiedlichen Druckverhältnissen während der Druckmassage resultiert, zur Blutzirkulation bei. Das dabei erreichte Herzzeitvolumen, das heißt das ausgeworfene Blutvolumen über eine bestimmte Zeit, entspricht auch bei optimaler Technik bei der Durchführung der Herzdruckmassage nur ca. 20 bis 40 Prozent des Wertes, welchen ein in Ruhe normal schlagendes Herz erzielen würde.

Nachdem Adrenalingaben über die peripheren Venenzugänge und parallel dazu über den Beatmungstubus appliziert keine Wirkung zeigen, gebe ich nunmehr das Medikament als letzte verbleibende Möglichkeit an seinen unmittelbaren Wirkungsort, intrakardial, direkt ins Herz. Obwohl schon einige Male praktiziert, stellt sich dabei immer noch ein äußerst merkwürdiges Gefühl ein. Einem Menschen mit einer langen Kanüle direkt ins Herz stechen, was das Klischee im Film nur als den Akt der Tötung eines Menschen bedient, kann ihn in derartigen Extremsituationen retten, ins Leben zurückbringen.

So sehr wir uns mühen, die Kurve des EKGs, welche die Herzströme aufzeichnet, ist keine Kurve mehr, nur noch ein Strich, jener Strich, welcher, über eine bestimmte Zeit abgeleitet, den Tod eines Menschen anzeigt. Insgesamt vierzig Minuten haben wir gerungen, ohne Erfolg. Wieder einmal haben wir den Wettlauf verloren, hat der Tod triumphiert.

Wir entfernen Tubus, venöse Zugänge, Klebeelektroden, decken das Gesicht des Mannes ab.

Es gehört zu den schwersten Aufgaben, Angehörige vom Ableben eines Patienten in Kenntnis zu setzen.

Als zusammen alt gewordenes Ehepaar sind sie am Morgen losgefahren, um einige Einkäufe jenseits der Grenze zu erledigen. Allein und verzweifelt wird die Frau zurückkehren müssen. Sie hat es mir sicher schon angesehen, dass ich keine guten Nachrichten zu überbringen habe, als ich neben ihr im Auto Platz nehme. Sie bricht in sich zusammen, als das Wort »tot« über meine Lippen kommt. Wie, womit soll man beruhigen? Es ist ungeheuer schwer in solchen Situationen, in einem Auto vor dem Grenzübergang in Görlitz, umringt von der gaffenden Menge, welche durch den landenden Hubschrauber angelockt wurde wie Motten durch das Licht, Trost zu spenden, gar Zuversicht zu vermitteln.

Wahrheit wird meist gemieden, wenn sie schmerzlich ist oder Entscheidungen verlangt, die wir nicht tragen wollen – wir können uns ihr nicht entziehen.

Ich hasse derartige Momente.

Schweigend fliegen wir zurück zur Basis.

Wieder einmal mussten wir kapitulieren, uns daran gewöhnen, es gar akzeptieren, wir können es einfach nicht.

Trotz spartanischer Kücheneinrichtung mit nur zwei kleinen und nicht optimal funktionierenden Kochplatten, mit den wenigen, oft zu kleinen Töpfen, meist fehlenden Gewürzen und immer unter Zeitdruck stehend, versuchen wir uns jedoch stets »gourmetmäßig« zu verwöhnen, um ein wenig häusliche Gemütlichkeit einziehen zu lassen.

»Wenn man schon vierundzwanzig Stunden miteinander verbringt und stressige Einsätze fliegt, muss das Essen klasse sein. Das ist wichtig für die Stimmung!«, meint Bernd.

Mittlerweile habe ich die kulinarischen Künste so weit vervollkommnet, dass ich behaupten kann, dass meine Dienste schon eine gewisse Berühmtheit erlangt haben. Das Angenehme an diesen Mahlzeiten ist, dass sie sich, wenn einmal bei genügend Zeit zelebriert, schier endlos hinziehen. Wann findet man sonst einmal die Muße, zwei bis drei Stunden zu schlemmen? Heute gibt es Curryhuhn mit Ananas, Rosinen und Knoblauch auf Safranreis, als

Antipasta Parmaschinken mit Honigmelone, besser gesagt, sollte es geben.
Eine Gruppe von Fahrradfahrern hatte die Rettungsleitstelle informiert, dass einem von ihnen übel geworden sei, bevor er rücklings vom Fahrrad kippte und seither regungslos daliege. Innerhalb von zwei Minuten sind wir in der Luft, bereits sieben Minuten später gehen wir unmittelbar neben der Gruppe von etwa zehn Männern auf einer Wiese zur Landung.
Regungslos, wie gelähmt und verunsichert stehen sie um ihren leblos am Boden liegenden Kameraden. Versuchend, ihn in eine Art stabile Seitenlage zu bringen, irgendwann vor langer Zeit hatten sie es vielleicht mal gelernt oder im Fernsehen gesehen, hatten sie den Verunfallten grotesk verrenkt hingelegt. Weiteres war bisher allerdings nicht passiert.
»Nicht schon wieder, das hatten wir heute schon mal!«, bemerkt Frank eher beiläufig, für mich jedoch deutlich vernehmlich. Mit geübten, inzwischen routinemäßigen Handgriffen lagern wir den Mann, überprüfen seine vitalen Funktionen. Puls und Atmung sind nicht mehr nachweisbar. Unverzüglich beginnen wir mit den Wiederbelebungsmaßnahmen: dreißigmal Herzdruckmassage, zweimal Atemspende. Warum bloß hat niemand der Umstehenden schon damit angefangen? Bereits wenige Minuten eines Kreislaufstillstandes und damit fehlender Durchblutung des Gehirns hinterlassen irreversible Schädigungen.
Endlich zeigen sich auf dem Monitor erste Herzaktionen, aber die leuchtend grüne Linie des EKGs zeigt erhebliche Herzrhythmusstörungen. Das Herz schlägt viel zu schnell, es flimmert. Es kann kein effektives Schlagvolumen entstehen, darauf basierend nicht ausreichend Blut im Kreislauf zirkulieren.
»Defibrillator!«, lautet die knappe Anweisung. Eilig platziert Frank zwei zusätzliche Klebeelektroden auf dem

Brustkorb. Sie sollen einerseits eine bessere elektrische Ankoppelung vermitteln, andererseits, aufgrund ihrer spezifischen Beschaffenheit, thermische Schädigungen, ausgelöst durch enormen Durchfluss elektrischer Ladungen während des Stromstoßes, minimieren. Ein kräftiger Schlag auf die Stelle des Brustkorbs, unter dem das Herz liegt, um eine Unterbrechung des Herzrasens durch einen mechanischen Reiz zu erreichen, bleibt erfolglos.
Die erste Defibrillation erfolgt mit 200 Joule, der Oberkörper bäumt sich zuckend auf. Die Reaktion ist frustran, die Null-Linie im EKG dokumentiert den erfolglosen Versuch. Erst nach zwei weiteren Schocks mit 300 bzw. 400 Joule, verbunden mit Gaben von 2x1 mg Adrenalin und insgesamt 150 mg Lidocain, findet das Herz seinen gewohnten Rhythmus wieder. Der immer noch bewusstlose Patient, der sich nur mit Mühe intubieren lässt, wird schließlich an das Beatmungsmodul angeschlossen, von nun an maschinell beatmet.
Zehn Minuten nach unserem Eintreffen werden alle wichtigen Organe wieder durchblutet, mit Sauerstoff versorgt. Zehn Minuten war dieser Mensch klinisch tot. Zehn Minuten, die einige Organsysteme nicht so ohne Weiteres tolerieren können.
Nächste gravierende Probleme zeichnen sich ab. Alle im näheren Umkreis befindlichen Beatmungsplätze auf den Intensivstationen sind belegt. Die fieberhafte, zeitaufwändige Suche nach einem geeigneten Intensivbett beginnt. Endlich, nach fast einer halben Stunde Wartezeit, können wir das Herzzentrum Dresden anfliegen. Dem Patienten geht es nicht sonderlich gut. Immer wieder unterbrechen Rhythmusstörungen den gewohnten Herzschlag, müssen korrigierende Maßnahmen getroffen werden.
Die Defibrillation an Bord während des Fluges, ist eine wenig beliebte, da äußerst gefahrenreiche Praxis. Im Moment des Elektroschocks muss man sich vollkommen

sicher sein, dass die Elektroden mit keinem stromführenden Teil des Helikopters Kontakt bekommen können. Der Stromschlag würde alle Insassen treffen, die gesamte Flugelektronik ausfallen lassen. Manchmal ist es aber erforderlich auch während des Fluges, in der Luft zu defibrillieren. In solchen Momenten altere ich stets um Jahre, innerlich und äußerlich.
Zum Übergabezeitpunkt hat sich die Situation zwar stabilisiert, ist jedoch noch lange nicht entspannt.
Ich bin fest davon überzeugt, dass eine effiziente Ersthilfe, auch und vor allem durch medizinische Laien, erste frühzeitige Wiederbelebungsversuche, dem Patienten einen Benefit gebracht und wir eine bessere Ausgangsposition vorgefunden hätten. Unerfahrene Helfer sind in den meisten Fällen die ersten am Ort des Geschehens, am Beginn der für die Prognose so wichtigen ersten Stunde der Patientenversorgung.
Ich plädiere besonders angesichts derartiger Vorkommnisse für eine Pflichtweiterbildung in regelmäßigen zeitlichen Abständen für alle Verkehrsteilnehmer, egal ob Fahrrad- oder Autofahrer, ob Fußgänger oder Biker.
Wochen später treffen wir diesen Mann zufällig wieder, anlässlich eines Verlegungsfluges aus einem Reha-Zentrum.
Er liegt immer noch auf einer Intensivstation, wird beatmet, künstlich ernährt, ist unfähig zu Bewegungen, unfähig sich mitzuteilen, ein Intensivpflegefall aufgrund eines irreversiblen Hirnschadens, basierend auf dem zu langen Sauerstoffmangel des Gehirns. Ein Torso, eine Seele, gefangen in einem Behältnis in Form eines menschlichen Körpers, so lange gefangen, wie dem Behältnis künstlich Leben eingehaucht wird, mittlerweile zu einer Art Statue mit Schläuchen in und aus allen Körperöffnungen erstarrt. Der einerseits segensreiche Fortschritt in der Intensivmedizin verlängert hier seine Lebensfunktionen, weniger das

Leben selbst. In früheren Zeiten starb man einfach – damals starb man einfacher.
Welchen Sinn hatten unsere Bemühungen, ihn wieder ins Leben, in dieses Dasein zurückzuholen? Hätten wir ihn nicht besser für tot erklären, ihn in Frieden ruhen lassen sollen?
Er ist so alt wie mein Vater, ich konnte ihn da nicht liegen, einfach sterben lassen.
Wir mussten ihm diese Chance geben, nicht wissend, dass er keine mehr hatte.

Whiteout

Es ist Winter geworden. Der diesjährige strenge Frost lässt Mensch und Natur erstarren.
Bizarr tanzen die Flocken im Licht der Scheinwerfer, verleihen der umliegenden Landschaft ein zartes Weiß.
Ich bin auf der A4 unterwegs, auf dem Weg in Richtung Bautzen, wieder einmal.
Bei bester Laune nutze ich die gut halbstündige Fahrt, um abzuschalten, etwas zu entspannen.
Im CD-Player läuft Heinz Rudolf Kunzes neueste Scheibe »Nonstop«:
Viermal zehn Jahre
hast Du verlebt, verliebt und verlernt,
mausgraue Haare
hast Du gezielt entfernt, ...
Du wirst nie wirklich alt und nie jugendfrei.
Tut es manchmal auch weh,
Du bist halt mehr als ex und hopp,
Du brauchst kein Resümee,
Du bist Leben nonstop – einfach Leben nonstop ...
Ich mag dieses Lied, auch oder gerade ob der Parallelen zu meinem Leben. Auch ich habe mir die grauen Haare nicht entfernt, dazu sind es bereits zu viele, wobei mit den grauen Haaren ja die Gelassenheit kommen soll. Aber das mit dem Leben nonstop, dem nie wirklich alt und nie jugendfrei, den bleibenden Wunden, den Achterbahntagen – es trifft's schon.
Wieder liegt eine arbeitsreiche Woche hinter mir.
Im Operationssaal stehen den ganzen Tag über, zwischendurch Ambulanzbetrieb, Visiten, Kontrolle der operierten Patienten am Abend. Achtzig-Stunden-Wochen sind da keine Seltenheit.
»Sie sind ja schon wieder auf Arbeit, Herr Doktor!«, höre ich immer wieder die Patienten sagen. »Nein, nicht schon

wieder, sondern immer noch.« Arzt und Patient können das nur schwerlich verstehen.
Die Arbeit macht nach wie vor irrsinnigen Spaß, irgendwie entsteht im Laufe der Zeit aber auch eine Art Hassliebe. Sie macht glücklich, raubt viel Kraft und lässt kaum Zeit für anderes, Privates oder Hobbys. Die Partner müssen eine ganze Menge tolerieren, Launen aushalten, wenn's mal nicht so gelaufen ist, zurückstecken, wenn man todmüde nach Hause kommt, mitpowern in der Freizeit, weil man es schließlich so gewohnt ist.
Partner, echte Freunde, welche Derartiges über einen längeren Zeitraum mittragen, findet man nur schwerlich. Wenn es dann doch jemanden gibt, muss man sich fragen, ob man dem Liebgewonnenen solch eine Partnerschaft überhaupt zumuten darf.
Die Chirurgie ist das medizinische Fachgebiet, in dem man am invasivsten, für den Patienten gravierend, meist mit resultierenden äußerlich sichtbaren Zeichen vorgeht, im wahrsten Sinne des Wortes den engsten Kontakt pflegt. Die meist unvermittelt aufgetretenen Krankheitsbilder bedürfen einer umgehenden progressiven Therapie, Erfolge wie Misserfolge stellen sich ebenso unmittelbar ein. Seltsamerweise sind es gerade jene Narben, welche die Patienten am meisten interessieren. Hauptsache, eine schöne, unauffällige Narbe, wie es innen drin aussieht, ist zweitrangig.
Die Mentalität der meisten Chirurgen ist eine ganz besondere. Gingen beispielsweise ein Internist, ein Chirurg und ein Pathologe zur Entenjagd, würde es wahrscheinlich wie folgt ablaufen:
Die erste Ente steigt auf.
»Die gehört mir!«, tönt der Internist. »Ist das dort wirklich eine Ente? Sind die Mittel, die ich hier anwende, die richtigen?« – Lange schon ist der Vogel am Horizont verschwunden.

Die nächste Ente steigt auf. Der Chirurg schießt locker aus der Hüfte, bringt das Tier mit dem ersten Schuss zur Strecke. Entspannt legt er die Hand auf die Schulter des Pathologen: »Könntest du mal nachschauen, was ich da gerade getroffen habe?«
Ein bisschen Wahrheit soll bekanntlich in jeder Geschichte liegen.
Stress, wenig, immer wieder unterbrochener Schlaf, nächtliche Operationen, denen morgens ab 7 Uhr der ganz normale Acht-Stunden-Dienst folgt – dagegen habe ich mittlerweile eine gewisse Resistenz entwickelt, zumal die gewonnenen Berufserfahrungen die anfängliche Aufgeregtheit schrittweise abgelöst haben.

Vielleicht fahre ich auch deshalb so gern und immer noch hierher zum Hubschrauberdienst, man ist sein eigener »Chef« und sicherlich auch schärfster Kritiker, weiß sich als wichtiger Teil eines Teams – im Bewusstsein, nur gemeinsam mit den Piloten, den Rettungsassistenten, den Technikern ans Ziel gelangen zu können, im Alleingang geht rein gar nichts.
In diesem Jahr hatte ich mich ganz bewusst freiwillig für den 25. und 26.12. in den Dienstplan einschreiben lassen. Zum einen kommt seit der Zeit, als wir letztmalig zu dritt als richtige Familie Weihnachten feierten, nicht mehr das richtige weihnachtliche Gefühl auf. Von jener festlichen »Zeremonie« unterm üppig mit selbst gebastelten Papierketten, Gipsherzen und Baumkugeln geschmückten Tannenbaum, beschallt von sakraler weihnachtlicher Musik und umhüllt vom Duft des Weihnachtsgebäcks, von unzähligen Nussknackern, Engeln, Räuchermännern, Bergleuten, Pyramiden, Kerzen und natürlich, wie immer, viel zu vielen Geschenken, ist nur die im Garten stehende, mit Außenbeleuchtung versehene Kiefer übrig geblieben, welche ich irgendwann mit unserer Tochter Romy aus

dem Wald geklaut und eingesetzt habe. Sie erstrahlt nun dank Zeitschaltuhr täglich zwischen 16 und 8 Uhr vom ersten Advent bis Mitte Januar, verabschiedet mich somit, wenn ich frühmorgens im Dunkeln das Haus verlasse, und strahlt auch wieder am Abend, wenn ich von der Arbeit nach Hause komme.
Es ist sicherlich keine Feiertagsdepression im eigentlichen Sinne. Die vertraute Runde hier, unter guten Freunden, ist aber am ehesten eine willkommene Gelegenheit zur Therapie einer latenten weihnachtlichen Traurigkeit.
Andererseits möchte ich die von meiner Mutter bereits in mühevoller Arbeit und höchst genussvoll vorbereitete, traditionelle und von mir seit jeher als das Heiligste am Weihnachtsfest angesehene Gans im Kreise guter Freunde genießen dürfen.
Zum Dritten wollte ich die typischen Krankenhausdienste zur Weihnachtszeit, welche sich durch den sprunghaften Anstieg von Nervenzusammenbrüchen und Selbstmordversuchen, von Magendurchbrüchen, Bauchspeicheldrüsenentzündungen und Herzinfarkten auszeichnen, in diesem Jahr umgehen.
Meinen eigenen, kleinen privaten Feiertag hatte ich in der letzten Nacht schon erlebt. Gegen 23 Uhr drängte ich mich mit einer unüberschaubaren Masse von Menschen in die Dresdener Christuskirche. Ein Gospelchor hatte die Leute zu später Stunde am Heiligen Abend zu mitternächtlichen Gesängen angelockt. Und wenn ich dann, etwa dreißig Meter vom Altar entfernt, für kurze Zeit und unter Zuhilfenahme beider Arme mich taktvoll, aber bestimmt nach oben stemmte, auf die Zehenspitzen stellte, dann konnte ich sie sehen, mitten unter den fröhlichen Sängern – meine Tochter.
Im Moment, als ich die Tür zum Stützpunktzimmer öffne und in Bernds Gesicht schaue, ahne ich, dass der gestrige Dienst am Heiligen Abend nicht besonders freudig abge-

laufen sein kann. Diese unverkennbare Betroffenheit in seinen Augen hatte ich schon einmal gesehen.
Im letzten Jahr musste seine Crew zu einem Flugunfall auf dem Flugplatz in Großenhain fliegen. Ein zweisitziges Kleinflugzeug mit einem Flugschüler und dessen Lehrer an Bord war im Aufsteigen begriffen, ein herannahender Hubschrauber wollte landen. Der Zusammenstoß geschah innerhalb der Wolkendecke, keiner überlebte den verheerenden Crash. Mit dem Fluglehrer waren Bernd und einige andere unserer Piloten gut bekannt.
Unaufgefordert, nach einer kurzen Begrüßung, beginnt er tieftraurig über die gestrigen Geschehnisse zu berichten.
Am Abend, zu einer Zeit, als die Bescherung in allen Familien sicher schon im vollen Gange war, verlor eine junge Frau auf der Autobahn A4 kurz vor Dresden die Gewalt über ihren Kleinwagen, raste ungebremst in die Leitplanken. Der Fahrerin wurde der linke Arm in Höhe der Schulter abgerissen, sie überlebte, schwebt allerdings immer noch in Lebensgefahr. Das auf der Rückbank sitzende Kleinkind wurde mitsamt dem Kindersitz zur Heckscheibe hinausgeschleudert und war sofort tot.
Wenn es nun doch einen Gott geben würde, ließe er so etwas zu, oder wenn es ihn gibt, warum lässt er so etwas am Heiligen Abend geschehen?
Nicht selten werden wir mit solchen Tragödien, solchen Ungeheuerlichkeiten konfrontiert. Sie zu begreifen, zu verarbeiten, weigert sich der Verstand.
Frank müht sich bei der Auflistung aller Bestandteile des Baby-Notfallkoffers anhand einer Checkliste, löst notwendige Bestellungen aus. Ein Großteil des Kofferinhaltes war in der Hektik des Geschehens auf der Autobahn verblieben, musste zurückgelassen werden.
Spätestens beim Austausch der kleinen Geschenke, die wir füreinander vorbereitet hatten, kommt doch noch etwas weihnachtliche Stimmung auf, erhellen sich die Gesichter.

Bücher, CDs, diverse Rotweinflaschen und ausgewählte Pralinen tauschen den Besitzer, begleitet von kräftigem Schulterklopfen und guten Wünschen.
»Wie bei Muttern!«, lautete der Tenor aller beim Verzehr der extra großen Gans mit Apfelrotkraut, Preiselbeeren und selbst gemachten Klößen. Zuvor hatte ich die Geschichten »Der unvollkommene Weihnachtsbaum« von Wolf von Lojewski und »Die Bilddeutung« von Hannelore Kohl zum Besten gegeben und die Stimmung etwas aufzuhellen versucht, was auch gelang. Die Episoden entstammen dem Erzählband »Wenn ich an Weihnachten denke«. Unser Krankenhauspfarrer hatte kürzlich aus Anlass der Adventstage für die Patienten und die Diensttuenden daraus gelesen und mir das Buch anschließend überlassen.
Nach gut einer Stunde des Schlemmens sind wir so voll gegessen und übersättigt, dass wir uns nur mühsam vom Tisch erheben können und jeder für sich nach einem gemütlichen Plätzchen zum Ausruhen Ausschau hält. Dieses bildhafte Bestreben zeigt zu dem von Max und Moritz nach dem Verzehr der gestohlenen Hühner durchaus Parallelen. Selbst Bernd, der schon vor einer halben Stunde seinen Gürtel am Hosenbund weiter stellen musste und sonst eigentlich unmittelbar nach dem Essen am Computer Platz nimmt, um Flugdaten einzugeben und die Wetterinformationen einzuholen, drängt sich auf dem Zweisitzersofa, welches nun für uns drei Platz bieten muss – armes Sofa.
Am zeitigen Nachmittag stößt Olaf als zweiter Pilot für eventuell durchzuführende Nachtflüge zu uns. In solchen Fällen muss der Hubschrauber aus Sicherheitsgründen mit zwei Piloten besetzt sein.
Olaf, 34 Jahre alt, wohnt nur wenige Kilometer entfernt von mir im Nachbarort. Er ist ein ruhiger Typ, bastelt die unmöglichsten Sachen, ein Technik-Freak. Leise im Ton, aber pointiert. Der ruhende Pol im Team, zugleich ein absoluter Familienmensch. Gelegentlich kommt er mit dem

Fahrrad bei mir vorbei. Mit oder ohne Familie installieren wir die ausgefallenste Software, freuen uns wie kleine Kinder, wenn es auch noch funktioniert, klönen über Gott und die Welt, meistens jedoch, wie sollte es auch anders sein, über unsere Arbeit.
Bis zum späten Abend verläuft der Dienst, abgesehen vom opulenten Vesper- und Abendmahl, welches all unserer Energien bedarf, zum Tisch hin – vom Tisch wieder weg, ruhig und beschaulich.
Gegen 21 Uhr springen die Pieper an. Eine noch sehr junge Frau – wie sich später herausstellt Mutter zweier kleiner Kinder – soll vom Krankenhaus nahe ihres Wohnortes ins Herzzentrum nach Leipzig zur geplanten Herztransplantation verlegt werden. Während Bernd sich mit dem Flughafen in Dresden in Verbindung setzt, um die aktuellen und zu erwartenden lokalen Wetterdaten zu erfragen, rufe ich den diensthabenden Arzt im abgebenden Krankenhaus zurück.
»Die Patientin leidet seit einer durch eine verschleppte Grippe ausgelösten Herzmuskelentzündung an hochgradiger Herzinsuffizienz. Sie bietet trotz ihres noch jungen Alters erhebliche Pumpeinschränkungen des Herzens«, erfahre ich.
Das kranke Herz hatte gerade noch die Kraft, in absoluter körperlicher Ruhe seinen Dienst zu versehen.
Noch weitere Daten erhaltend, welche den jetzigen Zustand der Patientin beschreiben und Informationen zur aktuellen Therapie beinhalten, teile ich mit, dass wir etwa in fünfundzwanzig Minuten vor Ort eintreffen werden. Bernd, der neben mir sitzt und dem Telefongespräch mit einem Ohr beiwohnt, nickt zustimmend.
Frank, Olaf und ich dirigieren Bernd, als der mit der kleinen Zugmaschine den Hubschrauber aus dem Hangar auf den schneebedeckten Vorplatz schleppt. Der Allradantrieb hat Mühe, auf dem eisigen Untergrund Halt zu finden, rutscht

hin und her, ohne den auf der Plattform stehenden Hubschrauber entscheidend voranzubringen. Wir müssen kräftig zupacken, um die Zugmaschine in der richtigen Richtung zu halten, bis sie die exakte Startposition erreicht hat. So lange wie nur irgend möglich belassen wir den gut fünfzehn Zentimeter im Durchmesser einnehmenden Heizschlauch, welcher über das Seitenfenster während der Standzeit die einer koffergroßen Heizung entstammende warme Luft ins Helikopterinnere befördert. In der BK 117 erwartete uns trotz dieser Zusatzheizung eisige Kälte. Beim Aufsetzen der Headsets habe ich das Gefühl, meine Ohren würden zu Eis erstarren, an den Kunststoffpolstern anfrieren. Beim Abheben hüllen uns die rotierenden Blätter des Hubschraubers in ein im wahrsten Sinne des Wortes »undurchschaubares« Weiß.
»Whiteout« nennen es die Piloten, jene Wetterunbilden, welche die Sicht über Grund schier unmöglich machen und sie beim Landen auf unbekanntem Terrain über die noch verfügbare Höhe bis zum Aufsetzen völlig im Unklaren lassen. Neben »freezing rain« – gefrierendem Regen, der den Helikopter mit einem Eispanzer überzieht und ihn binnen kurzer Zeit manövrierunfähig macht,– fürchten wir den bei der Landung aufwirbelnden Schnee wie der Teufel das Weihwasser.
So sehr wir uns anstrengen, es lässt sich draußen trotz erleuchtetem Landeplatz nichts erkennen, überall nur weiße, undurchdringliche Schleier. Erst mal senkrecht aufsteigen. Langsam öffnet sich die weiße Mauer und gibt die Sicht wenigstens in einem erträglichen, tolerierbaren Ausmaß frei. Vor wenigen Wochen wurde jenes Whiteout einem Bundeswehrhubschrauber bei der geplanten Landung in Berlin-Tempelhof zum Verhängnis. Er stürzte aus dreißig Metern Höhe wie ein Stein zur Erde, da sich der Pilot schon kurz vor dem Boden wähnte. Soweit mir bekannt, überlebte keiner der Insassen.

Unmittelbar nach dem Start meldet sich Bernd über Funk bei Berlin-Radar, um die Erstellung eines Nachtflugplanes anzufordern.
Unter Erfragung des Hubschraubertyps, der einzelnen Stationen des Verlegungsfluges, der an Bord befindlichen Personenanzahl, eventueller Tankstopps usw. wird nun der Nachtflugplan erarbeitet. Es tut gut zu wissen, dass die nette Frauenstimme von Berlin-Radar am anderen Ende der Funkstrecke ein Auge auf uns wirft, zumindest monitormäßig. Bernd gibt die von ihr uns zugewiesenen Transponder-Daten ein.
»Roger, ich habe Sie jetzt auf meinem Schirm, Delta-Hotel-Tango-India-Bravo.«
Als winziger Leuchtpunkt mit dazugehöriger Zahlenkombination wandern wir von nun an über den Bildschirm von Berlin-Radar, bis wir in dieser Nacht wieder sicher auf unsere Basis in Bautzen zurückgekehrt sein werden.
Der Flug führt uns zunächst in Richtung Thüringer Wald. Unterwegs werden die Sichtverhältnisse auch in der Höhe immer schlechter. Olaf und Bernd entscheiden, dass wir, praktisch schon über dem Zielort kreisend, aufgrund der schlechten Sicht nicht zur Landung gehen, sondern den dreißig Kilometer entfernten und unter den gegebenen Witterungsbedingungen um einiges sichereren Hubschrauberlandeplatz im Vogtlandklinikum Plauen anfliegen werden. Es gilt als ein ungeschriebenes Gesetz in der Luftrettung, dass allein die Piloten über alle fliegerischen Dinge zu befinden haben. Dafür sind sie ausgebildet, tragen sie die Verantwortung. Ihnen allein obliegt die Entscheidung, was flugtechnisch machbar ist und was ein zu großes Risiko darstellen würde. Wie schwer der Unfall oder die Erkrankung auch sein mögen, wenn fliegerische Einwände seitens der Piloten bestehen, habe ich sie zu akzeptieren. Sie sind schließlich die Profis auf dem Gebiet.

Bei einem Massenunfall auf der Autobahn im Nebel kann man also nicht unbedingt auf Rettung aus der Luft rechnen. Alles, was den medizinischen Part betrifft, die Versorgung der Patienten tangiert, liegt in meiner Verantwortung, dafür habe ich allein den Hut auf. In dem Moment, in dem ich beim Patienten eintreffe oder ihn von einem anderen Notarzt übernehme, ist es mein Patient, obliegt er meiner Obhut. Dann muss ich zunächst seine Transportfähigkeit einschätzen oder diese gegebenenfalls erst einmal herstellen, um ihn dann einer definitiven medizinischen Versorgung zuzuführen.
Eilig teilen wir die neue Situation der Rettungsleitstelle mit. In aller Kürze werden Notarzt- und Rettungswagen geordert, welche die Patientin zum nunmehrigen Landeplatz bringen sollen.
Die Landung in Plauen geht reibungslos vonstatten. Zwanzig Minuten später rollt der Rettungswagen heran. Die Schiebetür wird geöffnet, eine sichtlich genervte, nicht mehr ganz junge Notärztin mit schwäbischem Akzent, ihres Zeichens Internistin, steigt aus und legt auch schon los: »Warum seid ihr denn nicht bei uns gelandet? Wir haben euch doch schon gehört! Ihr wart doch fast schon da! Wieso seid ihr gerade hier gelandet? Der Patientin geht es nicht gut! Wisst ihr überhaupt, woran und wie schwer sie erkrankt ist?!« Dezidiert weist sie uns darauf hin, dass sie eigentlich aus Stuttgart käme und dort hätte sie »Derartiges« noch nie erlebt. Toll!
Ihre derangierte Stimme klingt wie eine Kreissäge, ihre Worte hämmern mit der Präzision einer Laserkanone auf uns ein. Die Inkarnation der allwissenden, überemanzipierten und keine anderen Meinungen gelten lassenden Medizinerin.
Vom Typ »zur Bulimie neigende Oberärztin«, beseelt von permanenter Angst, jemand könnte etwas mehr oder vielleicht sogar besser wissen oder machen als sie. Und sie

weiß, um sie herum wimmelt es nur von solchen Subjekten – meine Bilder zur Situation.
Ich überlasse Olaf, unserem besonnenen und wohl nie aus der Ruhe zu bringenden Olaf, die Konversation mit der Dame, bei der er eine Geduld aufbringt wie ein Schweizer Uhrmacher, sie mit eindringlichen Blicken beschwört, und widme mich unterdessen der Patientin. Meine fragenden Blicke zum Thema »Notärztin« erwidern die begleitenden Rettungssanitäter mit einem breiten Grinsen – wir haben uns verstanden.
Eine hübsche junge Frau, einunddreißig Jahre genau, liegt blass, mit lividen Lippen auf der Trage. Sie wirkt erschöpft, zerbrechlich. Irgendwie erinnert sie mich an Schneewittchen, dunkle Haare, weißes Gesicht, nur die Lippen sind nicht rot, sondern violett gefärbt vom Sauerstoffmangel im zirkulierenden Blut.
Jedes Wort, jede kleinste Bewegung lässt ihre ohnehin schon schwere Atmung zur Tortur werden, sie umgehend in eine Atemnot verfallen.
Alles begann vor vier Monaten mit Schwäche, Abgeschlagenheit, Fieber, Leistungsinsuffizienz. Als endlich die Ursache der Symptome gefunden wurde, hatte sich bei jedem Schritt schon so eine Atemnot ausgebildet, als sei sie auf den letzten Metern hin zum Gipfel eines Achttausenders unterwegs. Nach Diagnosestellung verblieben ihr jetzt nur zwei alternative Möglichkeiten. Erstens eine Herztransplantation, falls ein geeignetes Spenderherz zur Verfügung stände, welches sich als kompatibel erweist. Die zweite Alternative ist ein Kunstherz, eine segensreiche wissenschaftliche Erfindung von Ärzten und Medizintechnikern aus jüngster Vergangenheit. Ein kofferähnlicher Apparat, welcher, mit dem Herz verbunden, laut und nervtötend klickend das Organ in seiner stark herabgesetzten Leistungsfähigkeit unterstützt.
Schlägt beides fehl, bleibt nur der Tod durch Herzversagen.

Während des ganzen Fluges unterhalten wir uns, für die Frau besonders mühevoll, langsam und leise, über unsere Headsets. Selbst das simple Reden erschöpft sie schon. Die Sprechintervalle werden immer kürzer, die dazwischenliegenden Zwangspausen umso länger. Sie beschreibt ihre Aufregung, redet über Freuden und Ängste und wird sehr nachdenklich bei dem Gedanken, dass, damit sie weiterleben kann, ein anderer Mensch sterben müsste. Sie erzählt stolz auch von Ehemann und Kindern, Eltern und Geschwistern, hoffend, sie alle gesund wiederzusehen und nach der schweren Operation wieder ein halbwegs normales Leben führen zu können.
Derlei Gespräche relativieren die angeblich wichtigen Dinge des Lebens, lassen sie unendlich klein erscheinen. Sie machen nachdenklich, implizieren jene undefinierbare Parabel des Lebens – keine dieser viel zu häufigen, viel zu oberflächlichen, viel zu überflüssigen Smalltalks.
In den alten buddhistischen Lehren heißt es: »Lebe das Jetzt, gestern war, morgen wird sein – jetzt ist entscheidend.«

Herzzentren haben für mich immer eine seltsame Aura, verbreiten ein unwirkliches Ambiente. In diesen hochmodernen Tempeln des medizinischen Fortschritts geht es zu wie in einer riesigen außerplanetarischen Raumstation. Um wenige schwer kranke Patienten wuselt eine Schar von Ärzten, Schwestern, Pflegern, Technikern in bis unter die Decke mit Computern, Infusomaten, Perfusoren, Überwachungsmonitoren, Beatmungsgeräten und EKG-Geräten vollgepackten Räumen. Ringsherum piept es in allen nur erdenklichen Tonlagen, die farbigen Verlaufskurven und Überwachungsparameter der Monitore erscheinen wie die Leuchtreklame einer Großstadt. Die »klimaanlagengefilterte«, stets zu kühle Luft ist in unerträglicher Weise mit dem Geruch von Desinfektionsmitteln geschwängert.

Aufwendig konzipierte Schleusen trennen besonders sensible Räumlichkeiten ab. Überdimensionierte Glasscheiben geben den Blick über die gesamte Ausdehnung der Intensivstation frei.
Hier gibt es weder für den Patienten noch für das Personal einen Ort, an den man sich zurückziehen kann, abseits von all dem geordneten Wirrwarr. Kein Detail, kein Inventarstück, keine Apparatur lädt das Auge zum Verweilen ein, Unruhe in jedem Winkel der Station.
Wie mögen sich wohl die Patienten fühlen, die mit all dem noch weniger vertraut sind als wir?
Andererseits kann ich nur immer wieder meiner Bewunderung Ausdruck verleihen für jene, die hier arbeiten – ein für Geist und Körper geradezu mörderischer Job.
Die Verabschiedung auf der Intensivstation des Herzzentrums erfolgt wie üblich knapp, selten war ich jedoch so berührt. Ich hoffe und wünsche, dass, nach dem bisher Erlebten, dieses Weihnachten wenigstens für einen Patienten gute Botschaften, neue Hoffnung bereithält.

Die anfänglich so schlechten Witterungsbedingungen verbessern sich beim nächtlichen Rückflug schlagartig. Die dunkle Nacht zeigt sich sternenklar beim Überflug Dresdens. Über die hell erleuchteten Cockpitarmaturen hinwegblickend, eröffnet sich uns die unvergleichlich schöne nächtliche Silhouette der Elbestadt. Sie spiegelt sich im Fluss entlang des Tales zwischen den links und rechts der Elbe verlaufenden Höhenzügen.

Von meinen Mitstreitern heftig gedrängt – Ähnliches war vorher noch nie vorgekommen – rufe ich gleich am Morgen des 26.12. im Herzzentrum an. Die Operation war gut verlaufen, der Zustand der Patientin stabil. Uns ist natürlich bewusst, dass sie bis hin zur Gesundung noch einige Unwegsamkeiten meistern muss, es noch einen steinigen

Pfad zu durchschreiten gilt. Der wichtigste Schritt war getan, unsere Gedanken und Genesungswünsche begleiten sie.

Mit einem Ohr am Funk, werden alle anderen Sinnesorgane vom Festmahl in Anspruch genommen. Genüsslich verzehren wir den Rest der Gans vom Vortag.
Kratzen im Funkgerät, ein RTW lässt die Leitstelle wissen, dass er aufgrund der Straßenbedingungen – es herrscht allerorts Blitzeis – nicht weiter vorankäme. Er war auf dem Weg zu einem Kind mit akutem Abdomen, einem Krankheitsbild, welches schwerwiegende pathologische Veränderungen im Bauchraum anzeigt und einer umgehenden Vorstellung im Krankenhaus und nicht selten einer notfallmäßigen Operation bedarf. Die Dame in der Leitstelle war trotz nochmaligem Nachsuchen der RTW-Besatzung um Unterstützung aus der Luft der Meinung, dass es ausreiche, wenn der Rettungswagen auf das Streufahrzeug warte, um dann zum Notfallpatienten zu gelangen. Leitstellenphilosophie ist mit normalem menschlichen, sicherlich medizinisch gefärbtem Verständnis gelegentlich nur schwer nachzuvollziehen!
Bei Sonnenuntergang, wir waren gerade im Begriff, uns für die Primärrettung abzumelden, den Helikopter hatten wir schon vor Stunden ob des Eisregens in den Hangar zurückgeschoben, schrillen die Pieper erneut, jenen markerschütternden Ton von sich gebend, der uns alle, obwohl wir ihn wohl schon Hunderte Male vernahmen, zusammenzucken lässt.
Ein schwerer Unfall mit selbst gebauten Sprengkörpern in der Nähe von Sebnitz, erfahren wir über Funk.
Eiligen Schrittes, beim herrschenden extremen Glatteis eher einem Eiertanz vergleichbar, rennen wir zum Hangar. Dicke Schneeflocken fallen vom Himmel. Es dauert länger als sonst, die BK 117 in die nötige Startposition

zu bringen, da die zentimeterdicke Eisschicht natürlich auch den Landeplatz überzogen hat. Weder wir noch die schneekettenbestückten Räder finden ausreichenden Halt. Irgendwie gelingt es schließlich. Rein in die Maschine, anlassen, Enteisung an und los!
Enteisung ist jener Mechanismus, der die Bildung von Eis an den Rotoren verhindert, welche bei ausreichender Quantität zum unweigerlichen Absturz der Maschine führen würde. Obwohl völlig überflüssig, schaue ich in den Wintermonaten geradezu zwanghaft auf das Signal dieser Kontrollleuchte.
Der Flug dauert scheinbar sich ewig hinziehende, knappe zwanzig Minuten. Schon aus einigen Kilometern Entfernung erkennen wir die Unglücksstelle ob der zahlreichen Blaulichter ringsherum. Mittlerweile ist es stockdunkel. Die Lichter des landenden Helikopters spiegeln sich im von Eis überzogenen Straßenbelag. Die örtliche Feuerwehr wurde durch die Leitstelle Pirna-Sebnitz alarmiert und leuchtet den Landeplatz auf einer Straßenkreuzung aus. Die Lichtkegel der aufgestellten Strahler erfassen uns im Landeanflug, begleiten uns bis zum Boden.
Gerade in dem Augenblick, als die Kufen die Straße berühren, erfasst den noch unter voller Rotorumdrehung laufenden Hubschrauber eine Windböe und schiebt ihn wie einen Schlitten zehn Meter zur Seite, geradewegs in Richtung eines Lichtmastes. Mir bleibt das Herz fast stehen! Meine Nebennieren müssen einem ausgewundenen Schwamm ähneln, sie haben all ihr Adrenalin mit einem Schlag ausgeschüttet. Alle Schutzengel dieser Welt hatten sich vereint und eine Katastrophe verhindert, wenige Meter vor dem Hindernis kommt die Maschine zum Halten. Im Cockpit herrscht für einige Augenblicke, genau wie bei uns hier hinten, Totenstille. Mit weichen Knien und durchgeschwitzt bis auf die Haut, eile ich die knapp einhundert Meter bis zum bereitstehenden Rettungswagen, in dem

schon die Erstversorgung des Patienten erfolgt ist. Es hat begonnen, stärker zu schneien, der eisige Wind raubt mir den Atem, meine Finger sind bereits nach wenigen Sekunden eiskalt, ihre Gelenke versteifen, auf dem vom Schweiß durchnässten Overall bilden sich winzige Raureifkristalle. In Anbetracht und sicher aus Vorfreude auf die nahende Silvesternacht hatte der 16-jährige Junge gemeint, einen ganz besonderen Knaller bauen zu müssen – die herkömmlichen waren ihm zu bieder, zu wenig explosiv, nicht laut genug. Eine ungewollt ausgelöste Detonation der mit Schwarzpulver und allerlei anderer Ingredienzien angefüllten Luftpumpe, deren »Rezeptur« fragwürdigen Seiten des Internets entstammte, hatte ihm die linke Hand abgerissen. Am rechten Arm und an beiden Beinen sowie am Rumpf klaffen tiefe, wulstige Weichteilverletzungen. Bei der Inspektion des Bauches, im Rahmen des Basis-Checks, finden sich jene multiplen kleinen Schnittwunden, aus denen tropfenweise das Blut rinnt, welche ich zunächst der geborstenen und in kleinste Splitter aufgelösten Kellerfensterscheibe anschuldete. Überall finden sich diese kleinen runden, tiefroten Flecken auf der schneeweißen Bauchhaut. Eine hochdosierte Schmerzmittelgabe über die Vene befreit den Patienten erst einmal von seinen unsäglichen Schmerzen, die ihn zunehmend in einen Dämmerzustand zu versetzen drohen bis hin zum Bewusstseinsverlust. Eilig versorgen wir die Verwundungen, lösen provisorische, inzwischen schon wieder durchgeblutete Verbände, versorgen eine heftig spritzende arterielle Blutung mit Gefäßklemmen, erreichen damit ein erstes Sistieren des Blutflusses. Die zerfetzten Wundränder sind rußgeschwärzt und im Zuge der heftigen lokalen Druckwelle nach außen aufgerollt. In allen Winkeln des Rettungswagens hängt der typische Schwarzpulvergeruch.
Hier drinnen gibt es kaum einen Flecken ohne Blut, überall verbrauchte Verbände, auf dem Boden benutzte Spritzen

und Ampullen. Unter den Sohlen unserer schweren Schuhe knirschen die Glassplitter, welche sich beim Entkleiden des Jungen aus dessen Kleidungsstücken entleert und sich jetzt auf dem gesamten Fußboden des Rettungswagens verteilt hatten.
Und draußen rieselt lautlos der Schnee, welch groteskes, geradezu surrealistisches Szenario – geht es mir durch den Kopf, als ich kurz aus dem Fenster in die immer noch scheinwerferdurchflutete Nacht schaue.
Die traumatisch amputierte Hand war bereits in einem speziell dafür vorgesehenen Beutel verstaut und mit ausreichender Kühlung versehen worden. Über ihren Zustand und eventuelle Verwendbarkeit zum Zwecke der Replantation werden wir erst in der Klinik Kenntnis erlangen. Die sterile Umpackung und die nicht zu unterbrechende Kühlkette erfordern diese Verfahrensweise, jede nochmalige Inspektion würde die Sterilität gefährden, bakterieller Besiedelung Vorschub leisten.
»Zwei großvolumige Zugänge, Infusion mit Druckbeutel!«
Nach der Blässe des Patienten und der Größe der uns umgebenden Blutlachen zu urteilen, muss der junge Mann bereits eine nicht unwesentliche Menge an Blut verloren haben. Wir müssen ihm zunächst so schnell wie nur irgend möglich ausreichend Flüssigkeit zuführen, um einem bereits einlaufenden Volumenmangelschock entgegenzuwirken.
»Ethomidate, Fentanyl und Succi zur Narkose aufziehen, anschließend alles zur Intubation bereitmachen.«
Frank, der meine Anweisungen schon erwartet hat, reicht mir die benötigten Medikamente.
»Pass auf, Großer! Ich mach dir jetzt eine Narkose. Dazu musst du zuerst tief Sauerstoff über die Maske, welche ich dir gleich aufsetzen werde, inhalieren. Anschließend wirst du durch Medikamente langsam müde werden und

einschlafen. Wir fliegen dich dann in die Uniklinik nach Dresden, wo man versuchen wird, die Hand wieder anzunähen«, erkläre ich ihm.
Unsicher nickt er mir zu. Was soll er auch dazu sagen.
»Wann bist du letztmalig gegen Wundstarrkrampf geimpft worden?«, will ich noch wissen. »Mein Nothilfepass muss dort bei meinen Ausweispapieren liegen.«
Kräftig inhaliert er aus der aufgebrachten Maske, bevor ich ihn einschlafen lasse.
»Zieh mir noch etwas Norcuron, Fentanyl und Dormicum auf«, sage ich zu Frank, als wir den Helikopter besteigen, uns zum Abflug rüsten.
Zu Beginn meiner notärztlichen Tätigkeit habe ich für mich, als »Nicht-Anästhesist« und unter Konsultation meiner Kollegen der »betäubenden Zunft«, ein Paar »Kochrezepte« zusammengestellt, um für alle möglichen und unmöglichen Situationen in Sachen Narkose gerüstet zu sein. Immer auf den neuesten Stand gebracht, lassen sie die fachfremden Narkosen nicht mehr als etwas Exotisches erscheinen. Nur Dinge, welche man sicher beherrscht, sind in Not- oder Stresssituationen reflektorisch abrufbereit, verleihen die nötige Routine und Ruhe, machen sicher – um einen herum ist ja sowieso alles in Panik. Ich habe es täglich mit Anästhesisten zu tun, bin mit einigen eng befreundet. Bei den Operationen stehen sie naturgemäß auf der anderen Seite des Tuches, welches den sterilen vom unsterilen Bereich trennt. In fachlichen Dialogen, gerade den interdisziplinären Notarztdienst betreffend, partizipieren wir nicht selten voneinander.
Der durch den starken Blutverlust bedingte Flüssigkeitsmangel macht uns auf dem Flug mächtig zu schaffen. Mit um die Infusionsbeutel gelegten Druckmanschetten gleichen wir das im nur 1,30 Meter hohen Innenraum der BK 117 fehlende Gefälle aus, erreichen somit einen genügenden Flüssigkeitsdurchfluss durch die in den Venen

liegenden Verweilkanülen, können den Volumenmangel grob bilanziert kompensieren.
Wir fliegen direkt in die weiße Wand von dichtem Schneetreiben hinein, geschüttelt von heftigsten Windböen. Die Sicht ist ausgesprochen schlecht. Nur mithilfe des vom Flughafen Dresden via Satellit zu uns geleiteten ELS, dem »Electronic-Landing-System«, gelangen wir punktgenau zum geplanten Landeort. Vom reibungslosen Funktionieren der Technik hängt in solchen flugtechnisch anspruchsvollen Situationen unser Leben ab. Im Schockraum der Notaufnahme an der Uniklinik wird der Patient von Anästhesisten, Bauch- und Unfallchirurgen übernommen. Die umgehend durchgeführte Ultraschalluntersuchung des Bauchraumes zeigt, dass die von mir als Glassplitterverletzungen gedeuteten Läsionen durch wie von einer Splitterbombe freigesetzte kleinste Metallteile verursacht wurden – nur in unserem Fall stammten die Stücke von der Metallhülle der Luftpumpe. Leber, Milz, Darm und linke Niere waren verletzt. Dutzendweise reflektieren die Metallsplitter den Ultraschall, treten mit den typischen Schallbildern auf dem Bildschirm in Erscheinung, verheißen nichts Gutes und eine bevorstehende wahre Sisyphusarbeit für die Chirurgen. Jede kleine Verletzung für sich kann in den gut durchbluteten Organen zu einem Blutverlust führen, der sich letztendlich zum lebensbedrohlichen Blutungsschock summieren kann. Möglichst jede dieser Gewebezerstörungen muss chirurgisch revidiert werden, erfordert eine umgehende operative Versorgung.
Gemeinsam mit den Chirurgen inspiziere ich nun auch die mitgebrachte Hand. Aus dem Eis gehoben, schlagen wir den blutdurchtränkten Verband zurück.
Die gesamte Hand ist geschwärzt. Herabhängende Hautfetzen – Finger sind als solche kaum noch zu identifizieren. Ihr Zustand ist denkbar schlecht. Sie wurde durch die Explosion so zerstört, dass eine Replantation verworfen werden muss.

Die Bildung des Unterarmstumpfes, welcher in der heutigen Zeit nach Abheilung problemlos prothetisch zu versorgen ist, sollte die Chirurgen etwa eine gute Stunde beschäftigen, die Sanierung des Bauchraumes allerdings erfordert ihre konzentrierte Arbeit über die ganze Nacht bis hin zum nächsten Vormittag.
»Deinen Overall kannst du, so wie der aussieht, nur noch wegschmeißen«, höre ich Frank beim Hinausgehen sagen. Erst jetzt bemerke ich, dass kaum ein Flecken an mir nicht blutverschmiert ist, außerdem klafft ein nicht unwesentlicher Dreiangel über dem linken Knie.
Frank sollte recht behalten, an dem »guten Stück« war nichts mehr zu retten. Zurück in Bautzen, trenne ich also die Aufnäher mit meinem Namen, das Emblem unseres Rettungshubschraubers ab – und dann weg damit in die Putzlappenkiste. Bei heftigen Wetterunbilden, mit Sturm und Schnee, hatte uns die BK 117 sicher zur Basis zurückgebracht. Aufräumen, dokumentieren, Verbrauchtes wieder auffüllen, duschen und endlich schlafen.
Ich bin schon wesentlich sanfter geweckt worden. Das kräftige Klopfen an meiner Tür reißt mich aus den Träumen. Der Blick zur Uhr verrät, dass es schon drei viertel sieben ist (Bernd würde natürlich »Viertel vor sieben« sagen!). Ich habe das untrügliche Gefühl, erst wenige Minuten geschlafen zu haben, bin völlig erledigt. Es hilft alles nichts, in fünfzehn Minuten muss der Hubschrauber vorm Hangar stehen. Ich quäle mich aus dem Bett. Vor der Dusche begrüße ich die anderen drei mit einem einsilbigen, recht unartikulierten »Moin«.
Nur Frank steht sich rasierend, dabei lauthals und ziemlich schräg singend vorm Spiegel:
»Jung samma, fesch samma« und »I was dancing in the lesbian bar!«
Diese Feuerwehrleute sind wohl alle nicht kleinzukriegende Frühaufsteher. Und Verrückte sicherlich noch dazu!

Vom grellen Licht der Neonröhren geblendet, erkenne ich aus schmalen Augen zunächst nur einige Umrisse im von Wasserdampf benetzten Spiegel. Das musst wohl du sein, denke ich. Franks Gesänge klingen von fern an mein Ohr. Langsam klart das Spiegelbild auf. Es zeigt einen noch ziemlich verschlafenen, etwas zerknitterten Grauhaarigen, der irgendwie, wenn auch nur entfernt, mir ähnlich sieht. Frank verlässt gestenreich die Dusche mit einem Luftgitarrenstück à la Mark Knopfler. Ich sag ja, alles Verrückte.
Mein bisher größtes »Schneeabenteuer« sollte mir aber noch bevorstehen. Nichts ahnend, bei klarem Wetter – der Meteorologe hatte keine gravierenden Veränderungen angekündigt – machen wir uns auf den Weg zum Startplatz. Es soll ein Patient mit einer intracerebralen Blutung aus dem Krankenhaus in Freiberg in die Neurochirurgie nach Dresden verlegt werden.
Der Start erfolgt umgehend bei besten Sichtverhältnissen, der Himmel erstrahlt in »Postkartenazurblau«.
Bereits einige Flugminuten auf dem Weg, geraten wir im Gebiet um Wilsdruff in einen Schneesturm. Blitzschnell waren dunkle Wolkenwände aufgezogen, die Sicht verschlechtert sich innerhalb weniger Augenblicke zusehends.
Den Piloten, welche die Umgebung hier im Detail kennen, ist eine gewisse Beunruhigung anzumerken. In dieser Gegend wimmelt es nur so von Power-Lines, Starkstromleitungen und den wie Pilze aus dem Boden schießenden Windrädern.
Bei Sicht gegen »null« sind wir umgeben von unzähligen Hindernissen. Eine Landung auf unbekanntem Terrain wäre sicherlich zu gefährlich. Nur wenige Meter über dem Boden, in Sichtkontakt zum Untergrund, halten die Piloten auf die Masten der Hochspannungsleitungen zu.
»Hier müssen die Leitungen am weitesten vom Erdboden entfernt sein. An den anderen Stellen wissen wir nicht,

wie weit sie durchhängen«, erklären sie ihre Flugtaktik auf meine besorgte Anfrage hin. Hätte ich bloß nicht gefragt, meine innere Unruhe hatte sich aufgrund der Erläuterungen nicht gelegt, eher im Gegenteil! Also steuern wir jeweils die Hochspannungsmasten an, setzen eine reichliche Rotorenlänge zur Seite und fliegen in geringem Abstand der Kufen zum Boden und der Rotorblätter zum Mast *unter* den Hochspannungsleitungen hindurch – diabolisch – Horror, Adrenalin, Schweiß und eine Scheißangst!
Als wir endlich nach einer Stunde Flugzeit die dreißig Kilometer Entfernung zurückgelegt haben und am Krankenhaus in Freiberg zur Landung gehen, bringe ich mit belegter Stimme gerade noch ein »Oft könnt ihr so etwas nicht mehr machen!« heraus.
Die Headsets haften fest am schweißigen Kopf, dumpfe Übelkeit macht sich breit.
Wie zur Bestätigung blicke ich in drei blasse Gesichter, deren Haare genauso nass am Kopf kleben wie meine.
Das Lächeln der Jungs wirkt, finde ich, jedoch ziemlich aufgesetzt.
Mir jedenfalls ist nicht in Erinnerung, jemals so froh gewesen zu sein, wieder festen Boden unter den Füßen zu verspüren.
Im Geiste vollziehe ich jenes päpstliche »Flughafenritual«: Niederknien, Erde küssen.
Sie hat uns wieder! Gott ..., nein, den Jungs da vorn sei Dank.

BK 117 – RTH Bautzen

Wieso nur kann sich dieses tonnenschwere Fluggerät so schwerelos leicht in die Lüfte erheben? Trotz physikalischen Verständnisses für mich immer noch ein Wunder, eine Meisterleistung menschlichen Forscherdrangs.
Rot-gelb gestreift steht unser stolzer Vogel, ungefähr dreieinhalb Tonnen schwer, auf der drei mal drei Meter großen Plattform vorm Hangar. In den früheren Jahren waren wir mit einer Bell 206 Long-Ranger, einer Bell 222 und der BO 105 unterwegs in Sachen Luftrettung. Als wir dann vor einigen Jahren unsere BK 117 bekamen, hatten die Rettungsassistenten die schwere Aufgabe, aber wohl auch die Ehre, das Design für die Lackierung entwerfen zu dürfen. Ich glaube, es sollte als eine Art Reverenz an die Jungs für ihre bisherige gute Arbeit anzusehen sein.
Genau 13 Meter lang und 1,60 Meter breit ist das gute Stück, bei einer Rotorlänge von je 11 Metern.
Zwei Turbinen mit je 550 Kilowatt lassen sie, in Abhängigkeit von der Windsituation, Geschwindigkeiten bis zu 300 Kilometer pro Stunde erreichen.
Die siebenhundert Liter Jet A1-Flugbenzin fassenden Tanks erlauben bei Ausschöpfung ihrer vollen Kapazität etwa zwei Stunden Nonstop-Flug.
Um die sieben Millionen Euro kostet so ein vollausgerüsteter Rettungshubschrauber.
Alle fünfzig Einsatzstunden muss das Fluggerät zum Check. Verschleißteile werden ersetzt, zu unserer und der Sicherheit der Patienten und zur sicheren Gewährleistung unserer Pflichten. In den Zeiten der Durchsichten – mitunter dauern diese je nach Umfang bis zu zwei Wochen – sind wir mit unserer BO 105 unterwegs.
Dieser Helikopter ist aufgrund seiner Größe wendiger als die BK 117, benötigt vor allem kleinere Landeareale. Allerdings sind die räumlichen Verhältnisse an Bord der BO

extrem beengt. Auch besteht eine deutlich höhere Windanfälligkeit der Maschine.
Die Piloten bevorzugten die BO 105 aufgrund ihrer Flugeigenschaften. Wir Notärzte fühlen uns in der BK wohler. Sie erlaubt eine breitere Palette der therapeutischen Handlungen während des Fluges und schüttelt uns nicht allzu sehr durch. Nach meiner ersten BO-Bekanntschaft musste ich erstmal zwei Mahlzeiten auslassen, erst dann hatte sich auch meine Magenregion wieder beruhigt.
Die Woche über, mit täglichen Diensten von 19 bis 19 Uhr, wird der Rettungshubschrauber seitens des ärztlichen Personals von den Anästhesisten des Krankenhauses Dresden-Friedrichstadt besetzt, die Wochenenddienste realisieren »luftrettungsbewährte« Notärzte, mehrheitlich Anästhesisten oder Chirurgen aus anderen Kliniken, die schon seit den Anfängen in nach der Wende neu entstandenen Unternehmen Dienst tun. Die Rettungsassistenten rekrutieren sich aus allen Hilfsorganisationen, wobei auch hier nur die besten und zuverlässigsten zum Einsatz kommen. Die »Zwei-Mann-Piloten-Crews« arbeiten meist im Fünf-Tage-Rhythmus: fünf Tage Dienst unter strikter Berücksichtigung der maximalen Flugzeiten pro Pilot, fünf Tage frei. Sechs- bis achthundert Einsätze sind durchschnittlich pro Jahr zu fliegen. An manchen Tagen sind es gleich mal acht Notfälle, an anderen Tagen verbleiben wir die gesamten vierundzwanzig Stunden am Boden.
Wie an den Kliniken, sind auch in der Luftrettung die Krankenkassen und deren hochdotierte Verhandlungsführer der Anzugsfraktion unsere »natürlichen Feinde«. Von ihren Palästen aus lassen sie sich einmal jährlich herab, um ihre teilweise aberwitzigen geistigen Ergüsse, bar jeder Objektivität und an der Realität vorbei, zu gültigen Festlegungen, zum Dogma, zu erheben. Sie tun das, weil sie irgendwas tun müssen. Nur so bleibt ihnen der gut bezahlte Stuhl.

Und sie machen uns das Leben schwer. Sobald sich Dinge etabliert haben, Früchte tragen, treten die Bürokraten auf den Plan, verändern sie.
Für die nächsten vier Jahre ist uns der ostsächsische Raum zur Absicherung der Luftrettung überantwortet worden. Danach entscheiden die Damen und Herren vom Sächsischen Staatsministerium der Landesregierung, ob wir weiter unserer verantwortungsvollen Arbeit auch für die nächsten vier Jahre nachgehen dürfen – »Keep the flying doctors flying!«
Falls also zwischen Pulsnitz und Görlitz, zwischen Hoyerswerda und Ebersbach im wahrsten Sinne des Wortes Not am Mann ist, werden wir gerufen, sind wir bereit.
Der Raum rund um Dresden wird durch »Christoph 38«, eine BO 105 des Ministeriums des Innern, versorgt.
Natürlich überschneiden sich die Einsatzgebiete nicht selten, sollte einer der beiden Hubschrauber bereits im Einsatz sein. Gelegentlich »kämpfen« wir auch mit vereinten Kräften, wie unlängst bei der Explosion in einer Feuerwerksfirma, mit mehreren Schwerstbrandverletzten.

Nachtflüge I

Die große Einsatztafel an der Wand unseres Stützpunktzimmers, auf der die Einsätze des laufenden Monats mit Abhol- und Zielort, unterschieden nach Tag- oder Nachtflug, nach Primär-oder Sekundäreinsatz verzeichnet sind, ist wie so oft randvoll beschrieben.
Hinter der Hälfte der Einsätze der vergangenen acht Tage prangt jedoch ein in grünen Lettern hervorstechendes »WX«. Dies bedeutet nichts anderes, als dass die angeforderten Flüge aufgrund der herrschenden Witterung abgesagt werden mussten.
Gerade jetzt, im Winter, sind wetterbedingte Flugabsagen ein nicht seltenes Phänomen.
Ob der Massenunfall bei Nebel auf der Autobahn, der Inkubatorflug mit einem unreifen, das Licht der Welt viel zu früh erblickt habenden Neugeborenen oder der Arbeitsunfall, bei dem ein Bauarbeiter vom Gerüst stürzte – jedes Mal mussten wir schweren Herzens absagen, das Hilfeersuchen abschlägig beantworten, konnten nicht fliegen.
Für die Nacht waren Schlechtwetterzonen mit regional auftretenden Gewitterstürmen vorausgesagt. Wir vier machen uns auf den Weg zu den nahe gelegenen Unterkünften, insgeheim hoffend, dass es seit Langem wieder einmal eine Nacht werden würde, in der man sechs bis sieben Stunden durchschlafen könne.
Ach ja, Schlaf: In einer Welt der Rastlosigkeit und des Stresses, in der ich vielleicht schon viel zu lange meine Zeit zubringe, würde ich einen ausgedehnten Winterschlaf brauchen können – am besten von November bis März.
Der Pieper weckt mich kurz nach 22 Uhr. Ich fühle mich wie erschlagen, mühe mich in Overall und Bergschuhe. Katzenwäsche, Zähneputzen. Mich fröstelt, als ich vor die Tür trete und mir die nasse Kälte ins Gesicht schlägt, um sich bald darauf über den ganzen Körper zu verbreiten.

Die Piloten waren schon mit der Flugplanung befasst, als ich zeitgleich mit Frank im Bereitschaftszimmer eintreffe.
»Autounfall auf der Bundesstraße B6. Eine schwer verletzte Person mit Stange im Kopf«, teilt uns die Rettungsleitstelle in Dresden mit.
Da unser Hubschrauber in Sachsen, wie bereits bekannt, der einzige auch nachts verfügbare ist, ging der Auftrag an uns.
»Stange im Kopf, was soll das denn sein?«, fragend blickt Frank, unser »Rettungsassi«, zu mir rüber.
»Keine Ahnung, bestimmt wieder eine jener übertriebenen Angaben von aufgeregten Unfallbeteiligten«, bin ich überzeugt.
»Wir können fliegen«, meint Olaf mit Blick aufs Wetterradar. »Die Schlechtwetterzonen erreichen unser Gebiet erst in der zweiten Nachthälfte. In fünfzehn Minuten könnten wir vor Ort sein.«
Nach zwei absolvierten Platzrunden, um sich mit den unbekannten Örtlichkeiten vertraut zu machen, landen wir sanft auf der von zwei Feuerwehren ausgeleuchteten Wiese. Ungeduldig erwarten uns die Rettungskräfte.
»Kommen Sie, schnell, schnell! Es ist gleich da vorn.«
Der spärlich von diffusem Taschenlampenlicht flankierte Weg macht eine scharfe Biegung, verläuft an einem Maschendrahtzaun entlang, in den wir auf dem unebenen Untergrund haltsuchend mit den Fingern hineingreifen. Wir kommen hier nur langsam voran.
Einige Hundert Meter vom Landeplatz steigen wir eine taghell ausgeleuchtete Böschung hinab.
Ich glaubte bis dahin, schon fast alles gesehen zu haben und dass mich so leicht nichts mehr beeindrucken könnte, doch was ich hier erblicken musste, ließ mir den Atem stocken. In solchen Momenten bin ich dankbar für meine langjährigen Erfahrungen im Notarztdienst, die mir helfen, gelassen und ruhig zu bleiben, rational entscheiden zu können.

Der Fahrer des Pkws sitzt reglos aufrecht in seinem Sitz. Ein zwei Zoll starkes und drei Meter langes Metallrohr, welches auf zwei Holzböcken aufgelegt eigentlich die Einfahrt zu einer Weide absperren sollte und von Geisteskranken – anders kann ich sie nicht bezeichnen – mitsamt der Auflageböcke in Längsrichtung auf die schlecht beleuchtete Straße gestellt worden war, hatte sich durch die Frontscheibe, den Hals und den Kopf des Fahrers, sowie die Heckscheibe des Wagens gebohrt. Der etwa 40-jährige Mann hatte nicht die geringste Chance des Ausweichens, alles muss rasend schnell gegangen sein. Er saß nun fixiert durch das Rohr, welches zum Zeitpunkt unseres Eintreffens jeweils einen Meter aus Front- und Heckscheibe ragte.
Ein Umstand verblüfft mich allerdings, weil ich ihn beim Anblick dieser grausigen Bilder für utopisch gehalten hätte. Der Mann ist bei Bewusstsein, sitzt nur so starr, vergleichbar einer Statue da, die kleinste Bewegung vermeidend, um seine ohnehin schon desolate Situation nicht noch weiter zu verschlechtern. Zwar kreidebleich und am Kopf stark blutend, reagiert er adäquat, ist örtlich, zeitlich und zur Person orientiert. Wissend um seine missliche Lage, ohne jedoch die gesamte Tragweite der Ereignisse abschätzen zu können, raunt er: »Bitte helfen Sie mir.«
Noch niemals zuvor habe ich in so flehende Augen geschaut.
Um ihn herum findet sich nur blankes Chaos. Die Teile am Wagen, welche den Schwerverletzten fixieren, lassen sich nicht so ohne Weiteres entfernen, aber er muss so schnell wie möglich da raus. Scharfkantige Abrisskanten, auslaufendes Benzin, zahllose zum Teil übermotivierte Rettungskräfte bereiten uns erhebliche »Kopfschmerzen«. Alle warteten auf »die Jungs vom Rettungshubschrauber«, die wissen bestimmt, was zu tun ist. Wer sonst, wenn nicht die! Wo bleibt in solchen Situationen die Leichtigkeit des Seins? In den letzten Jahren hatte ich im Leben genügend

Enttäuschungen und manche peinliche Situationen erlebt. So habe ich mir mittlerweile angewöhnt vorauszudenken, für so manche unwägbar erscheinende Gelegenheit im Vorhinein einen Alternativplan zu entwickeln. Auch jetzt muss der berühmte »Plan B« herhalten.
»Zuerst mal müssen wir den Mann da rausholen«, versuche ich die Initiative zu übernehmen. Zur Bergung stehen uns ein großer Trennschleifer und Bergungsscheren zur Verfügung.
Wie immer einen viel zu großen Feuerwehrhelm auf dem Kopf, gelange ich über die zerborstene Frontscheibe ins Autoinnere. Über zwei großvolumige Zugänge gelangen parallel Schmerzmittel und Infusionen zum Patienten.
»Das Rohr muss so gekürzt werden, dass wir ihn aus der Fahrertür bergen können«, weise ich an, ohne schon so richtig zu wissen, wie das eigentlich funktionieren soll – das wiederum weiß aber nur ich allein.
Erleichtert, dass nun nach einer gewissen Zeit der Rat- und Hilflosigkeit Bewegung in die Geschehnisse kommt, der Mann aus seinem Gefangensein entkommen kann, packen alle umstehenden Feuerwehrleute, Rettungsassistenten, Katastrophenschützer und viele mehr zu.
Ich knie noch immer neben dem Verletzten, das Metallrohr stützend, als zwei Feuerwehrleute den monströsen Trennschleifer etwa vierzig Zentimeter neben dem Kopf des Patienten ansetzen. Bereits nach wenigen Sekunden erwärmt sich das Metall so stark, dass ich meine Hand zurückreiße und »Aufhören« brülle.
»Wir verbrennen seine Haut, wenn wir hier weiter schneiden. Länger als 1,5 Meter darf das Rohr jedoch nicht sein, sonst bekommen wir ihn nicht raus«, konstatiere ich ernüchtert.
»Wir können noch etwas weiter vom Kopf weggehen, müssen zwischendurch absetzen, das Rohr mit Wasser kühlen. Dazu verwenden wir Infusionslösung, davon ha-

ben wir genügend. So könnte es gehen!« – hoffe ich jedenfalls. Parallel dazu wird das Fahrzeugdach abgetrennt. Und es geht tatsächlich. Nach fünfzehn Minuten, die mir wie eine Ewigkeit vorkommen, ist es geschafft. Das Rohr ist so weit gekürzt, dass wir an die Bergung des Patienten gehen können.

Vorsichtig wird er auf die Trage gelegt, die Vakuummatratze abgesaugt, versteift. Die gesamte Zeit der Bergung über halte ich den Kopf des Mannes im Verbund mit dem Metallrohr.

Trotz der Kürzung um die Hälfte hat das Rohr immer noch ein beachtliches Gewicht. Zum besseren und sicheren Transport aus dem Böschungsgraben hinaus hin zum Rettungswagen fixieren wir das Rohr mit zwei Binden an der Trage. Der beim Durchtrennen entstandene messerscharfe Grat wird mit Heftpflaster umwickelt, um den Patienten und uns vor weiteren Läsionen zu bewahren.

Unser Patient hat all das Procedere geduldig bei stabilen Kreislaufverhältnissen über sich ergehen lassen. Was muss er für Ängste leiden, was wird in ihm wohl vorgehen? Manchmal ist es besser, darüber gar nicht erst nachzudenken. Inzwischen ist ihm aber deutlich anzumerken, dass sich seine physischen und psychischen Reserven erschöpfen.

»Ich bin Dr. Lorenz, der Notarzt. Wir sind mit dem Rettungshubschrauber hier. Wir machen Ihnen jetzt eine Narkose, werden Ihre Verletzungen versorgen und Sie anschließend in die Universitätsklinik nach Dresden fliegen. Dort werden Sie dann weiterbehandelt, wird man Ihnen weiterhelfen«, erkläre ich und hoffe, ich kann den nun deutlich aufkommenden Ängsten damit begegnen.

Erst jetzt – der Patient liegt ausgestreckt vor mir auf der Trage und die grelle Innenbeleuchtung der Neonröhren des RTW leuchtet jeden Winkel aus – offenbart sich das Ausmaß des nicht so häufig anzutreffenden, ausgeprägten

Verletzungsmusters. Der immense Fremdkörper war über eine breit aufklaffende Risswunde an der linken Halsseite eingedrungen und trat, alle dort befindlichen Weichteile inklusive des linken Ohres zur Seite weit abdrängend, am Hinterkopf wieder aus. Die Wundränder waren zerfetzt und blutverkrustet. Sie wirken eher einem Horrorfilm entlehnt als der Realität entsprechend. Der Schädelknochen selbst scheint intakt geblieben zu sein, als das Rohr an ihm vorbeischrammte.

»Blutdruck 90 zu 50, Puls 160, Sauerstoffsättigung 88 Prozent«, unterbricht Frank.

Es ist zu befürchten, dass unser Patient einen Schock erleidet, bewusstlos wird.

Zeit also, ihn in ein künstliches Koma, welches einfach besser steuer- und kalkulierbar ist, zu versetzen.

Frank appliziert die Medikamente der Narkose, während ich hinter dem Patienten am Kopfteil der Trage stehe, Art, Dosis und Reihenfolge der Medikamente nenne, die Reaktionen des Patienten klinisch und anhand des Monitoring überwache. Die Intubation gelingt mühelos, der Zustand des Patienten stabilisiert sich unter der Narkose zusehends – wenigstens ein schwaches Licht am Ende des Tunnels.

Gerd, einer aus unserem langjährigen Pilotenstamm, betritt vom Anblick des Verletzten sichtlich irritiert, den inzwischen schon mit Helfern vollbesetzten Rettungswagen. Irgendwann später wird er mir gestehen, dass der Anblick des Patienten am Unfallort ihn so sehr geschockt hatte, dass er sich völlig darnieder erst einmal in den Hubschrauber zurückgezogen hatte, um das Gesehene realisieren zu können.

»Können wir ihn so transportieren?«, will ich von unserem Piloten wissen.

»Das Rohr ragt zu weit über das Kopfende der Trage. So bekommen wir ihn ganz sicher nicht rein.« Zunächst glaube ich, mich verhört zu haben.

Im Klartext – wir müssen das Rohr irgendwie und hier vor Ort entfernen. Gerd verlässt den Rettungswagen umgehend. Langsam schiebe ich meine mit sterilem Handschuh versehene rechte Hand am Rohr entlang in die weit klaffende Wunde. Irgendwann muss das Blut doch herausschießen, denke ich, die Gefäßklemme bereithaltend. Doch wie durch ein Wunder ist die Halsschlagader unverletzt geblieben, die zerrissene äußere Halsvene lässt sich mit der Klemme fassen und mittels sterilem Faden vorübergehend unterbinden. »Zieh dir auch sterile Handschuhe an und hilf mir, das Ding rauszuziehen!« Gemeinsam gelingt es Frank und mir – es muss fast zehn Minuten gedauert haben –, die Ein- und Austrittsstelle jeweils so weit aufzuhalten, dass das Rohr von anderen Rettungssanitätern ohne weitere Verletzungen zu verursachen vorsichtig herausgezogen werden kann. Das bis dahin ob der durch den Druck des Fremdkörpers verminderten Durchblutung bläulich verfärbte Hautareal nimmt wieder eine rosige Färbung an. Ein bedeutungsvolles Prognosezeichen für die erforderlichen Rekonstruktionen der Weichteile in der Universitätsklinik. Hätte eine Wiederdurchblutung nicht stattgefunden, wären dem Patienten die Weichteile fast der gesamten linken Gesichtshälfte abgestorben und hätten operativ entfernt werden müssen. Der Stein ist gewaltig, der uns vom Herzen fällt, als wir endlich den Patienten im stabilen Kreislaufzustand, mit steril abgedeckten Wunden und ohne »Stange im Kopf« zu unserem Hubschrauber bringen, ihn zum Abflug vorbereiten. Der kurze Flug gestaltet sich komplikationslos. Der gleichmäßige Klang, das Klackklack des Beatmungsgerätes, die beständigen Parameter auf dem Überwachungsmonitor und die sistierten Blutungen lassen unseren Erregungszustand allmählich abtouren.
»Mann, Tino, war das mal wieder ’ne Aktion! Hast du solche Extreme gepachtet?« Frank scheint meine Gedanken erraten zu haben.

Endlich im Schockraum der Universitätsklinik in Dresden angekommen, empfangen uns neben zwei Anästhesisten und einem Chirurgen auch zwei am Anfang der Ausbildung befindliche Unfallchirurgen.
»Warum habt ihr nicht gleich Fotos am Unfallort gemacht? Diesen Fall hätten wir doch veröffentlichen können«, geben sie sichtlich enttäuscht und zugleich vorwurfsvoll in hessischem Dialekt zu bedenken.
Nerven haben die Jungs, denke ich nur, solche Arschgesichter; kommt erst mal so weit, dass ihr da selbst als Arzt mitfliegt, dann sollten wir uns vielleicht nochmals unterhalten. Warum müssen diese »postdiagnostischen Besserwisser« in mir immer Gefühle wecken, auf die man als normaler Mensch nicht sehr stolz sein sollte?
Erschöpft, ziemlich verdreckt und müde, aber mit einer gewissen innerlichen Zufriedenheit über den gemeisterten Notfall, schaue ich auf die große Uhr der Rettungsstelle. Es ist 2.30 Uhr, vor viereinhalb Stunden hatte unser Einsatz begonnen.
Bevor wir den Hubschrauber in den Hangar schieben, melden wir uns für diese Nacht bei der zuständigen Leitstelle ab, da unsere Piloten für den heutigen Tag abgeflogen sind, das heißt, die gesetzlich fixierte, täglich zulässige Flugzeit bereits überschritten haben.
»Wieso wollt ihr nicht weiterfliegen, wir müssen auch die ganze Nacht hindurch arbeiten!«, müssen wir uns fragen lassen. Wissen die von der Leitstelle eigentlich immer, wovon sie reden?
Zwei Wochen später, immer noch steht öfter als gewöhnlich zu dieser Jahreszeit das »WX« an der Tafel, ist das Gesprächsthema Nummer eins zwischen Frank und mir die geplante neue Rettungshubschrauber-Station direkt am Flugplatz hier in Bautzen.
Endlich Schluss mit der improvisierten Kochnische, den Toiletten am entgegengesetzten Ende des sechzig Meter

langen Ganges, den spartanischen Schlafstätten im anderen Gebäude. Die uns vorliegende Projektierung zeigt ein ultramodernes, funktionelles Gebäude mit separaten Schlafräumen, Küche, Fitness- und Aufenthaltsraum, Stationszimmer, Duschen und Toiletten, vereint in einem architektonisch reizvollen Ensemble.
Ein großer Hangar mit integrierter herausfahrbarer Plattform erlaubt auch bei widrigen Bedingungen ein zügiges Bereitstellen des Helikopters.
Vorbei werden dann auch die mir bis heute unverständlichen Proteste einiger weniger Anwohner sein, welche keine Toleranz für einen bis zu dreimal täglich startenden und landenden Rettungshubschrauber aufbringen können und wollen. Einer der Dresdener »Christoph«-Piloten wurde unlängst sogar schon von einem besonders übellaunigen Zeitgenossen tätlich angegriffen. Schließlich fliegen wir doch nicht zum Spaß. Wenn wir angefordert werden, dann geht es meist um Minuten, welche über das Schicksal eines oder mehrerer Menschen entscheiden.
Im Moment haben Frank und ich genügend Zeit, um seit Langem wieder mal die Tagesaktualitäten zu erörtern. Wir sind in der Warteschleife, da Bernd gerade mit dem Helikopter unterwegs ist, um ein Transplantationsteam zu fliegen – auch das gehört zu unserem Aufgabenumfang.
Irgendwo in Sachsen werden jetzt einem künstlich am Leben gehaltenen hirntoten Torso von einem Operationsteam Organe entnommen, um sie, per Helikopter transportiert, einer anderen Chirurgencrew zu überantworten, welche die Organe einem geeigneten Empfänger implantiert.
Aus ethischen Gründen müssen Entnahme und Implantation von zwei Teams bewerkstelligt werden, um Interessenkonflikte auszuschließen.
Jeder Dialysepflichtige in Erwartung einer neuen funktionstüchtigen Niere, Patienten mit chronischen Dekompensationserscheinungen von Herz, Leber oder Lunge

sehnen diesen Hubschrauber mit den Teams und der wertvollen Fracht herbei, damit sie, wenn alles gutgeht, von ihrem oft schon lange andauernden Martyrium erlöst werden.

Unser hausgemachtes Problem hier in Deutschland beruht jedoch auch auf der »Zustimmungslösung« im Rahmen der Organspende. Der Gesetzgeber hat festgelegt, dass eine Organentnahme der definitiven Zustimmung der potenziellen Spender oder deren Angehöriger bedarf. Eine anderenorts praktizierte alternative »Widerspruchslösung« fand in Deutschland keinen Konsens. Sie hätte geregelt, dass nur bei klarer Ablehnung die Organentnahme verboten gewesen wäre.

Je nachdem, auf welcher Seite man steht, muss das Problem sicher different beleuchtet werden. Deutschland hat sich nun mal für die Zustimmungspflicht entschieden.

Bernd ist erst vor wenigen Minuten zurückgekehrt und hat am Tisch Platz genommen, um Abend zu essen, als das Fax für einen dringlichen Verlegungsflug eintrifft.

Die Leitstelle in Dresden beauftragt uns mit der Verlegung eines Kindes vom Krankenhaus in Zittau zur Charité nach Berlin.

Ich wähle die auf dem Fax angegebene Telefonnummer und lasse mich mit dem diensthabenden Arzt in Zittau verbinden, währenddessen die Piloten das Wetter checken und einen Nachtflugplan aufgeben.

Bei unserer kleinen Patientin handelt es sich um ein 9-jähriges Mädchen, welchem bei einer noch nicht genau spezifizierten Virusinfektion ein Nierenversagen droht. Das Kind befindet sich in einem noch stabilen Zustand, die Nieren funktionieren gerade so am Rande der Dekompensation, ein Organversagen droht jedoch.

Mittlerweile eruierte Bernd, dass ein Flug unter den herrschenden und nicht gerade einladenden Witterungsbedingungen auf der voraussichtlichen Flugroute möglich ist.

Erleichtert vernimmt der Kollege in Zittau die Nachricht, dass wir in zwanzig Minuten vor Ort sein werden.
Fahl im Gesicht, geschwächt, insgesamt einen schwerkranken Eindruck machend, so begegnet mir unsere kleine Patientin in der Notaufnahme des Krankenhauses. Detailliert erfolgt die Übergabe. Röntgen- und Laborbefunde, der klinische Verlauf sowie die aktuellen therapeutischen Maßnahmen werden ausführlich erläutert.
Die Mutter des Kindes möchte ihre Tochter gern auf dem Flug nach Berlin begleiten. Für die Angehörigen sicher ein legitimer Wunsch, stellt er sich für uns nicht ganz unproblematisch dar.
Abgesehen von versicherungsrelevanten Gesichtspunkten, falls es zu einem Flugunfall kommen sollte, können Angehörige bei plötzlicher Verschlechterung des Patientenzustandes durch emotional überlagerte Reaktionen erhebliche Unruhe schaffen. Handgriffe und Maßnahmen in Notfallsituationen, welche für uns normale Erfordernisse darstellen, können Außenstehende oft nicht einordnen, lassen sie unangemessen reagieren. Eine höchst gefährliche Situation, da man sein Augenmerk nun nicht mehr allein nur auf den Patienten konzentrieren kann, auch den überreagierenden Begleiter im Blick behalten muss.
Mir selbst ist Derartiges schon einmal bei einem meiner ersten Notarzteinsätze widerfahren. Ein dreijähriger Junge war in die Regentonne im Garten gefallen, war bereits tot, als wir eintrafen, unter laufenden Wiederbelebungsmaßnahmen fuhren wir ins nächste Krankenhaus. Die begleitende Mutter wurde fast wahnsinnig angesichts des Leblosen. Flehend, drängend, schreiend forderte sie, endlich etwas zu tun, obwohl wir bereits alles versuchten.
Diese Geschehnisse haben mich lange Zeit verfolgt, mir viele schlaflose Nächte bereitet. Immer wieder ließen diese Träume mich schweißgebadet erwachen. Ich habe gute zwei Jahre zum Verarbeiten dieses Einsatzes gebraucht.

»Es tut mir leid, wir können Sie nicht mit dem Hubschrauber mitnehmen«, erkläre ich der Mutter, ihren enttäuschten, ungläubigen Blicken ausweichend. Mit meinen Erläuterungen versuche ich sie, aber auch mein Gewissen zu beruhigen.
»Wir bringen Ihre Tochter sicher nach Berlin«, verspreche ich, »spätestens morgen werden Sie Ihr Kind in der Klinik wiedersehen.«
Die Hälfte der Flugstrecke ist bereits absolviert, als wir über die nächtliche, tief hängende und schier undurchdringliche Wolkendecke steigen müssen, hoffend, über Berlin eine Lücke zu erwischen, durch die wir hindurchtauchen und auf Sicht zur Landung gehen können. Aber dieses Schlupfloch findet sich nicht.
»Wir müssen bis etwa in die Höhe von Cottbus zurückfliegen, durch die Wolkenlücken hinabsteigen und uns durch das Tal der Spree bis nach Berlin entlanghangeln. Der Flug verlängert sich dabei um etwa eine Stunde. Ist das für dich okay?«, wendet sich Bernd fragend an mich.
Das Kind schläft inzwischen ruhig, die Überwachungsparameter zeigen sich seit unserem Abflug stabil.
»Gut, so machen wir es, vielleicht klappt es. Bei uns hier hinten ist alles okay.«
Bernd vollführt eine 180-Grad-Wende. Nach weiteren siebzig Minuten landen wir sicher an der Charité. Von den Berliner Kinderärzten schon erwartet und von den Kollegen aus Zittau bereits in aller Ausführlichkeit über das Krankheitsbild in Kenntnis gesetzt, gestaltet sich die Patientenübergabe zügig. Dabei haben wir immer die Worte unserer Piloten noch im Hinterkopf: »Beeilt euch, wenn's geht, mit der Übergabe, damit wir wenigstens einen sicheren Flughafen anfliegen können, um dort auf besseres Wetter zu warten!«
»Schreib mir mal, wenn es dir besser geht. Meine Anschrift findest du auf dem Stempel des Rettungsprotokolls.

Halt die Ohren steif, dann wirst du bald wieder gesund sein!«, rufe ich beim Hinausgehen dem Mädchen zu.
Von Berlin-Radar geleitet, langen wir sicher auf dem Flughafen Berlin-Tempelhof an. Doch an einen Weiterflug ist heute nicht mehr zu denken. Das Wetter hält uns am Boden fest.
Ich bin erstmalig hier in Tempelhof. Ein gigantischer Bau, wenn auch die Basis zur Entstehung des Bauwerkes und deren propagandistische Ausschlachtung wenig erfreuliche Erinnerungen wecken! Im Nebel liegend, verströmt er eine eher bedrückende Mystik.
Mittlerweile ist es Mitternacht geworden. Müde lassen wir vier uns in die weichen Polster eines Taxis fallen und ins nächste Hotel bringen. Wo wir in unserem »Aufzug« herkommen, will der Taxifahrer wissen. Es dauert eine Weile, ehe wir dem nicht sehr gut Deutsch sprechenden und noch schlechter verstehenden südländischen Taxidriver unsere »Story« erzählt haben.
Hotel »Estrel«: unendlich groß, hypermodern, Einzelzimmer mit Whirlpool, vier Sterne – man gönnt sich ja sonst nichts! Schnell frisch gemacht und Ausschau nach etwas Essbarem haltend, zu inzwischen schon vorgerückter Stunde. Aber einige gute Geister des Hotels bereiten den Männern in ihrem nicht der hier gewohnten Etikette entsprechenden Aufzug ein wirklich fürstliches Mahl.
Nach kurzer Nachtruhe lassen wir uns morgens um 6 Uhr wecken. Große Ambitionen verspüre ich nicht, das wohlige Hotelbett zu verlassen. Schließlich springe ich doch auf, klaube meine auf dem Boden verstreuten Sachen zusammen. Schnell noch einmal in den Whirlpool, schaumgefüllt bis zum Rand, eine Cola aus der Minibar zum Munterwerden.
Neugierige Blicke gut betuchter Gäste begleiten uns, als wir in den nicht mehr ganz sauberen orangefarbenen Overalls durch den noblen Frühstücksraum schlendern. Egal,

wir jedenfalls genießen die ofenfrischen Brötchen, heißen Kaffee, irische Butter, den französischen Käse, italienische Wurst, englische Konfitüre, den frisch gepressten O-Saft ...
Bester Laune kehren wir bei wolkenlosem Himmel und Sonnenschein von Berlin-Tempelhof aus zur Basis nach Bautzen zurück.
Knapp vier Wochen später erhalte ich einen großen Briefumschlag.
Absenderin ist das Mädchen unseres nächtlichen »Berlinfluges auf Umwegen«. Neben einem lieben Brief von ihr und ihren Eltern, in dem sie von der deutlichen Verbesserung des Gesundheitszustandes unserer Patientin Kenntnis geben, findet sich ein wunderschönes Bild von ihren vier »Fliegern« als kleines Dankeschön. Alle sind wir recht gut getroffen. Ich finde allerdings, ich bin wieder mal zu dick geraten! Oder doch nicht?
Es ist das mittlerweile zweiundfünfzigste Exemplar in meiner »Kunst-Galerie« von Kinderbildern im Stationszimmer der Klinik. Gemalte, gezeichnete und geklebte »Kunstwerke« von Kinderhand, unserer kleinen Patienten zwischen drei und sechzehn Jahren, denen wir im Operationssaal, im Notarztdienst auf der Straße oder mit dem Rettungshubschrauber in irgendeiner Art helfen konnten. Immer, wenn ich die Bilder betrachte, empfinde ich jenen Dualismus der Gefühle, neben Freude und etwas Stolz auch eine unendliche Traurigkeit – ich vermisse meine Tochter zu sehr.
Es ist die bisher schmerzlichste Erfahrung meines Lebens.
Jedes Leben hat Kapitel, eines endet, das nächste beginnt, ohne dich zu fragen – Vergangenheit, zurückgelassenes Leben.
Nun hatte ich eine Tür hinter mir leise zu schließen, um mich in einem neuen Raum wiederzufinden – vor allem mich wieder zu finden, egal wie schwer dies mir auch fallen mag.

Wie ergeht es Romy in diesem Moment, was wünscht, was träumt sie?
Doch all diese Fragen bleiben zu oft unbeantwortet, verhallen ungehört in der Leere des Raumes.

Romy

Seit über zwei Stunden mühen wir uns, die zwei Quadratmeter große Weltkarte mit strapazierfähiger, abwaschbarer Spezialfolie zu beziehen. Olaf, der allen im Hubschrauber benötigten Landkarten auf diese Weise eine größere Haltbarkeit und Robustheit verleiht, stöhnt. Seine Karten sind nicht halb so groß, erfordern weit weniger Anstrengung. Immer wieder ermuntere ich ihn, unser angefangenes »Werk« endlich fertigzustellen.
Lange hatte ich keine ausgefallene Idee, was ich meiner Tochter zur Konfirmation schenken sollte – an der Schwelle zum Erwachsenwerden.
Es sollte etwas nicht Alltägliches sein, eine liebevolle Aufmerksamkeit, die bleibende Erinnerungen schafft. Am besten etwas, das uns Gelegenheit gibt, eine Zeit lang gemeinsam zu verbringen.
Seit der Trennung waren solche Momente äußerst selten. Monatlich ein vollständig freies Wochenende in meinem Dienstplan, Überschneidungen mit den Diensten meiner geschiedenen Frau.
Man könnte schon neidisch werden auf Leute in »normalen« Berufen mit ihren geregelten Arbeitszeiten. Für sie ist das freie Wochenende noch das freie Wochenende.
Nicht selten ging ein Vierteljahr ins Land, bevor wir uns wiedersahen. Große, ausdauernde »Telefonierer« sind Romy und ich eh nicht so unbedingt.
Also, habe ich mir gedacht, eine Reise, ungefähr eine Woche lang, in den nächsten Schulferien. Doch wohin? Wohin kommt man für eine Woche, ohne einen Großteil der Zeit im Flugzeug zu verbringen?
Am besten wird es vielleicht sein, wenn wir irgendeine Großstadt, einen spannenden Ort auf dieser Welt eine Woche lang besuchen, durchforsten würden. Anbei die besten

Wünsche zur Konfirmation. Auf eine himmelblaue, A4-große Karte schreibe ich die folgenden Zeilen:
Liebe Romy – bleib die allzeit gut gelaunte, sofort alle Sorgen vergessen lassende, pferdenärrische, bezaubernd lächelnde, kämpferische, lebensbejahende, gerechte, über alles tierliebe, stets kritische, Gott vertrauende, immer fröhliche, manchmal rebellische, heitere, immer ehrliche, für jeden Spaß zu habende, auch Zugeständnisse machen könnende, zielstrebige, das Meer liebende, kesse, fantastisch singen könnende, sportliche, kreative, fantasievolle, herzliche, wissensdurstige, nie aufgebende, einfühlsame, auch verletzliche, selbstbewusste, nicht zu dünne, auch Kritik annehmen könnende und vor allem äußerst liebenswerte, tolle Tochter – unsere Tochter eben, auf welche ich so unendlich stolz bin!
»Be yourself, no matter what they say! – Bleib du selbst, egal, was die anderen auch sagen!«
Der »Reise-Gutschein« wurde bis heute nicht eingelöst.
»Mutti will das nicht«, sagte Romy mir später einmal.
Ich finde, mittlerweile ist der Preis für das Chirurgen- und Notarztdasein, die stets mangelnde Zeit für die Familie und die Partnerschaft, jedoch der stete Glauben, alles richtig zu machen, um irgendwann vor einer Art Scherbenhaufen von Unverständnis und Misstrauen, zu stehen, viel zu hoch. Woher sollten wir mehr Zeit für uns nehmen? In unserem Job muss man mit dem Strom schwimmen, um irgendwann das Ufer zu erreichen. Es gelingt weder mit halber Kraft, noch mit weniger Zeitaufwand. Wir Ärzte sind nun mal dazu da, in Notsituationen zu helfen, Probleme zu lösen, immer Zeit zu haben.
Nicht selten wünsche ich mir jemanden, der das Gleiche für mich tut.
Leidenschaft und Gefühle sind die Feinde der Präzision und Perfektion. Dies zu befolgen, im Job von Vorteil, führt im Privaten zu Reibungspunkten. Wie lange lässt er sich

tolerieren, der ewige Grabenkampf zwischen den eigenen Vorstellungen und einseitigen Interpretationen von Werten einer Partnerschaft?
Die Pfeile waren gespitzt, Verletzungen sicher.
Es war zum Scheitern verurteilt, lange bevor es mir bewusst wurde.
Ich sehe sie oft in Gedanken vor mir, als kleines Mädchen auf meinem Schoß sitzend, unaufhörlich plappernd, unbeschwert lachend, wie sie mit ihren kleinen, noch tollpatschigen Fingern die Tomatensauce mit dem Berg von Spagetti vermengt.
Die Jahre sind verflogen, viel zu schnell.
Was man wirklich braucht im Leben, ist die Zeit dafür.
Nie wird mir dieser Umstand bewusster als in solchen Momenten der Erinnerung.
Damals war sie zwei, unterdessen eine junge Frau. Heute sitzt mir meine »Große« gegenüber, wieder bei Spagetti, diesmal beim Italiener, und statt Kakao gibt's Espresso.
Es sind die Kleinigkeiten, welche im Reigen der viel zu seltenen Treffen mit Romy in mir wahre Glücksgefühle hervorrufen, und ich habe lange lernen müssen, damit auszukommen.
So muss es wohl sein, das Leben. Manchmal erwischt es einen halt auf dem falschen Fuß und die seelische Hornhaut wächst und wächst und mit ihr die Narben auf der Seele.
Ein Fax, eine Mail, ein Anruf, der gemeinsame Besuch eines Pe-Werner-Konzertes oder der von Michael Flatleys »Feet of Flames«.
Unlängst nun sah ich mir »Das Schwarzwaldmädel« in der hiesigen Staatsoperette an. Ein insofern bemerkenswerter Umstand, da ich mich selbst als einen Kulturbanausen in Reinkultur bezeichnen würde. Statt Konzerten zu lauschen oder Ausstellungen zu besuchen, jogge ich lieber durch den Wald, tauche in den in der Umgebung

zahlreichen Steinbrüchen, lasse zu Hause – endlich mal zu Hause – die Seele baumeln. Mein ausgeprägtes sportliches Interesse ist zu großen Teilen meinem Vater, der seit fast vierzig Jahren Sportlehrer ist und mich und meinen Bruder schon frühzeitig zu allen möglichen Sportveranstaltungen mitnahm, aber auch meiner leistungssportlichen Karriere zu verdanken. Mit drei konnte ich schwimmen, seit dem siebten Lebensjahr, fast vierzehn Jahre lang, spielte ich bei Dynamo Dresden Fußball. Zu einer Zeit, als dort noch richtiger Fußball für wenig Geld und die Aussicht, einmal den »Westen« zu sehen, gespielt wurde. Jeden Tag Training, sonnabends Spiel, sonntags wieder Training. Also auch damals schon jeden Tag Power, ein Umstand, der sich für meinen jetzigen Job häufig schon als hilfreich erwiesen hat.

Aber in dieser Operette nun spielte, wenn auch nur in einer kurzen Passage des Stückes, meine Tochter mit. Da musste ich einfach hin und zusehen.

Ich war allerdings mit Abstand der Jüngste im Zuschauerraum. Flankiert von zwei vollschlanken Damen mit altweiberblau gefärbtem Haar um die siebzig, harrte ich der kommenden Dinge. Die Musik, nicht sonderlich meinem Geschmack und meinem Zeitgeistverständnis entsprechend, war noch zu ertragen. Nur die penetrante »Kölnisch-Wasser-Fahne« meiner Nachbarinnen nahm mir fast den Atem und erzeugte bereits nach wenigen Minuten einen sogenannten »vernichtenden Kopfschmerz«. Ich musste über mich selbst lachen. Wo bin ich hier nur hineingeraten.

Egal, bald musste Romy auf der Bühne erscheinen.

Sie hatte mir per Telefon noch ihr Kostüm geschildert, damit ich sie ja auch erkenne. Ach, Romy, ich würde dich an deinem Gang, deinen typischen Gesten immer und überall erkennen! Schon damals, als du vom Kindergarten, der sich nur wenige Meter und im Blickfeld unserer damaligen

Wohnung befand, nach Hause kommen durftest, erkannte ich dich in der Kindergruppe – an deinem Gang! Ganz abgesehen davon, dass du in deiner so typischen Unbekümmertheit die Turnhosen über den Rock gezogen hattest. Romy betritt die Bühne, der erwachende Vaterstolz schickt mir wechselwarme Schauer über den Rücken.

»Das da vorn ist meine Tochter!«, möchte ich allen im Zuschauerraum zurufen. Aber ich sitze stumm, bin freudig erregt und traurig zugleich.

Es heißt, die wichtigsten Dinge im Leben sollten wir mit Menschen teilen, die uns viel bedeuten, damit man sich gegenseitig besser verstehen kann. Irgendwann sollten wir wirklich mal damit beginnen! Lass uns bald, am besten sofort damit anfangen – die Welt kann warten! Es stimmt, was in einem Lied gesagt wird:

»Denn dein Bild kann nicht lachen so wie du! Und ein Bild, es kann mich nicht verstehen.«

Schützenfest

Einmal im Jahr veranstaltet die Sächsische Polizeihubschrauberstaffel ein gemütliches Zusammensein mit Skeetschießen auf dem Schießplatz nahe Bautzen. So auch in diesem Jahr. Eingeladen sind die Rettungshubschrauber mit ihren Crews, Ärzten, Rettungsassistenten, Technikern und Verwaltungsmenschen vom »Christoph 38« und unserem RTH Bautzen. Da »Christoph 38« einsatzbereit in Dresden bleiben muss, fehlt das diensthabende Team. Es wird gegrillt, geplaudert, gefachsimpelt und natürlich, dem eigentlichen Anlass entsprechend, auf Tontauben geschossen. Spanferkel, Kesselgulasch, Bratwürste und Holzfällersteaks verbreiten einen für die Konzentration beim Schießen nicht gerade förderlichen Duft.
Ich halte so ein Skeetgewehr heute zum ersten Mal in den Händen. Anfänglich, da nicht richtig in die Schulter eingezogen, reißt es mir die Waffe nach oben weg. Nach den ersten Schüssen zeigt sich bereits ein ansehnlicher Bluterguss über dem rechten Schlüsselbein. Die signalorangenen Tontauben gleiten unversehrt zu Boden. Aber Übung macht den Meister, also noch mal ran. Irgendwann zerstäubt es die erste Taube. Langsam, sehr langsam und extrem munitionsverschleißend komme ich hinter die Schießtechnik, die Treffer werden häufiger. Immerhin.
Es werden zwei Mannschaften gebildet, zu je zehn Schützen. Sowohl Einzel- als auch Mannschaftsergebnisse werden bewertet. Es wird peinlich genau darauf geachtet, dass die Profis von der Polizei gut mit uns, den übrigen »Schlumpfschützen«, gemischt werden, um gleichwertige Teams aufzustellen.
Jeder hat zehn Schuss. Bernd und ich gehören dem gleichen Team an.
»Gilt die Scheibe auch als getroffen, wenn sie beim Aufprall auf die Erde zerschellt?«, will ich scherzhafterweise

von ihm wissen. Bernd ist schon im virtuellen Rausch, hat momentan keinen Sinn für solcherlei Humor. Ungeduldig erwartet er den Augenblick, in dem er die Scheiben ins Visier nehmen kann.
»Haha! Du wieder. Du musst die Tauben möglichst früh treffen, wenn sie zu weit weg sind, reicht die Kraft der Schrotladung nicht mehr.« Danke, Großmeister, denke ich vor mich hin lächelnd, mach‘ du erst mal.
Der Wettkampf beginnt. Alle vor uns treffen bei zehn Versuchen zwischen drei und fünf Scheiben.
Nun bin ich an der Reihe. Für jede Taube stehen zwei Schrotpatronen zur Verfügung. Anscheinend fachmännisch lasse ich sie in den Lauf gleiten.
Waffe schließen und »Ab!« – Schuss, Treffer – erstaunlich! Anfängerglück.
Laden, Schuss, Treffer. Siebenmal geht das so.
Betont lässig, die Flinte über die Schulter gehängt und mit einem breiten Grinsen über das ganze Gesicht, gehe ich auf Bernd zu, der mich ungläubig anschaut.
»Du bist dran, geht ganz einfach.«
Ich habe mich seitlich postiert, um meinen »Schützling« nun besser beobachten zu können. Nach den ersten fünf Schüssen, alle daneben, zeigen sich erste Zeichen der Verzweiflung. »Das kann nicht wahr sein!«, murmelt er vor sich hin. Bei jedem nächsten Schuss, der danebengeht wird das Kopfschütteln heftiger. Letzter Schuss und wieder daneben. Seinen Gesichtszügen ist das dringende Verlangen abzulesen, umgehend in den Boden versinken zu können. Alles können Piloten nun doch nicht.
»Na und, da freust du dich«, sind seine ersten Worte nach der »Meisterleistung«.
»Die haben bestimmt die Tauben vertauscht, deine waren doch aus Gummi!«, stichele ich. In sein Gesicht steigt Zornesröte, ein untrügliches Zeichen für mich, dass ich den Bogen jetzt besser nicht überspannen sollte.

»Du wirst sehen, die anderen treffen auch nichts«, versuche ich die Situation etwas heuchlerisch verbrämt zu befrieden. Es gelingt. Bernd angelt sich eine Bratwurst vom Grill und verschwindet in der Menge.
Die Alarmierung über die Pieper unterbricht uns mitten im Genuss der echten Thüringer Rostbratwurst. Gewiss erleichtert, den Dialog über seine Schießeinlage nicht weiter vertiefen zu müssen, läuft Bernd los zu der auf einem nahen Parkplatz abgestellten BK 117. Die angebissene Wurst samt dem sie einbettenden Brötchen in der einen, das Überwachungsgerät in der anderen Hand, haste ich hinterdrein.
»Unfall auf der Autobahn kurz vor Nossen. Zwei Verletzte«, lautet die Mitteilung der Leitstelle.
»Christoph 38« war bereits andernorts unterwegs. Deshalb mussten wir nun in diesem Falle in seinem angestammten Territorium aushelfen.
»Achtzehn Minuten Flugzeit«, teilt Bernd mit, nachdem wir, eine riesige Staubwolke hinterlassend und in einer scharfen Linkskurve den direkten Kurs zum Unfallort aufnehmend, aufgestiegen sind. Schnell erreichen wir die Autobahn und folgen ihr nun einfach in Richtung Westen.
»Es geht in Richtung deiner Heimat!«, versuche ich Bernds Stimmungsbarometer anzuheben. Aber der Stachel der vorangegangenen Begebenheiten sitzt noch zu tief. Kein Laut kommt aus seiner Richtung über die Kopfhörer zu uns. Nur ab und zu ist sein schweres Atmen über das unmittelbar vor den Lippen platzierte Mikrofon zu vernehmen.
Wir landen dreißig Meter entfernt, direkt vor dem Unfallort. Die Autobahn ist vollständig gesperrt. Ein 3er-BMW hatte zum Überholen eines Lkws angesetzt und den auf der Überholspur von hinten herannahenden Passat offensichtlich übersehen. Beide berührten sich, knallten in die Leitplanke. Der Unfallverursacher, der nur kleinere Bles-

suren im Gesicht und an beiden Unterarmen hatte, wurde bereits vom gleichzeitig über die Autobahn eintreffenden Freitaler Notarzt übernommen und versorgt.
Der VW-Fahrer hatte sich eine offene Fraktur des rechten Unterschenkels und ein erstgradiges Schädel-Hirn-Trauma zugezogen. Mit den Einsatzkräften der Feuerwehr bergen wir den Verletzten vorsichtig, transportieren ihn zur Erstversorgung in einen Rettungswagen.
Den Umstand der relativen Schmerzunempfindlichkeit in den ersten Minuten nach dem Trauma nutzend, verbunden mit einer Schmerzmittelgabe über einen venösen Zugang, ziehen wir das Bein in seine anatomische Achse, decken die klaffende Wunde steril ab und fixieren die Extremität mittels Luftkammerschiene. Die anfänglich nur schwach tastbaren Pulse lassen sich mittlerweile wieder kräftig über dem Fußrücken und hinter dem Innenknöchel tasten, die Blässe und Kälte im Fuß des betroffenen Beines ist vorerst aufgehoben.
An den eigentlichen Unfallhergang und das unmittelbare Geschehen danach kann sich der junge Mann nicht erinnern. Er ist mit dem Kopf so stark am B-Holm angeprallt, dass er eine Gehirnerschütterung davongetragen hat. Der ausgeprägte, reichlich handtellergroße Bluterguss links seitlich am Kopf belegt unsere Verdachtsdiagnose eines Schädel-Hirn-Traumas. Der übrige neurologische Status zeigt sich unauffällig, der Patient ist ansprechbar und orientiert, die Pupillen reagieren seitengleich und prompt.
Per Funk bitten wir, die chirurgische Notfallaufnahme des nahe gelegenen Krankenhauses in Freital anfliegen zu dürfen. Wenige Minuten später erhalten wir die Bestätigung. Schon nach vierminütigem Flug landen wir sanft auf dem Dach der Klinik. Wie gewohnt werden wir schon von mehreren Schwestern und Pflegern in der typischen OP-Kleidung der Rettungsstellenmitarbeiter erwartet. Mental waren wir schon auf einen derartigen »sterilen« Empfang eingestellt.

Die Schwester, die uns heute in Empfang nimmt, lässt unseren Atem stocken. Gut 1,70 Meter groß, super Figur, blondes nackenlanges lockiges Haar, hochhackige Pumps, leuchtend rot lackierte Finger- und Zehennägel, der Kittel so kurz wie ein breiter Gürtel. Die obersten drei Knöpfe des Kittels geöffnet, erlauben »tiefe« Einblicke mit grandiosem Ausblick – Mamma mia!
Bitte kneift mich mal – möchte ich meine Freunde am liebsten auffordern.
»Zwar keine besonders zweckmäßige Berufskleidung, aber gut, total gut. Super!«, raunt Bernd mir kaum hörbar zu.
»Bei der hörst du früh sicher keinen Wecker!«, entgegne ich, die Handflächen in »Ohrenschützerstellung« meinen Kopf flankierend, peinlich genau darauf achtend, dass die Krankenschwester nichts von der alles sagenden Gestik mitbekommen konnte.
»Die ist doch hundert Pro Single.« Bernds Stimme schwingt vor Verzückung.
Beim Ausladen vermissen wir Frank. Er hat sich wenige Meter hinter der Schwester postiert und »genießt« sichtlich jede ihrer die Fantasie stimulierenden Bewegungen im Bemühen, den Verunfallten umzulagern.
»Könntest du vielleicht auch mal mit anfassen?«, fordere ich, ihn abrupt aus seinem Tagtraum reißend, aber unmissverständlich auf. In meiner Stimme schwingt allerdings ein selbstbemitleidender Unterton ob seines beneidenswerten »Standpunktes«.
Alle drei laufen wir am Kopfende der auf ein Rollgestell aufgelegten Trage, der besseren Aussicht wegen. Am Fußende vornweg die Schwester.
Wundervoll, manche Dienste können so schön sein! Am Fahrstuhl verabschiedet sich unsere Begleiterin und beschreibt uns noch detailliert den Weg zur Notfallaufnahme.
Die Übergabe erfolgt rasch. Bestens gelaunt machen wir uns auf den Weg zurück zum Dachlandeplatz.

»Wenn hier einer mit einem Herzinfarkt reinkommt und diese Frau sieht – der kriegt glatt den Reinfarkt«, bemerkt Frank.
»Der schönste vorstellbare Tod«, erwidert Bernd mit einem unübersehbaren Glanz in den Augen und offensichtlich phasenweiser geistiger Abwesenheit.
Wir lassen gerade wieder die Hubschraubermotoren anlaufen, als nahtlos der Folgeauftrag hereinkommt. Eine ältere Frau im Altersheim hat einen Schlaganfall erlitten. Alle lokalen Notärzte sind zum gegenwärtigen Zeitpunkt aber im Einsatz.
Nach drei Minuten Flug landen wir auf dem großen Parkplatz direkt vor dem Pflegeheim. Der rüstigen alten Dame hat die Durchblutungsstörung im Gehirn die Sprache genommen. Schlagartig war sie linksseitig gelähmt. Beruhigend rede ich auf sie ein, erkläre mein Vorgehen, ohne hundertprozentig überzeugt zu sein, dass sie mich verstehen kann.
Neunundachtzig ist sie geworden, hat sicherlich einiges erlebt, und nun noch so ein Schicksalsschlag. Bis zum heutigen Tag erfreute sich die Frau bester Gesundheit, im Vollbesitz ihrer altersgerechten geistigen und körperlichen Fähigkeiten. Falls sie sich nicht schnell genug erholen kann, wird sie wohl den Rest ihres Lebens als Pflegefall ans Bett gefesselt sein. Vom Äußeren, ihrer Statur, erinnert sie mich stark an meine Großmutter mütterlicherseits.
Es wird sicherlich das Beste sein, ich behalte meine Gedanken für mich, lasse die anderen nicht an meinen etwas wehmütigen Erwägungen teilhaben, will ihnen nicht die gute Laune nehmen. Vorsichtig schieben wir sie in den Hubschrauber, schließen die Überwachung an, geben Sauerstoff.
Bernd hat in der Zwischenzeit die Leitstelle kontaktiert. »Es geht ins Krankenhaus nach Freital. Na, ihr wisst schon – Dachlandeplatz!« Seine Euphorie ist kaum zu steigern.

Ein hoch aufgeschossener junger Mann mit Rastalocken und Kinnbärtchen, seines Zeichens Zivi, erwartet uns schon ungeduldig. Die Birkenstockschuhe sind museumsreif.
Den Schichtwechsel der Schwestern hatte natürlich keiner von uns bedacht – C'est la vie.
Am späten Nachmittag kehren wir zum Schießplatz zurück. Die Siegerehrungen sind schon im Gange.
Sieben Treffer hatte kein anderer erreicht. Jeder hat aber auch mindestens einmal getroffen. Ich erhalte einen stattlichen Pokal, Bernd wird mit dem Titel »Schlumpfschütze« bedacht, aber dessen Laune kann heute keiner mehr verderben, ich sage nur Dachlandeplatz.
Den »errungenen« Pokal hat Bernd übrigens so platziert, dass er bis heute, und ich bin überzeugt auch in Zukunft, unauffindbar bleibt.
Gegen 20 Uhr landen wir wieder auf unserer Basis.
»Verlegungsflug vom Flughafen Dresden ins Städtische Krankenhaus nach Chemnitz«, steht auf dem soeben eingetroffenen Fax. Es ist 22 Uhr. Nachtschlaf Ade.
Ein Learjet bringt eine verunfallte Patientin aus Israel zunächst nach Dresden, wir sollen den Weitertransport ins heimatliche Krankenhaus nach Chemnitz übernehmen.
Schon beim Anflug auf den Dresdener Flughafen können wir die Anmeldung des Learjets beim Tower mit verfolgen. Kurz darauf entdeckt Frank das kleine Flugzeug als winzigen, blinkenden Lichtpunkt in südlicher Richtung etwas oberhalb unseres Flugkorridors. Der Jet erhält vom Tower vor uns seine Landeerlaubnis.
»Nun wird er nur wenige Minuten vor uns da sein«, teilt Bernd mit. Das Flugzeug erreicht gerade seine Parkposition, als sich unser Helikopter wenige Meter seitlich positioniert.
Das Flugzeuginnere des hochmodernen Jets, welches wir mittlerweile interessiert inspizieren, ähnelt einer In-

tensivstation, bereit für Langstreckenverlegungen auch Schwerstverletzter oder Schwerkranker.
Teilweise in Deutsch durch den begleitenden Sohn der Patientin, teilweise in Englisch seitens des betreuenden Notarztes, erfahren wir, dass die 55-Jährige bei einem Autounfall nahe Tel Aviv schwere Kopfverletzungen mit erheblichen Einblutungen ins Gehirn erlitten hatte. Eine sofortige Schädeleröffnung in der Klinik hatte ihr das Leben gerettet, diskrete Sprachstörungen und Gangunsicherheiten waren verblieben. Nach zehnwöchigem Krankenhausaufenthalt in Israel, davon allein drei Wochen auf der ITS, kehrt sie nun zurück in ihre Heimatstadt Chemnitz für Rehabilitationsmaßnahmen. In die Stadt, die sie vor gut zwölf Wochen verlassen hatte.
Vorsichtig laden wir die Patientin im strichweise lichtdurchfluteten Dunkel des nächtlichen Flughafens in unsere BK 117. Während Frank und ich die Frau »verkabeln«, fachsimpeln die Piloten, erläutern Vor- und Nachteile ihrer jeweiligen Fluggeräte.
Zum Zeitpunkt unseres Starts – mittlerweile ist es kurz vor Mitternacht – begibt sich die Flugzeugcrew aus Israel ins nahe gelegene Flughafenhotel zur wohlverdienten Nachtruhe.
Der Flug nach Chemnitz verläuft zwar etwas wackelig aufgrund heftig böigen Windes, aber ohne nennenswerte Zwischenfälle. Die Patientin zeigt während des gesamten Transportes unauffällige Parameter – ein Routineflug. Auf dem Rückflug genieße ich die grandiose Fernsicht dieser Nacht, sozusagen von unserem Logenplatz im Himmel aus. Entlang der Flugroute reihen sich erleuchtete kleinere und größere Ortschaften, drängen sich inselgleich im Dunkel der sie umgebenden Landschaften. Frank versucht währenddessen etwas zu schlafen. Mittlerweile erkenne ich die Städte und größeren Ortschaften schon aus der Luft anhand typischer Landmarken.

Trotz der relativ unspektakulären Einsätze hat uns der Dienst doch ziemlich geschlaucht. Also lege ich zwanzig Flugminuten vor der geplanten Landung in Bautzen die Beine auf die Sitzbank, schließe die Augen, um etwas auszuruhen.
Kurz vor 4 Uhr kehren wir zur Basis zurück. Um 7 Uhr beginnt für uns die nächste Schicht.

Traumzeit – Spirit of Australia

Neben den mittlerweile schon traditionellen Utensilien für die Zubereitung eines opulenten Mahles – heute ist »Pasta-Tag« – habe ich dieses Mal auch noch eintausendsechsunddreißig Bilder im Postkartenformat in meinem Gepäck.
Hinter mir liegt ein fünfwöchiger Australientrip. Ich freue mich, einerseits nach fast vierteljähriger Abstinenz hier wieder Dienst zu tun und andererseits meinen Freunden die grandiosen Eindrücke der Reise zu schildern, die Zeit so retrospektiv auch noch einmal zu erleben.
Bei der Beschreibung Australiens kommt man um Superlative nicht herum. Zwanzigtausend Kilometer von Deutschland entfernt, liegt das Land am entgegengesetzten Teil unserer Erdkugel, »down under« eben.
Eingeladen von meinem Kollegen und Freund Holger Nagel, Holynail, welcher im Zuge seiner Ausbildung zum Facharzt für Orthopädie für ein Jahr im Süden Australiens, am Königlichen Hospital zu Adelaide, tätig ist, hatte ich mich Mitte Januar via Hongkong zum anderen Ende der Welt aufgemacht, bewaffnet mit ausreichend Speicherkarten, meiner Nikon, den 28/80- und 80/300-Zoomobjektiven, einer Unterwasserkamera und einer kleinen, in der Hosentasche Platz findenden Digital-Cam.
Die Fotografie ist seit einigen Jahren meine Passion. Stellt sie für mich doch eine ideale Möglichkeit dar, Augenblicke unserer schnelllebigen Zeit festzuhalten, jederzeit rekapitulierbar nachzuerleben, lässt sie meiner Kreativität, meinem Verständnis für Darstellungen freie Entfaltungsmöglichkeiten. Um möglichst ausdrucksstarke Bilder zu erzielen, bedarf es schon eines auf seine Art geradezu intimen Verhältnisses zwischen Objekt und Objektiv. So entstehen dann jene Fotografien, die den Eindruck erwecken, dass Wirklichkeit und Illusion verschmelzen.

Allein der Weg um die halbe Welt war schon das Ziel. Umso komfortabler für uns als Menschen, die wir das Privileg besitzen, als einzige Lebewesen auf Erden während des Fluges Nahrung aufnehmen zu können.
Zwei Tage an Bord des Jumbojets, jenem interessanten Ort hoch über den Wolken, an dem sich zufällig die Lebenswege von über dreihundert Menschen aus aller Herren Länder kreuzen, hinweg über den Himalaja, die beeindruckende Metropole Hongkong, der nicht enden wollende Flug von Nord nach Süd über den australischen Kontinent bis nach Adelaide.
Der Stopover, das inzwischen zu China gehörende Hongkong – der letzte Union Jack wurde in der Nacht zum 1. Juli 1997 eingeholt und die »Britannia« legte mit Prinz Charles und dem letzten britischen Gouverneur im Hafen ab, verließ den für neunundneunzig Jahre gepachteten Ort – beeindruckte mich nachhaltig.
Ein unbedeutender Schritt aus dem hochmodernen klimatisierten Flughafengebäude, hinein in die Straßenschluchten mit der süßlichen Schwüle, dem überall herrschenden Gedränge. Von den zum Himmel strebenden Fassaden schallt ein millionenfaches Echo von Bus- und Straßenbahnlärm, von Presslufthämmern, Lastwagen und Betonmischern. Autos und Busse fauchen einem ihre Diesel- und Benzinschwaden entgegen. Man flüchtet in Läden und Hotels, in klimatisierte Oasen der Ruhe, Lärm und Hitze hinter sich lassend.
Hongkong entspricht in allen Facetten seiner Obsession von Größe, Riesenhaftigkeit, Perfektionismus und Masse. Am Ort der Kontraste liegen supermoderne Technik und chinesische Tradition, Großstadtflair und dörfliche Abgeschiedenheit, Lärm und Stille auf engstem Territorium vereint. Da werden neben dem Eingang eines Nobelhotels mit High-Tech-Installationen in einem kleinen Schrein aus Blech dem Gott der Türen, der Erde und des Reichtums Orangen und

Weihrauch als Opfer dargebracht – stets bestens gekleidete Angestellte fahren handybestückt mit ihren Nobelkarossen zum Friedhof, um die Gräber ihrer Ahnen zu pflegen. Gleich hinterm letzten dreißigstöckigen Wolkenkratzer beginnt der subtropische Dschungel mit umherflatternden, bunten Schmetterlingen. Während der Seewind durch die Gassen der kleinen Dörfer pfeift, putzen, nur einige Minuten weiter, die Chauffeure der Luxushotels ihren Mercedes oder Rolls-Royce. Die Hochhäuser vermitteln den Eindruck hochentwickelter Technologien, sind allerdings mit Gerüsten in traditioneller Bambusbauweise errichtet worden. Immerhin lässt sich seit der Einfuhr von Hamburger, Pizza und italienischem Eis der westliche Einfluss erahnen. Die Stadt und ihre Menschen sind modern, technikbegeistert. Aber alles, was nicht altchinesisch ist, sollte man nicht unbedingt als westlich deklarieren, es ist ganz einfach Hongkong.
Mag man berühmte Museen, Paläste und anderes bei einem eintägigen »Schnelldurchgang« vermissen, Hongkong selbst ist die Attraktion, im wahrsten Sinne des Wortes atemberaubend ob seiner Erscheinung als Stadt, als selbstbewusste Metropole mit Weltgeltung, entstanden als winziger kapitalistischer Auswuchs auf dem Buckel des chinesischen Riesenreiches einerseits, und der zurückzulegenden Wegstrecken andererseits. Schließlich muss man unter gewaltigen Anstrengungen – will man einen Fotospot des berühmten Panoramas der Stadt von den sich unmittelbar anschließenden Höhenzügen erhaschen – diese erst einmal bei brütender Hitze erklimmen.

Terra australis – der herzliche Empfang durch Katrin und Holger, welche mich schon mit ihren Kindern Phillip und Martha am Flughafen von Adelaide erwarteten, ließen die Strapazen des langen Trips rasch in Vergessenheit geraten. Endlich war ich angekommen, auf dem Kontinent meiner Kindheitsträume, in diesem unbekannten, geheimnisvollen

Land. Ich hatte den Kindheitsfantasien nun Erwachsenentaten folgen lassen. Ohne den sonstigen Ferien-Countdown aufkommen zu lassen, der einem, die absolvierten Urlaubstage aufrechnend, die Laune zum Ende der Reise einzutrüben sucht, wollte ich diese Reise von der ersten bis zur letzten Minute genießen, jeden Moment schwammgleich in mich aufsaugen.
Mit all meinen Sinnen reflektierte und genoss ich die Magie der Orte, der Landschaften und der Menschen.
Der weit entfernte Kontinent lockt uns Europäer schon allein wegen der Einmaligkeit seiner Lage. Sie entspricht aber auch der Selbstwahrnehmung des modernen Australiers, sich als Gegenpol zur Bevölkerung der nördlichen Hemisphäre zu verstehen und dies in allen Nuancen zu leben. Hierher, wo sich nicht nur der Strudel des Wassers im Waschbecken andersherum dreht, der zunehmende Mond so aussieht wie bei uns der abnehmende und umgekehrt, es im Süden kälter ist als im Norden, man das auf der australischen Nationalflagge abgebildete Kreuz des Südens fast jede Nacht am südlichen Sternenhimmel bewundern kann, wo Kängurus, Dingos, Opossums, pummelige Wombats, prähistorisch anmutende Schnabeltiere, Koalas, Pinguine, Krokodile, Unmengen von Spinnen und Schlangen und über dreihundert Papageienarten beheimatet sind, wo man tropische Regenwälder, Wüstenlandschaften und Savannen findet, Eukalyptus-, Gras- und Flaschenbäume, die Aborigines, den Ayers Rock, die fliegenden Ärzte, wo der chirurgische Operationssaal »theatre« (Theater, wie passend!) heißt und »patient« sich als der Geduldige übersetzen lässt – hierher habe ich mich schon oft geträumt. Jetzt endlich war ich angekommen.
Diejenigen, die mich kennen, behaupten, ich sei ein Kind geblieben, werde wohl nie richtig erwachsen – jawohl, es war kindliche Begeisterung, die ich verspürte, als ich mich nach »down under« aufmachte und schließlich mit beiden

Beinen auf der roten Erde stehen konnte. Ich glaube, ich habe in all den Jahren auch stets darauf geachtet, ein Stück Kindheit zu bewahren, einen guten Teil meiner Energie daran verwendet, das zu leben, auszuleben.
Es waren schon eigenartige Gefühle, die mich am ersten Abend auf der Terrasse des Hauses, welches Katrin und Holly angemietet hatten, überkamen. Eine innere Unruhe, dieses nur schwerlich Begreifenkönnen, auf dem fünften Kontinent angelangt zu sein, den nächtlichen Himmel mit den Sternbildern der südlichen Hemisphäre über mir zu sehen. Ich hätte gern noch stundenlang diese Atmosphäre genossen, aber der Jetlag forderte alsbald seinen Tribut.
Die Sonne war noch nicht ganz am Horizont verschwunden, als ich der Müdigkeit nichts mehr entgegenzusetzen hatte, geradezu ins Bett fiel.
Ein paar Tage verbrachten wir noch in Adelaide, akklimatisierten uns. Immerhin hatten wir uns auf einen Temperaturunterschied zwischen Deutschland im Winter mit seinen minus zehn Grad und den hochsommerlichen australischen zweiundvierzig Grad einzustellen – zweiundfünfzig Grad Temperaturdifferenz!
An einem Nachmittag holten Katrin und ich Phillip von der Schule ab. Mich beeindruckt nachhaltig die Liberalität und die Praxisverbundenheit des australischen Schulwesens. Man lernt hier zum Großteil die Sachen, die man auf dem späteren Lebensweg wirklich benötigt. Phillip hat den heutigen Vormittag im Sportunterricht am Meer verbracht. In Gruppen aufgeteilt, wurden die Schüler mit dem Gerätetauchen, dem Segeln, Surfen und Hochseeangeln vertraut gemacht. Wenn es für ihn im nächsten Jahr zurück nach Deutschland gehen wird, werden sich sicher Wehmut und Sehnsucht nach dem Unterricht hier in Australien verbreiten.
Per Flugzeug machten wir uns auf zur Entdeckungsreise durch den halben australischen Kontinent, von Südaustralien ins rote Zentrum, über Alice Springs hin zum

Daintree-Nationalpark, dem größten zusammenhängenden Regenwaldgebiet weltweit, weiter entlang der Ostküste nach Sydney, mit seinen vorgelagerten Blauen Bergen, wieder zurück nach Adelaide. Am 348 Meter über dem roten Wüstenboden der Simpson Desert, einem heißen Stück Unendlichkeit, aufragenden Ayers Rock im Northern Territory nahmen erlebnisreiche Wochen ihren Ausgang.
Auf der dreitägigen Campingtour umrundeten wir diesen größten bekannten Monolithen der Erde, immerhin eine Strecke von fast zehn Kilometern, sahen die Felsformation der Olgas, wanderten durchs »Valley of the Wind« und den »Kings Canyon«, dem Grand Canyon Australiens.
Jeden Morgen wurden wir gegen 4.15 Uhr geweckt, packten die Rucksäcke, genossen das einfache Breakfast. Bis 8 Uhr und bei für uns Europäer noch erträglichen Temperaturen hatte man so schon ein Stück des Tagespensums absolviert. Die Hitze im roten Zentrum war im besten Wortsinne mörderisch. Pro gewanderter Stunde verbrauchte jeder einen Liter Wasser. Für einen »Vier-Stunden-Trip« hatten wir also vier Liter Wasser im Rucksack unterzubringen. Und das Wasser hier am Ayers Rock stammt aus einem unter der Wüste liegenden Wasservorkommen, das bereits sechzigtausend Jahre alt ist. Sechzigtausend Jahre altes Wasser – und schmeckt so frisch, noch eines dieser Phänomene, welche sich nur ungläubig registrieren lassen. Die Natur, die grandiosen Landschaften entschädigten für die Mühen. So entdeckten wir für uns den riesigen Krater von Herrmannsburg.
Vor 120 Millionen Jahren hatte hier ein gigantischer Meteorit eingeschlagen, Gestein bis aus sechs Kilometern Tiefe herauf und bis in die Atmosphäre gewirbelt, den Krater geschaffen. Die resultierende Staubwolke verdunkelte – wenn man neuesten wissenschaftlichen Erkenntnissen folgen darf – die Erde für zwei Jahre. Ein Umstand, dem das Aussterben der Saurier angeschuldet wird.

Unser einheimischer Guide David gewährte uns anhand seiner profunden Kenntnisse nicht nur interessante Einblicke in die Geschichte und die heutige Problematik der Aborigines, der Ureinwohner Australiens, er machte uns auch beim »bush walking« mit der Flora und Fauna vertraut, buk Damper, das australische Buschbrot, bereitete das landestypische australische Barbie zu, wie hierzulande das Barbecue benannt wird, brachte uns die australische Lebensweise nahe, durchforstete mit dem allradangetriebenen Wagen unwegsame Gegenden in »down under«, besorgte uns die »überlebensnotwendigen« Fliegennetze für das Gesicht, ohne deren Schutz die lästigen Insekten zu Dutzenden in Ohren und Nase kriechen – unser »Crocodile Dundee« also.
Er zeigte uns sein »Never-Never-Land« – das tiefe Outback, dem man entweder entfliehen und never-never zurückkehren möchte, oder aber, das man so in sein Herz schließt, dass man es never-never wieder verlassen möchte. Wenn es nach mir gegangen wäre, hätte ich stehenden Fußes für die zweite Variante plädiert, wäre »for ever« geblieben. Für die meisten Australier ist das Outback allerdings nur »out there behind our back« – die unermessliche Weite hinter unserem Rücken, unbewohnte Gegenden, gerade gut genug für einen »walkabout«, einen Trip in die endlosen Weiten, um neue Energien zu tanken. Die Aborigines aber können an diesem Ort noch ihr traditionelles Leben führen, ihren spirituellen und religiösen Verpflichtungen nachkommen. Jenes schier unendliche Outback beginnt praktisch hinter jeder Stadtgrenze.
Die Sonne scheint hier immer im Zenit zu stehen, Büschel von Spinifex-Gras treiben über die endlosen Weiten.
»A lot of nothing«, eine Menge von nichts, nennen die Australier die für uns so faszinierenden, wie beklemmend wirkenden grandiosen Unendlichkeiten. Die Luft kocht, Hitzeschlieren tanzen über der roten Erde. Heiße Weite

beginnt im Nichts, um im Nichts wieder zu verschwinden. Meterhohe rotbraune pulverfeine Staubwolken erheben sich bei der Vorüberfahrt eines Wagens, dringen durch die Kleidung, verleihen den Gesichtern ihr »outback-make-up«. Schweiß und Staub vermischen sich zu rötlichem Brei, Tausende von Fliegen umschwirren den Kopf, warten nur darauf, unters Fliegennetz zu kommen, um in alle Öffnungen des Kopfes, in Mund, Nasenlöcher und Ohren eindringen zu können.

Nur kleine, staubige Orte finden sich hier, einer gleicht dem anderen in auffälliger Weise. Eine Durchgangsstraße, einstöckige Gebäude, wenige kleine Läden, eine Tankstelle, ein Flugfeld, eine Autowerkstatt und natürlich mindestens ein bis zwei Kneipen. Verzicht auf Kino, auf Tageszeitungen und tägliche Post, auf abendliches schickes Essengehen, Verzicht auf Kultur – das Leben hier im Outback hat seine Bewohner geprägt, verlangt ihnen viele Entbehrungen ab.

Die »Schule aus dem Äther« lässt die Kinder trotz ihrer Abgeschiedenheit an regelmäßigen Unterrichtsstunden teilnehmen. Zwanzig bis dreißig Minuten dauert so eine Funklektion, von denen drei dieser Art pro Werktag für jeden Schüler Pflicht sind. Auf dem Postwege werden zwischen Lehrern und Schülern Arbeitshefte, Lehrbücher, Ton- und Videokassetten ausgetauscht.

Mindestens so viel Arbeit und Verantwortung tragen jedoch auch die Mütter, die praktische Lernhilfen geben und die Übungsarbeiten überwachen.

Einmal im Jahr sehen sich Lehrer und Schüler dann doch. Das große Schulfest in der nächsten Provinzstadt wird zum gesellschaftlichen Mega-Event im Outback-Alltag.

Obwohl die aufgezeichnete Geschichte Australiens erst vor zweihundert Jahren beginnt, werden die ersten Ansiedelungen der Ureinwohner auf dem Kontinent schon vor vierzig- bis fünfzigtausend Jahren vermutet. Selbst wenn es »nur« vierzigtausend Jahre sind, bilden die australischen Aborigines die älteste kontinuierliche Kultur der Erde. So haben sie im Laufe der Zeit ein äußerst komplexes spirituell-religiöses System entwickelt, welches den Menschen als Bestandteil der natürlichen Welt betrachtet. Ihre Schöpfungsgeschichte »dream time«, die Traumzeit, wird in Liedern und Versen überliefert. Jeder Baum, Felsen, Strauch, jedes Wasserloch hat für die Aborigines eine Bedeutung und bildet einen unverbrüchlichen Teil ihrer eigenen Identität. Traumzeit ist für die Ureinwohner Australiens unser Erdenleben, die Wirklichkeit befindet sich davor und danach, so gesehen die Umkehrung unserer abendländischen Vorstellung. Aus diesem Grund überliefert sich seit Generationen der Brauch, alle Neugeborenen mit dem Satz: »Wir lieben dich, wir werden dir auf deiner Reise beistehen« zu begrüßen. Bei der letzten Feier seines Lebens wird auch der scheidende Mensch mit eben diesem Satz verabschiedet – der erste und der letzte Satz im Leben eines Aborigines. Ein Novum in der Menschheitsgeschichte: Diese Ureinwohner verfügen über verschiedene Sprachen je nach Tageszeiten. So haben sie ihre Früh-, Mittags- und Abendsprache.

Als der aufgeklärte James Cook auf seinen Erkundungsfahrten die zu jener Zeit vorherrschende Meinung über Terra australis incognita korrigierte, beneidete er die Ureinwohner ob ihres einfachen Lebens: »... doch in Wirklichkeit sind sie viel glücklicher als wir Europäer; ohne jede Kenntnis nicht nur der überflüssigen, sondern auch der notwendigen Bequemlichkeiten, die man in Europa so sehr sucht, sind sie eben darin glücklich, nicht zu wissen, wozu diese dienen.«

Wir, als »zivilisierte« Mitteleuropäer, stecken lieber unser Geld in Studien, um so »profunde« Dinge herauszufinden, dass in den uns zur Verfügung stehenden durchschnittlich fünfundsiebzig Lebensjahren die Fingernägel achtund-

zwanzig Meter, die Haare über neunhundertfünfzig Kilometer lang wachsen und wir rund zweitausendfünfhundertachtzig Mal Sex haben. Das ist doch wichtig zu wissen!? Mit dem »dot painting«, der speziellen Maltechnik der Eingeborenen, und ihren Gesängen pflegen sie die Riten ihrer Ahnen, lassen so die Urzeit in der Gegenwart weiterleben. Ihre Bilder bersten vor farblicher Energie. Die Aborigines nennen sie gemalte Geschichte, Traumzeitbilder, die Weißen nennen sie Kunst. Wir erblicken aber nur die Oberfläche. Das Geheimnis, die wahre Essenz, bleibt im Dunkeln – zum Verborgenen bleibt uns der Zutritt verwehrt.
Nichts ist ihnen fremder als die Vorstellung, Land zu besitzen, es für Geld zu kaufen oder zu verkaufen. Ein von Termiten ausgehöhlter kleiner Baumstamm wird unter den geschickten Händen der Ureinwohner zum Didgeridoo, worauf sie in meisterlicher Weise zu musizieren verstehen. Wandern die Aborigines irgendwann weiter, bleibt das der Natur gehörende Instrument in der Wüste zurück. Der Aborigine ist dankbar und stolz, dass er das Musikinstrument über eine gewisse Zeit spielen, ihm seine Töne entlocken durfte. Ihre Spiritualität ermöglicht ihnen, vierzigtausend Jahre, vielleicht auch schon sechzigtausend, in Frieden und Einklang mit der Natur zu leben. Sie gelangten vom damals noch am Kontinent hängenden Indonesien auf das australische Massiv.
Der Ayers Rock im roten Zentrum besitzt in ihrer Glaubenswelt eine zentrale spirituelle Bedeutung. Zu Füßen des heiligsten Ortes der australischen Ureinwohner liegen zahlreiche weitere geheiligte Plätze, die für uns als Besucher tabu sind, weder betreten noch fotografiert werden dürfen.
Ein Besuch des »erlaubten« Geländes ist ein Muss für jeden Australienreisenden. Besonders die Morgendämmerung lässt den heiligen Berg mit einem fantastischen

Licht- und Farbenspiel aus der Dunkelheit auftauchen und in sattem Rot vor dem azurblauen Himmel erstrahlen.
Entdeckt wurde der fünfte Kontinent zu Beginn des 16. Jahrhunderts von portugiesischen und holländischen Seefahrern. Angekommen in Port Jackson – heute erstreckt sich dort der Sydney Harbor – gründeten sie die erste europäische Kolonie – das weiße Australien nahm seinen Anfang.
Die britischen Neuankömmlinge erklärten damals, vor zweihundert Jahren, Terra australis zu Terra nullis, zum unbesiedelten Land, das keinem gehörte und deshalb auch ohne Weiteres in Besitz genommen werden könne, vertrieben die Eingeborenen aus ihren angestammten Landstrichen oder brachten sie um. Rücksicht auf die Ureinwohner, gar Toleranz, war ihnen fremd. Erst 1992 erkannte der High Court of Australia die traditionellen Rechte der Ureinwohner auf ihr angestammtes Land an, wies die Terra-Nullis-Doktrin zurück. Erst seitdem hat die »reconciliation«, die Versöhnung, zwischen Weiß und Schwarz eingesetzt, bedarf jedoch immer noch einer ausgesprochen sensiblen Handhabung.
Die Anfänge sind gemacht. Aber noch immer ist das Leben vieler Aborigines von Arbeitslosigkeit, mangelnder Schulbildung, Alkoholismus als Folge des Entwurzeltseins, schlechten Wohnverhältnissen und von Diskriminierung geprägt.
Und noch immer haben sie eine um zwanzig Jahre kürzere Lebenserwartung als die übrigen Australier.
Keiner der Australier, mit denen wir ins Gespräch kamen, konnte zu dieser Problematik erschöpfend Auskunft geben, vielleicht wollten sie es auch nicht unbedingt.
Die »Aussies« – die Australier lieben Abkürzungen und leben in und von ihnen –, wie beschreibt man sie am besten? Aufgeschlossen, ausgesprochen gastfreundlich, ohne Allüren.

Eines Tages hielten wir auf einer einspurigen Brücke an, bewunderten den herrlichen Blick über die nicht enden wollenden Weiten. Hinter uns staute sich der Verkehr, fünf bis sechs Fahrzeuge mögen es mit Sicherheit gewesen sein. Statt zu hupen, mit wilden Gestikulationen seinem Unmut über die Verzögerung Ausdruck zu verleihen, öffneten sich die Autotüren, man stieg aus, gesellte sich zu uns, fragte woher und wohin. Eine Viertelstunde später fuhr die Kolonne wieder los, begleitet von besten Wünschen für die noch bevorstehende Reise. Besuchten wir am Wochenende eines der zahlreichen »wine-valleys« zur Weinprobe, war es eine Selbstverständlichkeit, dem Nachbarn eine kostenlose Kiste mitzubringen, welcher einem am nächsten Wochenende die teuren Surfbretter samt Neoprenanzügen überlassen würde. Zur Gartenparty des Freundes oder des Nachbarn ist die Eksy, die mit diversen Getränken und Crush-Eis gefüllte Kühltasche, das wichtigste Utensil des »Aussies«. Das somit entstehende Getränkesortiment ist grandios und entbindet den Gastgeber von allen Verpflichtungen, auch nur ein Getränk besorgen zu müssen.
Die Australier sind es auch, die außerhalb ihres Landes ohne ihr »vegemite«, einem für uns äußerst gewöhnungsbedürftigen Brotaufstrich aus Hefeextrakt, nicht existieren können – behaupten sie jedenfalls glaubhaft.
Der geneigte Australienbesucher muss feststellen, dass die Kenntnisse von uns Mitteleuropäern über den kleinsten Kontinent der Erde oft nur bruchstückhaft sind, sich meist nur auf Kängurus und Koalas, die endlosen Weiten der trockenen roten Erde, den Ayers Rock und das Opera House in Sydney – dem Symbol Australiens schlechthin – beschränken. Die sympathisch-kumpelhafte Art der Australier lernten wir schnell schätzen und lieben.
Atemberaubend im wahrsten Sinne des Wortes sind die Könige der endlosen Highways, die Roadtrains. Diese sechshundert PS starken Lkw mit fünfzehn Gängen und

fünfzig Metern Länge, dreimal so lang wie alles, was auf europäischen Straßen unterwegs ist, sind so typisch für dieses Land wie die Kängurus. Auf ihren Versorgungstouren durchs Land transportieren sie bis zu einhundertdreißig Tonnen Fracht. Dabei überbrückt der eingefleischte Roadtrain-Fahrer die 3145 Kilometer lange Strecke von Adelaide im Süden nach Darwin im tropischen Norden in »schlappen« achtundvierzig Stunden.

Die Lebensweise der »Aussies« entspricht ganz sicher nicht dem Klischee vom kolonialen Lebensstil des untergegangenen britischen Empire, zugeknöpft und puritanisch, britischer als die Briten selbst. Die ehemalige Zugehörigkeit zu Großbritannien findet sich neben der Nationalflagge, welche auf blauem Untergrund oben den Union Jack zeigt mit einem siebenstrahligen Stern darunter und dem Kreuz des Südens daneben, auch in der bis 1972 gültigen Nationalhymne »God save the Queen«. Inzwischen ist »Advance Australia Fair« an ihre Stelle getreten, deren holprig-schwülstige Verse sich kaum ein Australier merken kann oder will. Viel beliebter ist da die alte Ballade vom Tramp, der ein Schaf stiehlt und sich lieber in einem Billabong, einem Wasserloch im Outback, ertränkt, als sich von den ihn verfolgenden Polizisten gefangen nehmen zu lassen. »Waltzing Matilda« kennt in Australien jedes Kind. Sie ist die inoffizielle Nationalhymne – mit Sicherheit.

Auch die australische Küche besteht nicht ausschließlich aus lieblos englisch zubereitetem Rindersteak. Aufgrund der zahlreichen Einwanderer nach dem Zweiten Weltkrieg ist Australien völkermäßig sehr »bunt« und kulinarisch äußerst variabel geworden. In den Küchen der Städte, von denen es nicht allzu viele gibt, wo aber fast zwei Drittel der Gesamtbevölkerung zu Hause sind, werden asiatische, europäische, australische, aber auch amerikanisch-mexikanische Spezialitäten kreiert und schmecken wundervoll. Besonders empfehlenswert sind Fish'n'Chips. Mit frischem Fisch zubereitet, übertreffen sie den britischen Klassiker um Längen.

Snapper und Barramundi – Australiens beliebteste Fischsorten – in Bananenblättern gegart, Thunfisch-Sushi mit eingelegtem Ingwer, Scampi-Risotto versprechen höchste Genüsse. Australiens kulinarische Ikonen sind aber nach wie vor das gegrillte Steak und der im Ofen geschmorte Braten. In »down under« werden aber auch über zweihundert Käsesorten hergestellt. Die »Käsehochburgen« sind Tasmanien und das südliche Victoria. Ganz abgesehen davon werden auf dem fünften Kontinent gute Biere und unzählige hervorragende Weine hergestellt. Sie erhält man fast ausschließlich in Bottleshops, den Läden mit einer Alkohollizenz. Diese ist hierzulande sehr teuer, viele Kneipen verzichten deshalb auf den Alkoholausschank. »BYO – bring your own«, frei übersetzt »Bring es selbst mit« oder »Bring dein eigenes«, findet man in diesen Pubs. Dort bestellt man dann einen Pot, bekommt ein großes Glas in Melbourne, ein Miniaturglas in Sydney, hier hätte man ein Schooner verlangen müssen – eigenartig, diese Australier.

Sie zelebrieren das ihnen arteigene »winemaking« wie kaum eine andere Winzernation, trotz oder vielleicht auch gerade wegen der relativ kurzen Historie Australiens als Weinland.

Obwohl schon 1788 mit den ersten Siedlern eigene Rebstöcke ins Land gelangten, dauerte es rund fünfzig Jahre, bis der Weinanbau ein professionelles Niveau erreichte. Dem Engländer James Busby ist es zu danken, dass über zwanzigtausend Setzlinge verschiedenster europäischer Rebsorten nach Australien gelangten. Durch die riesigen Ausdehnungen des Landes ergab sich für den Weinanbau ein breites Spektrum unterschiedlicher klimatischer Bedingungen. Die Skala der Extreme, vom alpinen bis

zum tropischen Klima, ist eine Herausforderung für jeden qualitätsbewussten Erzeuger. Australische Weine sind genauso schillernd wie das Land selbst. Ihre vor Farbe nur so sprühenden Etikettierungen verkörpern ein Stück australische Lebensart.
Wie schön wäre es wohl gewesen, wenn ich all das mit Romy hätte erleben können, mit ihr meine Freude beim Entdecken des riesigen Landes hätte teilen können. Wie so oft bleiben wieder nur Fotos und Erzählungen.
Wie schon auf meinen vorherigen Fernreisen die Gelegenheit nutzend, andere Kulturen, Religionen und Weltanschauungen, andere Völker kennenzulernen, macht sich im Laufe der Zeit Unverständnis über die Lebensweise, die Prioritäten, das Zusammenleben in unserer Welt zu Hause breit. Es ist sicher unmöglich, die Welt in ihrer Globalität zu erklären. Philosophie ist nur der Versuch, dies zu tun, oder die Reflexion über ihre Erklärbarkeit. In meiner eigenen Philosophie ist das Wichtigste, so glaube ich, Zufriedenheit. Hier auf dem australischen Kontinent, welchen wir in den fünf Wochen zur guten Hälfte bereisten, trafen wir auf eine ethnische und kulturelle Multikultur, welche – egal ob arm oder reich, egal welche Hautfarbe, welche Nationalität – keinen Nachteil, sondern den wahren Reichtum Australiens ausmacht. Welcher deutsche Landsmann ist schon rundherum zufrieden, gibt das gar noch zu?
Ich kenne nur wenige. Ich kenne Leute, die zwar viel Geld ihr Eigen nennen, aber ansonsten arm sind, Leute die zwar über den Gartenzaun schauen, was wohl der Nachbar Neues hat, aber nicht einige hundert Kilometer weiter ostwärts. Wir wollen alles machen, alles erreichen, was uns erlaubt und möglich ist.
Oft, zu oft, ohne zu wissen, was wir eigentlich wollen.
Lene Gammelgard, die Dänin, welche am 10. Mai 1996 die Spitze des Mount Everest erreichte, bei einem Gipfelsturm, den sieben ihrer Kameraden nicht überlebten, be-

merkte in Anbetracht des Erlebten dazu: »Ich habe gelernt, zufrieden zu sein. Ich bin dort, wo ich hingehöre ... dort, wo ich sein wollte. Leben hat die Tendenz, unbeständig zu sein, aber ich glaube, ich habe eingesehen, dass die Unbeständigkeit aus einer komplexen Persönlichkeit mit zahlreichen Nuancen resultiert, die alle zu einer gewissen Zeit ihr Recht fordern. Die Empfindung, wirklich und zufrieden zu leben, ist die größte Leistung – so sagt man – wieder und wieder werden Metaphern benutzt, um diese Erfahrung anschaulich zu machen. In jeder Kultur gibt es das Gefühl dieser Erfüllung. Es ist ein Grundwert, der über alle religiösen Schranken hinweg Gültigkeit hat.«

Ich empfinde ähnlich, besonders stark konnte ich das hier im Outback tun, wo nichts ist, nur jeder selbst ist mit seinen Gedanken, seinen Träumen und Visionen, denen man nachhängen kann, umgeben von endloser Weite.

Natürlich habe ich auch die Stationen des RFDS (Royal Flying Doctor Service) of Australia in Alice Springs und Cairns besucht. Hier durfte ich als deutscher »Kollege« einige Blicke hinter die Kulissen werfen. Ausgeklügelte, unbürokratische Mechanismen erlauben es, jeden Australier innerhalb von zwei Stunden in Sachen Medizin zu versorgen, egal wie weit sie im Outback verstreut leben. 1928 von John Flynn in Cloncurry als erste Basis des »Königlichen Dienstes der Fliegenden Ärzte« gegründet, hat sich der RFDS bis zum heutigen Tag zur wichtigsten Struktur der medizinischen Versorgung Australiens entwickelt. Über den Luftweg werden sowohl die normalen Sprechstunden als auch die Luftrettung realisiert.

Meine Visiten galten den Stationen in Alice Springs und Cairns.

Die Basis in Alice besteht seit 1930 und wurde auf Betreiben des Landfrauenverbandes als Tribut an die »pioneers women« im Outback eröffnet. Das Zuständigkeitsgebiet umfasst einen Umkreis von 600 Kilometern. Nur zirka

16 000 Menschen leben dort, neunzig Prozent von ihnen sind Ureinwohner. Das medizinische Team besteht aus sechs Ärzten und sechs Krankenschwestern. Diese Crews sind für die Bearbeitung aller Routine- und Notfallsituationen zuständig, sind vierundzwanzig Stunden, rund um die Uhr über Funk verfügbar. Zwei einmotorige Pilatus-PC-12-Flugzeuge und eine Beechcraft King Air, die von sechs Piloten geflogen und drei Technikern gewartet werden, stehen einsatzbereit am Rand des Rollfeldes in der endlosen Weite der roten Wüste. Jedes der Flugzeuge kann bis zu vier Patienten aufnehmen, sie über den Luftweg zu den Kliniken transportieren. Der »Königliche Service der Fliegenden Ärzte« betreibt gegenwärtig siebzehn Basen, die gut zwei Drittel des australischen Kontinents erfassen und verfügt über fünfundvierzig Flugzeuge.
Allen Privatpersonen, die entweder durch Medicare, die australische Krankenpflichtversicherung, oder durch internationale Versicherungsabkommen versichert sind, stehen die Leistungen des RFDS of Australia kostenfrei zur Verfügung, ganz gleichgültig, ob sie im Outback leben oder es als ausländischer Tourist bereisen.
Die laufenden Unterhaltungskosten der australischen Luftrettung werden seitens des Bundes und der Regierung des jeweiligen Territoriums finanziert. Medizinische Geräte und Ausrüstungen rekrutieren sich allein aus Spendenaufkommen. Sollten Sie also einmal Gast im Visitor-Centre einer solchen Basis sein, dann legen Sie ein paar Dollar an, nicht zuletzt auch zu Ihrer eigenen Sicherheit.
Bis tief in die Nacht hinein erzähle ich vom Tauchen am Great Barrier Reef, zu diesem Zwecke hatte ich meine komplette Tauchausrüstung mit ans andere Ende der Welt geschleppt.
Korallentierchen, die wichtigsten Architekten des Riffs, haben hier über Millionen von Jahren das mit fast 350 000 Quadratkilometern weltweit größte Riff entstehen lassen.

Unglaublich, die Leistung der oft nur Millimeter großen Nesseltiere, wie sie aus dem im Wasser gelösten Kalzium und Bikarbonaten Kalk entstehen lassen, ausscheiden und dieses gigantische Bauwerk konstruieren.
Geradezu schwärmerisch, einer Liebeserklärung gleich, berichte ich vom Regenwald im Daintree-Nationalpark, vom Ballonflug über Alice Springs bei Sonnenaufgang, der beeindruckenden Multikulti-Metropole Sydney mit Opernhaus und Harbour Bridge, den Blue Mountains, die mich so sehr ans heimatliche Elbsandsteingebirge erinnerten, von grandiosen Sonnenuntergängen im Outback, von Piggy, unserem Regenwaldführer, der uns stundenlang an seiner Begeisterung für den Rainforest teilhaben ließ, von der Mystik der australischen Ureinwohner, vom Schwimmen in den »Croc-free-Waterholes«, Hubschrauberflügen über Sydney und dem Kings Canyon, von den stets freundlichen, liebenswerten und toleranten, aber auch absolut sportverrückten Menschen. Währenddessen wir uns in der Mittagshitze schweren Schrittes durch Sydney quälten, musste man nur aufpassen, von Joggern oder Radfahren nicht »untergebuttert« zu werden.
Die Rocks, jene Keimzelle Sydneys – hier finden sich die ältesten Siedlungshäuser der Metropole –, sind nicht nur ob ihrer Kneipen und Szeneclubs berühmt, hier liegt auch die Bounty. Ihr berühmt-berüchtigter Kapitän Bley, Stein des Anstoßes und Auslöser jener vielfach verfilmten Meuterei, gelangte als Gouverneur Australiens noch zu zweifelhaftem Ruhm und Ehre.
Die Bewohner der Stadt, die Sydneysider, welche einen Dänen namens Jorn Utzon, den heute weltberühmten und damals verschmähten Architekten des Opernhauses ob seines gewagten und für seine Zeit viel zu progressiven Baustils und den am Ende des Baues auf zu damaliger Zeit unvorstellbare 102 Millionen Dollar angewachsenen Baukosten – zu Baubeginn im Jahre 1956 waren die

geplanten Ausgaben auf gerade mal 10 Millionen Dollar beziffert worden – aus dem Land jagten, in welches er, abgrundtief getroffen, nie wieder einen Fuß setzen sollte, haben Sydney inzwischen zu einem der weltweit wichtigsten Finanzplätze avancieren lassen. Der Grund heißt »151°17'30"Ost«, es ist jene prominente geografische Lage der Millionenstadt, die dafür sorgt, dass jeder neue Börsentag in Sydney beginnt, Stunden bevor sich in Tokio, Hongkong oder Singapur das Börsenparkett belebt.
Immer dann, wenn das Fernweh mal wieder durchkommt, setze ich mich vor meinen Computer und betrachte über die Web-Cam auf dem ANA-Hotel in Sydney das Opernhaus, die Harbour Bridge, den Circular Quay.
Trotz der erst in der jüngeren Vergangenheit zu Ende gegangenen Unterdrückung und Isolation der Aborigines – was diese »Aussies« in zweihundert Jahren ihrer Geschichte auf die Beine gestellt haben, welche zivilisatorischen Errungenschaften sie auf der ehemaligen »Sträflingsinsel« erreichten – meine uneingeschränkte Hochachtung!
Also bis bald mit »Aussie salute« – jenem australischen Gruß mit Wedelbewegungen vorm Gesicht, um die Fliegen zu verscheuchen.
Und immerhin gibt es da noch die bekannte Web-Cam auf dem ANA-Hotel in Sydney!

Zum Kochen sind wir gar nicht gekommen, beschließen bei vorgerückter Stunde, lieber die Betten aufzusuchen, man weiß nie, was noch an Einsätzen kommen kann. Also müssen Lachs, Spinat und Bandnudeln bis morgen warten. Nicht so einfach, breite Bandnudeln al dente zu kochen, Lachs anzubraten, Spinat zuzubereiten, alles auf zwei kleinen Herdplatten und zeitlich so abgestimmt, dass schließlich alles im grandiosen kulinarischen Finale gipfelt.
»Sag mal, wieso kochst du eigentlich so gern? Ich könnte das nicht.« Bernds Frage ist gar nicht so leicht zu beant-

worten. Der Spaß daran begründet sich sicherlich auf den schon sprichwörtlichen Kochkünsten meiner Großmutter, welche unter vielem anderen süß-saure Eier »sächsischer Art« in nie wieder erreichter Klasse zubereiten konnte. Außerdem handelt es sich beim Kochen um eine Tätigkeit, bei der man hundertprozentig sicher sein kann, dass es hinterher etwas zu essen gibt. Dieser Logik kann selbst Bernds ausgefeilte Rhetorik nichts entgegensetzen.
Es ist wieder mal geschafft. Die Menge, die normalerweise eine ganze Fußballmannschaft »abgespeist« hätte, haben wir zu viert verputzt.
Alarmierung. Ein in den frühen Morgenstunden verunglückter Motorradfahrer mit schweren Kopfverletzungen, gebrochenem Becken, multiplen Verletzungen an beiden Beinen, im peripheren Krankenhaus erstversorgt, muss nun schnellstmöglich in eines der unfallchirurgischen Zentren Dresdens verlegt werden.
Auf regennasser Straße, mit überhöhter Geschwindigkeit und nicht ganz nüchtern, war er gegen einen Baum geprallt.
Der Tubus ragt aus einer kaum noch als Mund erkennbaren »Öffnung« des auf die etwa anderthalbfache Größe angeschwollenen Gesichts, das seinem Erscheinungsbild nach eher einem Medizinball gleicht. Die Augen sind von Blutergüssen umrahmt und vollständig zugeschwollen, aus der Nase rinnen dünne Rinnsale von Blut. Großlumige venöse Zugänge in beiden Ellenbeugen, Harnkatheter, durchblutete Verbände, beide Unterschenkel geschient.
Am Röntgenschirm hängen ein Dutzend Bilder, die schweren Verletzungen des gerade 20-jährigen Mannes dokumentierend. Wie stets in derartigen Fällen führen wir einen ausführlichen Bodycheck durch. Ab jetzt und für die nächste Stunde wird der Verunglückte mein Patient sein, mir überantwortet von den Erstversorgern zum Transfer in eine spezialisierte Unfallchirurgie zur erweiterten Diagnostik,

zur definitiven Versorgung des gesamten Verletzungsspektrums. Erst wenn eine Verlegungsfähigkeit hergestellt ist, lassen sich Risiken und Gefahren so minimieren, dass der Transport nicht zur Prognoseverschlechterung führt.
Kurz erkläre ich den unter einem offensichtlichen psychischen Schock stehenden und mit tränenerstickter Stimme nachfragenden Eltern, welche durch die Polizei informiert ins Krankenhaus geeilt waren, unser Vorhaben.
Ohne dass Auffälligkeiten im Patientenhandling während des Fluges zu registrieren sind, wird das Wetter um uns herum immer stürmischer. Kurz vor Dresden wirft es uns so stark hin und her, dass wir uns, obwohl angegurtet, mit beiden Händen an den Einbauten festhalten müssen. Schon vor einigen Minuten hatte sich Frank umdrehen müssen, mit sich selbst und seinem Mageninhalt kämpfend.
»Das musst du jetzt mal selber machen!«, klangen seine Worte relativ einsilbig an mein Ohr. »Tut mir leid, aber ich kann nicht mehr.«
Im zweiten Anflug gelingt uns die Landung auf dem Dach der Rettungsstelle des Krankenhauses Dresden-Friedrichstadt. Irgendwie hat es Bernd geschafft, den Helikopter genau auf dem mit einem Kreis umgebenen, weißen »H« abzustellen. Erleichterung macht sich breit – eine Erleichterung allerdings, die schon wenig später nach außen drängen sollte.
Gerade haben wir den Patienten an die Kollegen der Unfallchirurgie übergeben, der Adrenalinspiegel ist wieder im Normbereich eingepegelt, da meldet sich ganz tief in meinem Inneren der Lachs, drängt unzweifelhaft nach außen. Ihm war es wahrscheinlich zu turbulent.
Eiligen Schrittes geht es geradewegs in Richtung Toilette: Tür zu – und schon war er wieder da, der Lachs, »flankiert« von Nudeln und Spinat.
Aus der Nachbartoilette höre ich, wie Frank sich in das Toilettenbecken übergibt.

Geteiltes Leid, halbes Leid!
Schulterklopfend empfangen uns zwei Bleichgesichter die Piloten: »Einmal ist immer das erste Mal, auch das gehört zum richtigen Fliegen.« War das wirklich Mitleid oder doch einer jener oft zitierten Anflüge von unterschwelligen »Pilotenwitzen«?
Und wie jetzt – was heißt hier überhaupt richtiges Fliegen? Wenn so richtiges Fliegen ist, bin ich ab heute kein Fan mehr.

BB – Back to Basic

Es ist so weit und es lässt sich auch nicht länger verbergen. Heute muss ich mich outen, meine »Neigung« öffentlich machen. Spätestens 20.15 Uhr muss es raus sein. Jawohl, ich bin ein bekennender »Big-Brother-Fan«.
»Schließlich spart man sich so mindestens drei Semester Soziologiestudium! Das ist so schlecht, das ist schon wieder gut!« Das und noch vieles mehr habe ich mir zur Erläuterung meiner Vorliebe bereitgelegt. Doch es nutzt nichts. Meine Verkündigungen provozieren nach anfänglichem Unverständnis nur mitleidiges Kopfschütteln.
»Bisher habe ich dich immer noch für normal gehalten«, lautet Bernds niederschmetterndes Statement.
»Du magst Helge Schneider, nennst CDs von Marianne Rosenberg und Roland Kaiser dein Eigen, die du anscheinend auch noch hörst, und jetzt Big Brother, da sträuben sich mir die Haare.«
»Du solltest mir dafür überaus verbunden sein, die gesträubten Haare verleihen deinem Glatthaarschnitt dann endlich mal etwas Pep. Übrigens, du hast vergessen, es gibt da noch Christian Anders, Reinhard Mey, ...«
Die Worte schienen aus weiter Ferne an sein Ohr zu dringen. Ohne meine Aufzählung abzuwarten, schlägt Bernd erschaudert beide Hände vors Gesicht und sucht das Weite. Seine Toleranzgrenze des vermeintlich guten Geschmacks war meilenweit überschritten.
Gerade hatte ich begonnen, meine Mitstreiter für die mir nur mit viel Widerwillen zugestandene Folge von Big Bang Theorie zu gewinnen. Die plastischen Schilderungen konnten geradezu den Eindruck erwecken, dass die Protagonisten hier mit am Tisch sitzen würden – da ruft die Alarmierung ein breites Grinsen und reichlich fadenscheinige Mitleidsbekundungen aller in der Runde sitzenden Mitstreiter hervor.

Und das nach gerade einmal 15 Minuten Nerdalltag – das Leben kann so ungerecht sein!
»Verkehrsunfall mit mehreren Verletzten, dreißig Grad Flugrichtung, acht Minuten Flugdauer. Die Unfallstelle liegt im Wald, Sie werden von der Feuerwehr eingewiesen«, lautet die kurze Mitteilung per Funk.
Bloß gut, dass es im Hochsommer noch lange hell ist, so können wir sie wahrscheinlich schneller finden.
Im Anflug hören wir den bodengebundenen Notarzt über Funk. »Sie können den Hubschrauber wieder abbestellen, ich schaffe das hier allein. Wer hat den überhaupt gleich mit alarmiert?«, fragt er auf das Äußerste pikiert bei der Leitstelle nach.
»Wir sind bereits im Landeanflug und schauen kurz vorbei, wenn wir schon einmal vor Ort sind«, erwidere ich. »Wir melden uns, sobald wir uns einen Überblick verschafft haben.«
Bernd zieht den Helikopter staubaufwirbelnd zwischen den Bäumen, welche sich im aufkommenden Rotorwind biegen und schütteln, auf die inzwischen abgesperrte Straße. Noch in der Luft erblicken wir mindestens drei Personen, die neben den Fahrzeugen mitten auf der Straße liegen. Der Junge hat Mut, denke ich, von wegen, das schaffe ich allein.
Deutlich missgelaunt begegnet mir dann auch der »Kollege«, kaum dass ich den Hubschrauber verlassen habe und auf ihn zugehe.
»Es sind nur vier Leichtverletzte, ich habe doch gesagt, dass ich Sie nicht benötige!«, brüllt er mir im Lärm der noch laufenden Triebwerke ins Ohr. »Ich möchte Ihnen Ihre Patienten nicht streitig machen. Nur, im Landeanflug begriffen, kehren wir nicht einfach um, ohne uns an Ort und Stelle zu überzeugen, dass wir Ihnen nicht helfen können. Ich hoffe, Sie verstehen das«, versuche ich ihm den Wind aus den Segeln zu nehmen.

»Du Tino, um diese Frau hier sollten wir uns kümmern!«, unterbricht Frank, indem er sich sehr bestimmt zwischen uns schiebt. Er hatte die wenigen Augenblicke genutzt, um die Verletzten zu inspizieren. Ohne eine Reaktion meines Gegenübers abzuwarten, begleite ich meinen Rettungsassistenten zu der Verletzten.
Kaltschweißig, blass, von äußerster Unruhe ergriffen und deutlich nach Luft ringend, lehnt die etwa sechzigjährige Frau aus der Beifahrertür. Es ist anscheinend nicht nur ihre stattliche Körperfülle in der nicht gerade als physiologisch zu bezeichnenden Lage, welche ihr die Luft nimmt. Sie klagt über Schmerzen auf der linken Seite des Brustkorbes und zunehmende Luftnot. Der Bodycheck, bei dem man sich in kurzer Zeit Überblick über die wichtigsten Körperfunktionen verschafft, ergibt bei abgeschwächten Atemgeräuschen über dem linken Lungenflügel einen stark erhöhten Puls.
»Sie scheint einen Spannungspneu ausgebildet zu haben. Los, schnell in den Rettungswagen zur Entlastung!« Eilig befördern wir die Patientin am nun etwas kleinlauten Notarzt vorbei in den Krankenwagen, ihr Zustand verschlechtert sich unterdessen zusehends.
Die sitzende Position der Patientin erleichtert nur diskret ihre Atmung. Zwischen 2. und 3. Rippe unterhalb der Mitte des Schlüsselbeines erfolgt die Desinfektion, wird die lokale Betäubung gesetzt. Ein kleiner Hautschnitt, Vorschieben der Thoraxdrainage, deutlich hörbar entweicht Luft, wird der Überdruck entlastet. Umgehend verbessert sich der bedrohliche Zustand. Der Puls normalisiert sich, die schwere Atemnot sistiert, die Sauerstoffsättigung im Blut steigt wieder an. Aufatmen auch bei uns, viel länger hätte sie den lebensbedrohlichen Zustand sicher nicht tolerieren können.
Das Anpralltrauma beim Unfall am B-Holm hatte zur Fraktur mehrerer Rippen geführt. Eine von ihnen spießte

in der Folge dabei offensichtlich in die Lunge, hinterließ ein kleines Loch. Beim Einatmen strömt nun die Luft in den Raum zwischen Brustkorb und Lunge, kann jedoch aufgrund des entstandenen Ventilmechanismus beim Ausatmen nicht mehr entweichen. So steigt von Atemzug zu Atemzug der Druck im Brustkorb, erschwert die Atmung auch und vor allem durch die Verdrängung der gesunden rechten Lungenseite. Es entwickelt sich binnen kurzer Zeit eine akute Lebensgefahr. Nur die sofortige kleine Eröffnung des Brustkorbes rettet den Patienten.
Schmerzmittelgaben, Sauerstoff über die Nasensonde, Infusionen – die Patientin wird für den Flug ins Krankenhaus nach Bautzen vorbereitet.
»War es doch nicht ganz schlecht, dass wir runtergegangen sind«, bemerkt Bernd beim Einladen. »Es wäre zumindest ziemlich eng geworden«, kann ich mich eines Kommentars nicht enthalten.
Genauso eng wie damals, vor reichlich zwei Jahren, als ich meine Kollegen vom Hubschrauber rufen musste. Nie hätte ich geglaubt, selbst einmal den RTH Bautzen zu benötigen. Bei einem Notfall der besonderen Art war ich froh, dass ich auf sie und ihre schnelle Hilfe bauen, auf sie zurückgreifen konnte.
Wieder einmal Wochenende und wieder einmal Klinikdienst. Wie immer teilen sich zwei Chirurgen, ein Facharzt und einer, der sich noch in der Ausbildung zum Chirurgen befindet, alle anfallenden Aufgaben in der Ambulanz und den beiden Stationen, führen die anstehenden notfallmäßigen Operationen durch, versorgen ambulante Patienten. Der diensthabende »Noch-nicht-Facharzt«, in diesem Falle Dr. Holger Nagel – mein Freund Holynail –, hat Vordergrunddienst, von 8 bis 8 Uhr, der Facharzt als Hintergrunddienst darf alle Tage ran. Das bedeutet, man kommt freitags früh um 7 Uhr zum Normaldienst, bleibt bis zum Montag früh, dann beginnt aber wieder der nor-

male Dienst. Um 16 Uhr verlässt man, meistens völlig geschafft, die Klinik mit der untrüglichen »Vorfreude« auf nächste Bereitschaften. An ruhigen Tagen gut machbar, an manchen Wochenenden der blanke Stress von morgens bis tief in die Nacht.

Am späten Vormittag ruft mich Holger zu einer 40-jährigen Patientin in die Ambulanz, um mir den gerade eingetroffenen Notfall zu demonstrieren. Die Frau war vor gut einer halben Stunde mit ihrem Fahrrad gestürzt, hatte sich dabei den Lenker in den rechten Oberbauch gerammt. Von selbst stellte sie sich nun vor, bei diskreten Beschwerden. Äußerlich weist lediglich ein etwa markstückgroßer Bluterguss unterhalb des Rippenbogens auf das stattgefundene Trauma hin. Der Bauch ist weich, gut eindrückbar, die Darmtätigkeit normal. Der Kreislauf zeigt sich stabil, die Laborwerte liegen im Normbereich. Das Röntgen ergibt keinen Frakturanhalt, die Ultraschalluntersuchung einen regelrechten Befund, ohne Anhalt für innere Verletzungen.

»Wenn alles in Ordnung ist, kann ich ja wieder gehen«, erklärt die Frau, als sie sich von der Untersuchungsliege erhebt.

»Der Bluterguss in der Haut hier ist dadurch entstanden, dass der Fahrradlenker so tief eingedrungen ist, dass er an einen harten Widerstand anprallte, annehmbar am ehesten an Ihre Wirbelsäule. In nicht seltenen Fällen kommt es dabei zu Verletzungen der Organe, die sich in der betroffenen Region befinden. Die klinische und paraklinische Manifestation der Verletzung kann bis zu zweiundsiebzig Stunden dauern. Ich empfehle Ihnen, dass wir Sie stationär aufnehmen und Ihren Zustand sorgfältig überwachen, obwohl das Verletzungsmuster zum jetzigen Zeitpunkt als nicht sehr gravierend einzuschätzen ist.«

Es dauert noch eine Weile, bis ich die Patientin überzeugen kann, bei uns zu bleiben und nicht zurückzukehren ins wohlverdiente Wochenende bei herrlichem Sonnenschein.

»Irgendwie gefällt sie mir nicht so richtig. Wir sollten sie ganz engmaschig überwachen.« Holger stimmt mir nickend zu und vertieft sich in die Unterlagen zur stationären Aufnahme der immer noch mit ihrem Schicksal hadernden Frau.
Patientin nüchtern lassen, 1000 ml Infusion, halbstündige Kreislaufkontrolle, Bettruhe, nächste Laborkontrolle in zwei Stunden, Sonografieverlaufskontrolle nach zwei Stunden oder bei Befundverschlechterung – schreibe ich auf das Anordnungsblatt für die Schwestern der Station. Um 18 Uhr, die bis dato durchgeführten Kontrollen von Labor, Klinik und Ultraschall hatten sich allesamt unauffällig gezeigt, klagt die Frau über eine deutliche Beschwerdezunahme, ist blass, kaltschweißig. Die Entzündungsparameter im Blut sind exzessiv angestiegen, die Sonografie bleibt jedoch seltsamerweise nach wie vor ohne pathologischen Befund. Nur ein sofortiger operativer Eingriff kann erschöpfend Klarheit über die Art und das Ausmaß der inneren Verletzung geben.
Eilig werden Narkosearzt und OP-Saal über die anstehende Notlaparotomie informiert.
»Wir müssen Sie umgehend operieren, offensichtlich haben Sie sich beim Sturz eine innere Verletzung zugezogen, welche sich jetzt manifestiert«, ausführlich, ohne Zeit zu verlieren, erkläre ich die geplante Operation, mögliche intra- und postoperative Komplikationen und den weiteren postoperativen Verlauf.
»Wir werden zunächst über einen großen Mittelschnitt den Bauchraum öffnen, die Ursache der plötzlichen Beschwerden suchen. Anschließend versorgen wir die etwaigen Verletzungen. Von der Lokalisation her können Darm, Leber, Blutgefäße, Gallenblase, Bauchspeicheldrüse und Magen betroffen sein, sowohl isoliert oder auch als komplexes Verletzungsmuster. Sollte eine Verletzung der rechten Niere oder der harnableitenden Strukturen vorliegen, werden

wir gemeinsam mit den Urologen operieren. Das Operationsausmaß kann erst intraoperativ festgelegt werden. Bei einer eventuellen Darmverletzung kann es erforderlich werden, dass ein vorübergehender Anus praeter, ein künstlicher Darmausgang, angelegt werden muss.« Die Frau ist geschockt.
Innerhalb von zwanzig Minuten liegt die Patientin narkotisiert auf dem Operationstisch.
»Wir fangen an.«
»In Ordnung. Es ist 18.35 Uhr«, bestätigt der Anästhesist. Bei der Eröffnung des Abdomen fällt eine gewisse Enge auf, die Dünndarmschlingen verlagern sich sofort vor die Bauchdecke, freies Blut findet sich im Bauch jedoch nicht. Vorsichtig taste ich die Bauchhöhle aus. Die Leber ist palpatorisch in Ordnung, weist keine tastbaren Läsionen auf. Ebenso der Magen und die einsehbaren Darmanteile. Auffällig ist jedoch eine doppelt mannsfaustgroße Vorwölbung des Bauchfells an der Hinterwand des rechten Mittel-Oberbauches. Hier liegt die rechte Niere, deren Verletzung ob des über den liegenden Harnblasenkatheter geförderten klaren, unblutigen Urins unwahrscheinlich erscheint.
»Zur Sicherheit sollen die Urologen mal mit draufschauen.« Telefonisch werden diese in den Operationssaal gerufen, schließen sich unserer Meinung an, eine Verletzung der Nieren liegt nach nochmaliger subtiler Inspektion mit Sicherheit nicht vor.
»Wenn wir jetzt hier aufmachen und die Vorwölbung in diesem Bereich beruht auf der Verletzung eines großen Gefäßes, dann haben wir ein Problem, ein gewaltiges sogar«, teile ich meine Gedanken Holger, dem ersten OP-Assistenten, mit.
»Das Bauchfell deckt im Moment den Prozess ab, hält ihn stationär. Falls ein größeres Gefäß verletzt ist, muss ein Gefäßchirurg ran.« Der nächste auf Blutgefäße spezialisierte Chirurg ist mindestens fünfzehn Kilometer weit entfernt.

Ich mache mich unsteril, streife Handschuhe und den durchgeschwitzten Kittel ab und lasse mich mit der Rettungsstelle in der Universitätsklinik in Dresden verbinden, während Holger und die Operationsschwester das OP-Gebiet abdecken.

Nachdem trotz gut fünf Minuten Wartezeit immer noch kein Gefäßchirurg ans Telefon zu bringen war, beende ich das Telefonat, lasse mich mit dem Krankenhaus Friedrichstadt verbinden.

Die diensthabende Oberärztin Frau Dr. Zimmermann, eine gestandene Chirurgin der alten Schule, äußerst kompetent, mit der nötigen Strenge und Autorität gegenüber den oft so stürmisch-ungestümen Berufsanfängern in unserem »aufschneidenden Gewerbe«, ist am Telefon.

Ich hatte bei meiner halbjährigen Hospitationszeit an der dortigen Klinik vor zwei Jahren das Vergnügen und das Privileg, sie kennenlernen zu dürfen, wohnte einer Vielzahl ihrer Operationen als erster Assistent bei, sozusagen als ihre rechte Hand.

Im Detail erläutere ich die Anamnese der Patientin und den Status präsens, schildere mein Vorhaben, den Bauch provisorisch zu verschließen und die Patientin in Narkose belassend per Hubschrauber zu verlegen. Wir kommen überein, die Verlegung über die Rettungsstelle abzuwickeln und umgehend ein CT durchzuführen. Anschließend informiere ich meine Chefin über das Geschehene. Sie stimmt meiner Vorgehensweise zu.

Die Chefin, meine Lehrerin in Sachen Chirurgie und drei Jahre vor dem Ruhestand, kann auf ein ereignisreiches Chirurgenleben zurückschauen. Bei ihr habe ich das Einmaleins unseres Berufes lernen dürfen, sie war es, die mich an die schwierigen Operationen heranführte. Durch ihr fachlich untadeliges, äußerst übersichtliches Operieren hat sie mir eine gewaltige Menge Rüstzeug mit auf den Weg gegeben, trotz mancher Unwirschheiten, die heute

entweder vergessen sind oder aber mich mit einem inzwischen verständnisvollen Lächeln an sie zurückdenken lassen.
»Sie sollen der Operation beiwohnen, nicht beischlafen!«, war einer ihrer Standardsprüche. Ihr habe ich das meiste auf meinem bisherigen beruflichen Werdegang zu verdanken.
Holger hat unterdessen den Verlegungshubschrauber telefonisch über die zentrale Koordinierungsstelle für Luftrettung in Dresden geordert. Da »Christoph 38« gegenwärtig im Einsatz ist, werden die Kollegen vom RTH Bautzen die Verlegung übernehmen.
In dem Moment, als wir den Bauch verschlossen haben, die Patientin zum Transport vorbereitet ist, trifft die Hubschrauberbesatzung ein.
Mehr als eine Stunde später ruft mich die Oberärztin aus Friedrichstadt zurück. Im Computertomogramm, dem CT, konnten keine Veränderungen der normalen Konfiguration im beschriebenen Areal gesichert werden. Wenn ich einen definitiven Verschluss der Bauchdecke durchgeführt hätte, würde man zunächst nicht operieren, eine konservative Behandlung anstreben.
»Da muss irgendetwas sein«, versuche ich zu vermitteln, mit leise anklingendem Widerspruch.
»Wir werden die Patientin jetzt in den Operationssaal bringen, den Bauch ordnungsgemäß verschließen und uns bei dieser Gelegenheit den Lokalbefund mit betrachten.«
Ich bin beruhigt.
Nachts um 2.30 Uhr reißt das Telefon mich aus dem Tiefschlaf. Der stressige Dienst hatte uns erst gegen 2 Uhr ins Bett finden lassen. Ach ja, du bist in der Klinik, hast Dienst, denke ich beim Griff zum Telefonhörer.
»Herr Kollege Lorenz«, höre ich die Stimme der Oberärztin, mittlerweile auf dem Bettrand sitzend, »gut, dass wir noch einmal nachgeschaut haben. Die von Ihnen be-

schriebene Vorwölbung hat sich als quere Durchtrennung des Zwölffingerdarmes herausgestellt, vergesellschaftet mit einer Magenverletzung im Bereich der bei Ihnen intraoperativ nicht einsehbaren Hinterwand. Drei Stunden dauerte die Operation, die Patientin befindet sich zurzeit auf der Intensivstation. Nochmals vielen Dank für Ihre Hinweise und die gute Zusammenarbeit.«
An Schlaf ist jetzt nicht gleich wieder zu denken, mal sehen, ob es auf Station etwas Wichtiges gibt, wie es den Neuzugängen und Operierten des vergangenen Tages geht. Schwester Petra hat Dienst und setzt die Medizin für den nächsten Morgen.
»Na, Herr Doktor, noch wach oder schon wieder?«, begrüßt sie mich. Meine Blicke sagen ihr: »Immer noch!«
»In Ihrem Fach liegt übrigens ein Brief von einer Verehrerin. Und schauen Sie nicht so unschuldig nach der Packung Ferrero-Küsschen. Die haben wir heute von der Patientin mit der Schenkelhalsfraktur aus Zimmer 144 bekommen. Machen Sie die Packung schon auf, lassen Sie mir und dem Frühdienst aber noch ein paar übrig. Und gibt es sonst noch etwas zu berichten, ich hatte ein paar Tage frei?«
Ich mache ein ernstes Gesicht: »Ach, fragen Sie lieber nicht! In meinem letzten Notarztdienst – grausam.«
»Was ist denn passiert?«
Ich hatte die viel zitierte »schwesterliche« Neugier geweckt und berichte:
»Wir wurden zu einem Notfall im Graupaer Wald gerufen. Ich kann Ihnen sagen, so was habe ich noch nicht gesehen! Zwei unter einem Baum liegend, gefesselt und mit herausgeschnittenen Zungen.«
»So etwas Grausames brauchen Sie mir gar nicht erzählen«, unterbricht sie.
»Ich spreche von zwei alten Latschen, oder was dachten Sie?!«, erwidere ich und kann mich vor Lachen kaum halten.

»Sie werden nie erwachsen!«, sagt sie, vor sich hin kichernd, und verschwindet in Richtung eines Patientenzimmers, aus dem es gerade geklingelt hat.
Gespannt öffne ich den Umschlag des Briefes. Amüsiert lese ich den mit unsicherer Kinderhand verfassten, in manchen Passagen in freier Auslegung der neuen Rechtschreibung erstellten Brief, dabei immer mal in die Konfektschachtel fassend:
»Brief Für Herrn Dokter – Ich habe das zimmer 145! Ich habe vor dem fenster Zwei Lufpalongs. die sind zusamen gegnalt aber es ist nikz Pasirt. Lieber Dokter ich werde dich bald Besuchen. Ich habe zwei Mäuse die haben »Drück mich« auf den Bauch. da dafst du auch mal Draufdrücken! Für Herrdokter! Von Cindy Korluß!«
Einfach klasse, dieser Brief!
Romy hat mir leider ewig nicht geschrieben, überlege ich im gleichen Moment, hat sie mir wirklich so wenig zu sagen, ist ihr bewusst, wie sehr ich darauf warte? Sicher hat sie eine Menge anderer Dinge zu tun.
Na schön, wieder ein Teil für unsere »Arztzimmer-Kinderbilder-Galerie«. Nicht mehr lange und der Hausmeister sollte eine weitere Holzlatte an der Wand zum Anpinnen der Bilder anbringen. Suchend tastet meine Hand durch die Ferrero-Schachtel. Erstaunt stelle ich fest, dass diese leer ist, sich nur ein Berg von Pralinenpapier daneben stapelt. Nur schnell weg hier, bevor Schwester Petra wiederkommt, denke ich und schleiche von meiner Station – vielleicht gerät es ja in Vergessenheit, wenn ich heute früh wieder hierher komme, ist die Nachtschwester ja schon weg.
Es ist kurz vor 4 Uhr, am Morgen warten drei geplante Operationen auf mich.
Wie immer nach dem Dienst erwartet mich ein von den Frühdienstschwestern vorbereiteter Kaffeetisch. Frischer Kaffee, Brötchen, etwas Käse, Marmelade. Und heute

noch eine Maxi-Packung »Merci«, wunderbar. Schwungvoll öffne ich diese, um meine Lieblingssorte »Kaffee-Sahne« zu ergattern, bevor es die anderen »Merci-Kaffee-Sahne-Fetischisten« tun.
In der leeren Schachtel liegt ein Gummihandschuh, in »mühevoller« Kleinarbeit in die berühmte Pose des erhobenen Mittelfingers, mit dem unter anderem der ehemalige griechische Finanzminister Janis Varufakis traurige Berühmtheit erlangen sollte, gebracht. Mich überkommt es, unvermittelt lauthals loszulachen – erst jetzt bemerke ich die grinsenden Gesichter der Schwestern im Türrahmen der Stationsküche.
Über drei Wochen hatte die verlegte Patientin auf der Intensivstation zubringen müssen. Immer wieder wechselte ihr Zustand, traten Folgekomplikationen der schweren Verletzungen auf. Zweimal musste noch operiert werden. Heute geht es ihr wieder gut, nur eine große Narbe über dem Bauch erinnert an den so harmlos scheinenden Fahrradsturz mit fast letalem Ausgang.

Höhenangst

Werden wir zu Arbeitsunfällen gerufen, weckt dies in uns, neben den Unfällen an denen Kinder beteiligt sind, instinktiv ein ungutes Gefühl. Zu oft hatten wir es dabei mit Schwerstverletzten, Toten oder zahlreichen Verunglückten zu tun, waren komplizierteste Situationen zu meistern gewesen.
Wieder mal ereilt uns die Alarmierung am Frühstückstisch. Wenigstens noch einen Schluck Kaffee, der die obligatorische Morgenmüdigkeit hoffentlich vertreibt, Schuhe zu, Jacke an und los.
Der Unglücksort befindet sich zwischen Dresden und Pirna. Nach 15 Minuten ist er erreicht.
In einer Eigenheimsiedlung ist ein Kleinkran, auf nachgebendem Untergrund nicht sachgemäß aufgestellt, umgekippt und hat einen Bauarbeiter unter sich begraben.
Der junge Mann ist ohne Bewusstsein. Seine Kollegen schildern, dass er anfangs noch geschrien habe, nach wenigen Minuten aber nicht mehr ansprechbar gewesen sei.
Etwa zeitgleich mit uns war die Pirnaer Feuerwehr eingetroffen, gemeinsam überlegen wir, welche Möglichkeiten sich ergeben könnten, um an den Mann heranzukommen, ihn »erstzuversorgen«.
Momentan stapeln sich aber noch diverse Kranteile einem Mikadospiel gleich über dem Körper des Patienten.
Mit dem eilig vom Nachbargrundstück herübergebrachten Bagger werden Hauptteile des Kranes angehoben und gut einen halben Meter über dem Boden schwebend gehalten.
Äußerst mulmige Gefühle machen sich in mir breit, als ich unter der schwebenden Last zum Verletzten krieche. Zum Glück, ich erreiche ihn relativ mühelos auf dem glatten Untergrund. Der kräftige Puls ist an der Halsschlagader tastbar und der Patient atmet vernehmlich.

Ich kann mich nicht erinnern, jemals außerhalb einer Sauna so geschwitzt zu haben, weniger infolge der körperlichen Anstrengung als vielmehr ob der Geräusche, erzeugt von den Metallteilen in der Höhe, und dem Wissen, welche Last sich da über mir befand.
Ein schwerer Stahlträger, offensichtlich das Teil, welches zum Unfallzeitpunkt am Lasthaken des Kranes hing, liegt quer über dem Becken des Mannes, hat ihm die rechte Hüfte zertrümmert und lässt zunächst eine umgehende Bergung nicht zu. Ich krieche mühsam einen bis zwei Meter weiter. Es gelingt, eine Infusion anzulegen. Der gemessene Blutdruck zeigt sich regelrecht.
Erst einmal tief durchatmen.
Frank würde mir sicherlich gern in meiner misslichen Lage unterstützend beistehen, aber für zwei Personen reicht der Platz hier unten einfach nicht aus. Das Augenmerk richtet sich nunmehr auf das rechte Bein, es ist warm und rosig, erscheint gut durchblutet. Offenbar ist die Hauptschlagader des Beines durch die Last des Trägers nicht tangiert, hat das Blut irgendeinen Weg gefunden, das Bein ausreichend zu durchströmen.
Endlich, mit vereinten Kräften ist es gelungen, die Kranteile, welche vom Bagger angehoben wurden, seitlich abzulegen. Der Stahlträger kann nun entfernt werden. Noch immer ist der Mann nicht ansprechbar, die vitalen Funktionen zeigen sich jedoch erfreulicherweise stabil. Es hat angefangen zu regnen. Dicke, immer zahlreicher werdende Tropfen entwickeln sich zum Wolkenbruch, klatschen auf den ausgetrockneten Boden und lassen ihn unter rascher Pfützenbildung zusehends erweichen. Schon nach wenigen Minuten knien wir im zentimetertiefen Schlamm, sind durchnässt bis auf die Haut.
Vorsichtig, um nicht einer weiteren Traumatisierung der betroffenen Extremität Vorschub zu leisten, ziehen wir den Verletzten hervor, bergen ihn mit der Schaufeltrage.

Diese kann, aus zwei Hälften bestehend, jeweils seitlich von rechts und links unter den Verunfallten geschoben werden und lässt sich mittig zusammenfügen. Daraus resultiert nun eine Transportmöglichkeit, ohne den Patienten vorher heben oder drehen zu müssen. Bei eventuellen Verletzungen der Wirbelsäule, von denen man bei derartigen Unfällen so lange ausgehen muss, bis diese röntgenologisch ausgeschlossen sind, ein äußerst hilfreiches und in der Praxis bewährtes Bergungsmittel.
Endlich im Rettungswagen angelangt, schneiden wir die stark verschmutzte Arbeitshose auf, um die Verletzung genau inspizieren zu können. Der untere Anteil des gebrochenen Oberschenkels ragt aus der monströsen Wunde, die rechte Gesäßseite ist fast vollständig abgerissen, liegt einem riesigen Fleischbrocken gleich abgetrennt vom Hüftknochen.
Aus der extrem großen Weichteilverletzung blutet es heftig. Die Blutung ist jedoch diffus, ein spritzendes Gefäß, was sich gezielt abklemmen lässt, ist nicht zu finden. Provisorisch wird die Wunde abgedeckt, nachdem wir, mit allen Kräften ziehend, dem Bein wieder die ungefähre anatomische Richtung verliehen haben.
Ins künstliche Koma versetzt, mit ausreichend peripheren Zugängen versehen, um eine genügende Menge an Infusion verabreichen zu können, ist der Patient zum Lufttransport vorbereitet.
Die angewärmten Infusionen korrigieren die Körpertemperatur des durch die relativ lange Liegezeit und den einsetzenden Regen unterkühlten Patienten.
Die könnte ich jetzt auch gebrauchen, denke ich, durchnässt und vor Kälte mächtig zitternd.
»Könntet ihr bitte eure Heizung anwerfen?«, frage ich voller Sehnsucht auf baldige Wärmezufuhr. Die altersschwache Standheizung des Rettungswagens lässt jedoch diese Hoffnung eine Hoffnung bleiben.

»Wie du wieder aussiehst!«, sucht mich Frank, beim Umladen des Verletzten in den Helikopter, wenigstens mental etwas »aufzuwärmen«.
»Wir sind so weit, ihr könnt anlassen«, lässt er wenig später die Piloten wissen.
Wie so oft nehmen wir Kurs in Richtung Uniklinik nach Dresden. Die Entfernung erfordert nur wenige Flugminuten. Kaum gestartet, schweben wir über dem Hubschrauberlandeplatz der Uni. In der Mitte des Landeareals steht »Christoph 38«. Gekonnt platziert Bernd unseren Helikopter zwischen die BO 105 und den abgrenzenden Zaun.
Der Overall war kaum gewechselt und der heiße Tee aus dem Getränkeautomaten begann gerade seine wohlige Wärme zu verbreiten, da meldet sich der auf Vibrationsalarm eingestellte Pieper in meiner Hosentasche.
Der nächste Arbeitsunfall in einem Dresdener Vorort.
»Ein Bauarbeiter hat, auf dem Gerüst stehend, eine Herzattacke erlitten, Sie werden vor Ort von den Kollegen des Mannes eingewiesen«, wird uns durch die Rettungsleitstelle Dresden mitgeteilt.
Schon beim Landeanflug können wir einige Blicke auf das Dilemma werfen, erahnen nichts Gutes. Das Gerüst steht nicht etwa an einem Einfamilienhaus, sondern flankiert einen Vierzehn-Geschosser. Dem hektischen Treiben nach zu urteilen, befindet sich der Notfallort in Höhe des zwölften Geschosses. Und ich kann nicht einmal schwindelfrei vom berühmten Dresdener Blauen Wunder auf die Elbe schauen!
»Sie gelangen über diesen kleinen Lastenaufzug nach oben. Der Kollege liegt in Höhe des vorletzten Stockes. Er klagte zunächst über Herzschmerzen und Luftnot, fiel vor drei Minuten wie ein gefällter Baum um und blieb mit blauvioletten Verfärbungen im Gesicht regungslos liegen. Der hatte schon mal ’nen Herzinfarkt, soviel ich weiß.«
Der Vorarbeiter empfing uns sichtlich erregt.

»Wie viel trägt das Ding?«, will ich wissen.
»Zweihundert Kilogramm sind angegeben.«
Frank und ich, mitsamt der kompletten Notfallausrüstung, müssten schätzungsweise reichlich ein Viertel drüber liegen, denke ich während der schier nicht enden wollenden Fahrt.
Oben angekommen, haben wir Mühe, auf dem durch den Regen äußerst schlüpfrig gewordenen knapp fünfzig Zentimeter breiten Holzbohlen genügend Halt zu finden.
Die Kälte fährt uns rasch in die Knochen. Nass und klamm werden die Finger zu nur schlecht und vor allem zögerlich funktionierenden Werkzeugen.
Regungslos, mit blau angelaufenen Lippen liegt der Mann auf dem Rücken.
»Atem- und Kreislaufstillstand, wir müssen sofort reanimieren.«
Ein fester Faustschlag vor das Herz, Herzdruckmassage. Währenddessen beatmet Frank, nachdem er dem Mann die Zahnprothesen entnommen und die Atemwege mittels Guedel-Tubus freigehalten hat, mit dem Beatmungsbeutel, welcher ans transportable Sauerstoffgerät angeschlossen ist und den Patienten mit einhundert Prozent Sauerstoff versorgt.
Bereits unsere ersten Bemühungen bringen das Herz wieder zum Schlagen. Das abgeleitete EKG zeigt zwar einige Aussetzer im Herzrhythmus, die übrigen Herzaktionen weisen allerdings ein normales Bild im Sinusrhythmus aus.
»Wir stabilisieren ihn erst und schieben dann den Beatmungstubus. Danach heben wir ihn auf den Balkon hier nebenan und wickeln den Abtransport über den Fahrstuhl des Hauses ab. Bernd soll uns schon mal im Herzzentrum anmelden. Patient, männlich, etwa sechzig Jahre, Reinfarkt, Zustand nach Reanimation. Wir intubieren ihn noch, zurzeit stabiler Zustand.« Frank nickt und gibt die Anwei-

sungen an den beim Hubschrauber verbliebenen Piloten per Handy weiter. Unter Mithilfe von zwei herzugeeilten Kollegen des Bauarbeiters heben wir den Patienten über die Balkonbrüstung. Der Mieter ist glücklicherweise daheim, sodass wir uns nicht gewaltsam Eintritt in die Wohnung verschaffen müssen. Das gibt retrospektiv immer ein riesiges Theater verbunden mit Unmengen an Papierkram. Auf dem geräumigen Balkon – endlich stabilen Boden unter den Füßen! – kann ich jetzt in aller Ruhe die Stimmbänder mit dem Spatel einstellen, den Tubus in der Luftröhre platzieren. Ich hatte darauf zu Anfang verzichtet, da dies doch eine gewisse Zeit in Anspruch nimmt und ich den Patienten nicht zu lange in einer Sauerstoffschuld belassen wollte, zumal eine suffiziente Beatmung über Maske keine Nachteile gegenüber der Beatmung über den Tubus aufweist. Mit dem Legen eines weiteren venösen Zugangs sowie eines Harnblasenkatheters, um die Ein- und Ausfuhr bilanzieren zu können, Gaben von Medikamenten zur Protektion des Herzens und zur Verbesserung der Rheologie, der Fließeigenschaft des Blutes, werden die Transportvorbereitungen zum Abschluss gebracht.
So vergeht noch fast eine halbe Stunde, ehe wir endlich starten können.
Nachdem wir den Patienten unter stabilen Kreislaufverhältnissen in der Uniklinik übergeben haben, heben wir in Dresden wieder ab.
Die Silhouette der alten Stadt an der Elbe begeistert mich immer wieder, besonders aus der Vogelperspektive. Trotz der Regenfälle der letzten Tage herrscht Niedrigwasser. Die Elbe ist nur ein Rinnsal. Ihre Ufersteine sind gut sichtbar, umrahmen den Fluss. Elbschiffer drängen sich ob der tatsächlichen Handbreit Wasser unterm Kiel in der Flussmitte. Die berühmte Augustusbrücke steht seeungeheuergleich achtbeinig mit ihren Sandsteinpfeilern und Bögen in einem Bett aus Kies und Wiese. Oper, Schloss, die stetig

an Größe und Aussehen gewinnende Frauenkirche – ich fühle mich richtig wohl hier oben, hoch über meiner Geburts- und Heimatstadt Dresden.
Geschlaucht und vor allem hungrig kehren wir am späten Nachmittag zur Basis nach Bautzen zurück. Bernd wirft den Tankwagen an, lässt sechshundert Liter Jet-A1 in den Hubschrauber laufen. Olaf säubert die Scheiben, kontrolliert die Triebwerke auf eventuelle Öllecks und checkt die Elektronik-Kompartments.
Ich treffe Frank wie so oft in der Küche. Er hockt vor dem weit geöffneten Kühlschrank. Ihm über die Schulter schauend entdecke ich jedoch nur gähnende Leere – im Kühlschrank und in seinen Augen!
»Hast du zufällig irgendwas zu essen mit?«, fragt Frank scheinheilig, wohl wissend, dass ich immer was Essbares in petto habe.
Bepackt kehre ich vom Auto zurück, die Klappbox ist randvoll gefüllt.
Pasta, Gorgonzola, Feta, Champignons, Schmand, Spinat, Zwiebeln, Knoblauch, Hühnerbrüste, Olivenöl.
Zunächst müssen die gefüllten Hühnerbrüste zubereitet werden – Zwiebeln andünsten, zum Spinat geben, Feta dazu. Damit die taschenförmig aufgeschnittene Hühnerbrust füllen, mit Holzstäbchen verschließen, anbraten in Olivenöl mit etwas Knoblauch. Parallel Brühe aufsetzen, Schmand dazu, darin den Käse schmelzen lassen. Die Hühnerbrust in die Soße geben und auf kleiner Flamme gar ziehen lassen. Nun noch die breiten Bandnudeln und los geht's.
Zeremoniell, vergleichbar einem Ritual, lasse ich die Jungs erst mal losessen, schaue, um eine Geste, eine Reaktion zu erhaschen, in ihre Gesichter.
Die wissen das inzwischen natürlich schon und versuchen möglichst ungerührt zu wirken, ganz gelassen zu bleiben.
»Könntet ihr vielleicht mal sagen, ob's euch auch schmeckt?!«

»Wie immer große Klasse«, antworten sie im Chor mit vollen Mündern und grinsen über das ganze Gesicht. Beruhigt fange ich an zu essen und glaube bei Franks nachträglichem Statement, dass mich der Schlag trifft.
»Deine Soße ist besonders lecker!«, höre ich Frank »vollmundig« sagen. »Die muss ich zu Hause auch mal machen. Ist die von Maggi?«
Dafür könnte ich ihm den Hals umdrehen! Bernd prustet vor Lachen die Pasta über den Tisch.
»Warum koche ich eigentlich für euch? Ich habe es anfangs nur geahnt, jetzt bin ich sicher, dass ihr nur Gourmands und keine Gourmets seit – wieder mal Perlen vor die Säue geworfen!« Franks Nacken verfärbt sich rot, wie stets, wenn er, aus welchen Gründen auch immer, in Verlegenheit gerät. Die Vorstellung, ich könnte von nun an meine Sorge ums leibliche Wohl der Crew in den Hintergrund treten lassen, verleiht den Beschwichtigungen der beiden fast schon die Züge sakraler Huldigungen. Diese Schlitzohren!
Bis zum Abend bleibt es ruhig. Ich bin über diesen Umstand nicht unglücklich, da es dieses Mal ein Achtundvierzig-Stunden-Dienst ist und somit etwas Zeit zum Auftanken der »Akkus« bleibt.
Es ist kurz nach 21 Uhr, als der nächste Einsatz für uns hereinkommt. Wir werden, bei gegenwärtiger Ermangelung eines Notarztes, unter der Diagnose »akute Atemnot« zu einem übergewichtigen Mann beordert.
Der Hubschrauber also nicht nur als Rettungsmittel, sondern auch als Notarztzubringer, eine noch viel zu selten praktizierte Möglichkeit zur schnellstmöglichen Hilfeleistung bei akuten Notfällen.
Bernd und Olaf hatten unsere BK 117 auf einem dem Wohngebiet nahe gelegenen Sportplatz abgestellt, die Eltern des 34-jährigen Mannes, bei denen er noch wohnt, erwarten uns schon an der Haustür.

»Unser Sohn bekommt seit zwei Tagen schlecht Luft und nun wird es immer schlimmer.« Eiligen Schrittes meistern wir die fünf Etagen bis zur Wohnung, betreten das »Kinderzimmer«. Vor uns liegt ein nach Luft schnappender Koloss von Mann.
»Wie viel wiegt Ihr Sohn so ungefähr?«, wende ich mich an das schon etwas betagte Elternpaar.
»Rund einhundertsechzig Kilogramm wog er vor einem Jahr, als er zum letzten Mal gewogen wurde.«
Unser Patient ist kurzatmig und schweißig. Der Pulsschlag ist erhöht, die Sauerstoffsättigung im Blut beträgt 80 Prozent, über 90 Prozent sollte sie mindestens liegen.
»Ich leg' ihm schnell einen Zugang, hol du den Sauerstoff und fordere einen Rettungswagen an, den kriegen wir nicht in den Hubschrauber. Und bringe Bernd und Olaf mit zum Umlagern.« Frank schließt noch schnell das EKG an und läuft dann zurück zu den Piloten. Mit vereinten Kräften wälzen wir das »Kindchen« auf die Seite, die Auskultation der Lunge lässt bei deutlichen klinischen Zeichen eine Pneumonie, eine Lungenentzündung, vermuten. Schnell drehen wir ihn wieder zurück, da er aufgrund der belastenden Seitenlage umgehend wieder in eine Atemnotsituation gerät. Seine Wangen plustern sich unter den schwerfallenden Atemzügen auf, mit hochrotem Gesicht japst er wie ein schlecht trainiertes Rennpferd nach dem Derby.
Inzwischen ist der Rettungswagen eingetroffen. Zwei Rettungssanitäter und ein Praktikant.
Zu acht wuchten wir den Mann auf die Trage, schleppen ihn zur Tür.
Das Treppenhaus des Altneubaus ist sehr eng, schlecht beleuchtet und bietet kaum Rangiermöglichkeiten. Auf jeder Etage finden sich ausladende Grünpflanzen, welche jedoch mehr als Gestrüpp anzusehen waren. Kaum eine wies mehr als ein Dutzend Blätter auf. Egal, wie wir uns drehen und wenden, weder mit der gegenwärtigen »Trä-

gerformation« noch mit einer reduzierten Crew von sechs Personen kommen wir hinunter. Was jetzt? Wie weiter?
»Los, zurück in die Wohnung«, fordere ich mit unter der Last langsam schwindenden Kräften.
Ein gemeinschaftliches, befreites Stöhnen geht durch den Raum, als wir die Trage wieder absetzen. Sechs ausgewachsene, nicht gerade schmalbrüstige Männer machen einen ziemlich erschöpften Eindruck.
»Einen, der allerdings nicht ganz so schwer war, haben wir mal über den Balkon mithilfe der Drehleiter von der Feuerwehr geborgen.«
Franks Idee scheint eine Überlegung wert zu sein.
Aber Drehleitern gibt es nicht an jeder Straßenecke.
Es dauert über eine Stunde, ehe die alarmierte Feuerwehr die Leiter auf festem Boden vor dem Balkon in Position gebracht hat.
»Welches Gewicht toleriert so ein Lastkorb?«, will ich vom Einsatzleiter wissen.
»Der ist für hundertzwanzig Kilogramm zugelassen«, bekomme ich knapp zur Antwort. »Unser Freund hier wiegt doch aber mindestens einhundertsechzig!«
Der Feuerwehrmann zieht die Schultern hoch, blickt skeptisch unter dem Helm hervor: »Es ist Ihre Entscheidung, Doktor.«
Ich berate mich mit Frank. Es ist momentan die einzige sich bietende Möglichkeit, der Patient muss rasch ins Krankenhaus, noch mehr Zeit verbleibt nicht.
Zunächst schnallen wir ihn auf der Trage fest, sichern zusätzlich mit Halteseilen. Jetzt zu zehnt, heben wir den Patienten über die Balkonbrüstung auf das Geländer des Tragekorbes an der Drehleiter. Am Korb wird die Trage eingeklinkt, zusätzlich mit Gurten fixiert. Ich glaube, ich bin mindestens genauso blass wie unser »Problemfall«, als dieser sich langsam in Bewegung setzt – ich fühle mich elend. Hoffentlich geht das gut!

Nach wenigen Minuten hat der Korb den sicheren Erdboden erreicht – es kam mir wie eine kleine Ewigkeit vor. Geschafft – glaube ich.
Das nächste »Transportproblem« lässt nicht lange auf sich warten, die Trage samt Patient passt nicht in den Rettungswagen. Gibt es denn so etwas?
In einem Spezialfahrzeug des Katastrophenschutzes langen wir schließlich nach geschlagenen vier Stunden Einsatzdauer im Krankenhaus an, wo der Patient sofort in der Intensivstation aufgenommen wird. Tage später erfahren wir, dass »unser Mann«, mittlerweile auf dem Weg der Rekonvaleszenz, stolze einhundertachtundsiebzig Kilogramm auf die Waage gebracht hatte. Wir hatten, so glaube ich, eine ganze Menge Glück bei unserer nächtlichen »Freiluft-Rettung«.
Am nächsten Morgen stehen wir, gut ausgeruht nach durchschlafenem Rest der Nacht, um 6.30 Uhr auf, schieben den Hubschrauber aus dem Hangar und melden uns Punkt 7 Uhr bei der Bautzener Rettungsleitstelle einsatzbereit, geben die Namen der diensthabenden Crew durch. Bernd hat unterdessen Kaffee und Eier gekocht, Brötchen aufgebacken, die kärglichen Reste des Kühlschrankinhaltes auf dem Tisch platziert. Nach dem einstündigen Frühstück, diesmal ohne Alarmierung, sucht sich jeder eine Beschäftigung, zieht sich zurück.
Bernd sitzt am Computer und gibt die Daten der letzten Tage ein, Olaf hat sich mit Reinigungsmitteln und einer riesigen Papierrolle bewaffnet und bringt unseren »Vogel« gemeinsam mit Frank auf Hochglanz. Ich bin nach der Ausrichtung der gestrigen »Pasta-Orgie« von den Reinigungsarbeiten exkulpiert. Nach einigen interessanten chirurgischen Fachartikeln greife ich zur »leichten« Lektüre – Samuel Shems »House of God«, dem Kultroman der Jungmediziner-Generation. Erzählt wird über den Klinikalltag an Krankenhäusern in seiner genuinen, seiner ursächlichen Erscheinungsform.

Shem, selbst Arzt und ausgewiesener Kenner der Materie, beschreibt darin den Weg von sechs jungen Ärzten am Anfang ihrer Ausbildung. Voller Enthusiasmus beginnen sie ihr erstes Klinikjahr, beseelt vom Wunsch, Menschen zu helfen, sie zu heilen. Doch ihre Ideale werden rasch fortgerissen im Strudel des ärztlichen Alltags. Sie werden, da sie auch die Schattenseiten der modernen Medizin kennenlernen, zynisch, verzweifelt, gleichgültig, distanziert und ruhelos.

Ihr großes Ziel aber behalten sie stets im Auge – am Ende dieses quälenden Jahres wirkliche Ärzte zu sein. Sie werden mit hohen Erwartungen konfrontiert, die der Patient an sie stellt, in Erwartung umgehender Gesundung: »Die Kranken glauben, dass die Ausbildung zum Arzt, sein Wissen, die heilige Hingabe zum Beruf jede Unsicherheit, jedes Zaudern, jeden Ekel ausgemerzt hat, den sie selbst empfänden, wären sie an der Stelle der Mediziner. Blut, Erbrochenes und Eiter soll sie nicht abstoßen, Senilität und Demenz soll nicht erschrecken, es soll ihnen nichts machen, in die glitschigen Schlingen innerer Organe zu fassen, mit Krankem oder Ansteckendem umzugehen. Das Fleisch und seine Krankheit sei etwas Abstraktes, das, kühl schematisiert, rasch in eine unfehlbare Diagnose umgesetzt und effektiv behandelt werden solle«, kolportiert Shem seine Sicht auf die Ambivalenz des Arztdaseins im rauen Klinikalltag, postuliert Menschlichkeit, ermahnt fingererhebend die Verfechter hierarchischer Strukturen.

Für mich als potenziellen Insider ist es erstaunlich, festzustellen, wie viele Parallelen und Überschneidungen zu unserem Klinikalltag hier in deutschen Landen in diesem Buch geschildert werden. Die Charaktere der »Führungskräfte«, das Niederhalten aufstrebender junger Leute und nicht zuletzt das Krankengut – die Oma, welche seit einer Woche nicht mehr »kacken« kann, wird meist durch ihren Hausarzt in der Nacht zum beginnenden Wochenende ein-

gewiesen – die Jungs im Krankenhaus haben ja sonst nichts zu tun, übertherapierte alte Leute, deren Wunsch nach Ruhe und Frieden medikamentös ruhiggestellt wird, Hinfällige, die zwischen den einzelnen Fachabteilungen rotieren.
Einige Dutzend Seiten später reißt uns der Pieperalarm aus der Ruhe. Bergunfall in der Sächsischen Schweiz, lautet die erste kurze Benachrichtung auf dem Display.
Die Hubschrauberblätter drehen schon auf vollen Touren, als Frank und ich die Schiebetür öffnen, im Innenraum Platz nehmen. Anschnallen, Headsets auf, schon heben wir ab.
Der wolkenlose Himmel und die voraussichtliche rund zwanzigminütige Flugzeit lassen uns den Blick aus den Fenstern genießen, einige nicht ganz jugendfreie Witze machen die Runde.
Etwas Aufdringliches, Schwarzes schwirrt mir vorwitzig und permanent unmittelbar am Gesicht vorbei.
»Habt ihr den dicken Brummer hier drin schon bemerkt?«, frage ich, die ausgewachsene Fliege immer fest im Visier behaltend. Der animalische Jagdinstinkt war in mir geweckt.
»Ich hoffe, dass ich ihn schnell erwische, damit er euch da vorn beim Fliegen nicht stören kann.«
»Überlege dir gut, was du tust, Tino!«, gibt Bernd nachdrücklich zu bedenken. »Sie ist schließlich auch ein Flieger – so wie wir!«
Je näher wir aber dem Unfallort kommen, umso mehr steigt unsere Anspannung, zieht Ruhe an der Sprechanlage im Hubschrauber ein. Die Piloten konzentrieren sich auf die Landung inmitten eines kleinen Tals, Frank und ich checken den Rucksack, prüfen die Schnüre unserer Stiefel. Nach den nächtlichen Regenfällen werde ich mit meinen neuen und nicht ganz billigen Bergstiefeln auf dem felsigen Untergrund des Elbsandsteingebirges sicherlich gut bedient sein, bin ich überzeugt.

Zwei Kameraden der Bergwacht erwarten uns schon am Landeort, den sie zuvor für uns ausgesucht und vorbereitet hatten. Die übrigen Mitglieder der Bergrettung sind bereits auf dem Weg zum abgestürzten Bergsteiger. Rescuebag, Rucksack, Halsstützen, Luftkammerschienen zur Versorgung von Frakturen, mobiles Beatmungsgerät – ich hoffe, wir haben alles Nötige dabei.
Der Weg zum Unfallort ist weit, ein Stück mit dem Krankenwagen der Bergwacht bis zum Fuß der Felsenformation, anschließend einen guten Kilometer steil bergan. Vergessene Dinge zur notfallmäßigen Versorgung lassen sich dann nicht so leicht beschaffen, der Rückweg wäre viel zu lang und kräfteraubend, würde zu viel Zeit beanspruchen.
»Der Mann liegt schwer verletzt auf einem Felsvorsprung, ungefähr fünf Meter unterhalb des Gipfels, er ist am feuchten Fels abgerutscht und ungesichert in die Tiefe gestürzt. Wir sind jetzt bei ihm. Er ist noch bei Bewusstsein, hat offensichtlich beide Beine gebrochen, blutet stark am Kopf, zeigt sichere Zeichen einer Gehirnerschütterung«, erfahren wir über Funk. »Wir werden ihn euch entgegenbringen, hier oben passen so gerade zwei Personen nebeneinander hin, wir hoffen, dass wir in der Nähe einen geeigneteren Platz finden, wo ihr ihn versorgen könnt.« Ich bin erleichtert über diese Mitteilung. Es ist nicht unbedingt mein Ding, auf einer Fläche von einem Quadratmeter in luftiger Höhe am Abgrund einen Verunfallten zu versorgen. Eiligen Schrittes und völlig außer Atem langen wir am »Rendezvouspunkt« an. Franks Kopf glüht unterdessen wie ein Spielautomat, der gerade den Jackpot ausschüttet.
»Ich glaube, ich muss gleich selbst an den Sauerstoff«, keucht er. Ich sage vorsichtshalber erst gar nichts, brauche das gesamte Atemvolumen, um mich schnell einigermaßen zu erholen, stütze mich mit den Händen vornübergebeugt auf den Knien ab. In den derben Bergschuhen scheinen meine Füße zu kochen.

Der Bergsteiger wurde schon in eine stabile Seitenlage gebracht, er ist bei Bewusstsein, das Blut läuft vom Kopf und an beiden Beinen herab auf den sandigen Untergrund. Vorsichtig, mit vereinten Kräften legen wir den Mann auf die mitgebrachte Trage, schneiden die Hose entlang der Hosenbeine auf, öffnen die Jacke, durchtrennen das T-Shirt. Der junge, durchtrainierte Sportsmann weist stabile Kreislaufverhältnisse auf, Lungen- und Herzfunktion zeigen sich normal.
Die Verletzungen an beiden unteren Extremitäten erweisen sich als gravierend. Beide Sprunggelenke sind stark disloziert, weichen fast 90 Grad von ihrer anatomischen Normalstellung ab und beeinträchtigen erheblich die Durchblutung der Füße. Diese fassen sich kühl an, sind von blassem Aussehen. Die Fußpulse an typischer Stelle sind entweder gar nicht oder nur sehr schwach zu tasten. Die Haut über den Knöcheln ist abgeledert, hängt in Fetzen herab. Der rechte Oberschenkel ist deutlich verdickt und etwa in der Mitte von seiner eigentlichen Achse abweichend. Beide Beine sind von Hämatomen übersät und bluten diffus aus multiplen Schürf-, Quetsch- und Platzwunden.
Kaum ein Areal ist unversehrt geblieben. Der schlanke Bauch lässt sich gut untersuchen, ist eindrückbar, weist keine Prellmarke auf. Im Bereich der Wirbelsäule beklagt der Kletterer Klopf- und Druckschmerzen am Übergang der Brust- zur Lendenwirbelsäule, so auch über der rechten Niere. Der Brustkorb scheint nach dem ersten klinischen Check unverletzt, die Lunge entfaltet sich seitengleich, der Klopfschall ergibt keinen Hinweis auf pathologische Veränderungen. Keinerlei Verletzungen auch in der Halsregion. Die Arme sind frei beweglich, bei meinem Griff an das rechte Handgelenk schreit der Mann mit schmerzverzogener Miene auf. Das typische Knirschgefühl, welches vom Aneinanderreiben der Frakturfragmente herrührt,

welches man unter den Händen spürt, wenn man frakturierte Knochen bewegt, stellt das sichere Zeichen eines Knochenbruchs dar.
Die etwa zehn Zentimeter lange, bis auf den Schädelknochen reichende Platzwunde klafft auf der rechten Schädelhälfte über dem Ohr und blutet stark. Die Pupillen sind seitengleich mittelweit, rund, reagieren prompt auf das Licht aus der Taschenlampe, indem sie sich verengen. Auf die Fragen nach den Ereignissen vor und nach dem Unfall kann unser Patient nur unvollständige Angaben machen. Auf der Glasgow-Coma-Skala, welche uns eine Quantifizierung der Bewusstseinslage von Patienten mit Schädel-Hirn-Traumata anhand einer Tabelle erlaubt, erreicht er vierzehn von fünfzehn möglichen Punkten. Ein für die Prognose seiner Kopfverletzungen sehr guter Wert. Anhand dieser Skala werden das Öffnen der Augen spontan, auf Ansprache oder erst auf Schmerzreize, die motorischen Reaktionen sowie die verbalen Äußerungen bewertet, welche Rückschlüsse auf die Schwere der intrakraniellen Verletzungen sowie die Prognose zum Heilungsverlauf ableiten lassen.
Summa summarum haben wir es hier zweifellos mit einem polytraumatisierten Patienten zu tun. Die Verletzungen, jede für sich gesehen, erscheinen nicht gravierend, im Komplex gesehen stellen sie eine lebensbedrohende Situation dar. Ich bespreche alle Details meiner Vorgehensweise mit dem Patienten. Zur schonenden Bergung des Mannes, immerhin lag vor uns noch ein Fußmarsch durch steil bergab führendes, zum Teil holpriges Gelände, erfordert zunächst ein künstliches Koma mit maschineller Beatmung über den Tubus, verbunden mit der groben Einrichtung und Schienung der mindestens vier Knochenbrüche. Erleichtert und froh, dass ihm geholfen wird, ein Ende der starken Schmerzen abzusehen ist, stimmt der Verunglückte zu.

Vier Mann, an jeder Ecke jeweils einer, sind mit dem Transport der Trage bergab voll beschäftigt. Ich halte das Beatmungsgerät, achte darauf, dass der Beatmungstubus seine Lage nicht verändert. Frank behält den am Kopfende der Trage hängenden Überwachungsmonitor im Auge, teilt mir intermittierend die jeweils aktuellen Parameter mit. Wir sind alle ziemlich fertig und geschafft, als wir endlich den Hubschrauberlandeplatz erreichen.
Unsere Piloten hatten wir per Handy schon über unsere voraussichtliche Ankunftszeit und das angetroffene Verletzungsmuster in Kenntnis gesetzt. Bernd organisierte daraufhin die Krankenhauszubringung.
»Wir fliegen ihn in die Uniklinik. Die erwarten uns schon. Wenn alles planmäßig läuft, benötigen wir von hier nicht mal fünfzehn Minuten«, teilt er mit, öffnet die Hecktür des Hubschraubers und dreht die Sauerstoffzufuhr auf.
Unter Mithilfe der Kameraden der Bergwacht wird der Patient im Inneren der BK 117 »verstaut«. Wir bedanken uns für die gute und routinierte Zusammenarbeit, machen uns auf dem Luftwege in Richtung Landeshauptstadt auf. Gegen 21 Uhr, der Feierabend sollte schon vor zwei Stunden beginnen, erfolgt nach einem kurzen Tankstopp auf dem Dresdener Flughafen die Landung auf der Basis in Bautzen. Unsere Ablösungen warten schon an der Landeplattform. Frank übergibt seinem Nachfolger das medizinische Equipment, informiert über verbrauchtes Material. Ich berichte meinem ablösenden Notarztkollegen über die Ereignisse der letzten achtundvierzig bewegten Stunden. »Es gab keine besonderen Vorkommnisse, war alles wie immer.«
Pieper und die Schlüssel zur Unterkunft überantworten, meine Sachen schnappen und Verabschiedung bis zum nächsten Mal, Schulterklopfen für Frank und die Piloten. »See you!«
Geschafft. Ausgelaugt lasse ich mich in den bequemen Sitz meines Autos fallen. Begleitet von den leisen Tönen

Herman van Veens, in Gedanken jedoch noch beim Erlebten des vergangenen Dienstes, fahre ich nach Hause.
Im Kühlschrank herrscht wie so oft gähnende Leere. Irgendwo im Keller findet sich aus besseren Zeiten noch eine längst vergessene Flasche Merlot.
»Bewaffnet« mit einem großen Glas jenes guten Rotweins tauche ich in die mit heißem Wasser und bis zum Rand mit Schaum gefüllte Badewanne ein, genieße einen dieser seltenen Momente ausgiebig. Ruhe und Entspannung.
Anschließend noch mal ins Internet – man muss ja schließlich wissen, wie die »Aktien« stehen. Ich hätte es besser bleiben lassen sollen!
Noch die neuen E-Mails abrufen. Unter anderem haben Holger und Katrin geschrieben, berichten über ihr Leben und schicken Grüße vom anderen Ende der Welt. Wie gern wäre ich jetzt bei euch in Australien!
Aussie salute!
Zeit – eigentlich bräuchte ich unendlich viel mehr von ihr.

Brandmale

Immer noch schockiert, zugleich über alle Maßen erregt, dabei kreidebleich und völlig fassungslos steht der diensterfahrene Lokführer kopfschüttelnd neben dem Rettungswagen.
»Schon etwa drei Kilometer vom Bahnhof Heidenau entfernt habe ich einen Feuerschein bemerkt, im Bahnhof bei langsamer Fahrt dann noch einmal, bloß heller und länger. Da habe ich gestoppt, um nachzuschauen.«
Diese Feuererscheinungen stellen sich als Lichtbögen heraus. Ausgelöst hatte diese ein S-Bahn-Surfer, der auf dem Dach der Bahn offensichtlich zweimal mit der Hochspannungsleitung in Kontakt geraten war. Nach dem Zughalt fiel der 18-jährige Bursche bewusstlos mit schwersten Verbrennungen an beiden Armen und am gesamten Rücken sowie an den Füßen vom Dach herab auf die Gleise.
Der Krankenwagen steht auf dem Bahnsteig im Licht des düsteren Bahnhofs. Polizei und Rettungskräfte laufen geschäftig umher. In der Luft hängt der süßliche Geruch von verbranntem Fleisch.
Im Rettungswagen selbst ist der Geruch noch viel intensiver, schier unerträglich. Mittendrin der vor Schmerzen wimmernde Junge. Das sich bietende Bild ist grauenvoll. Der diensthabende Notarzt scheint mit der außergewöhnlichen Situation offensichtlich überlastet. Die Suche nach möglichen peripheren Zugängen zur Medikamenten- und Flüssigkeitsverabreichung hatte er aufgrund der schweren Verbrennungen an den oberen Extremitäten aufgegeben. Schmerzmittel waren lediglich intramuskulär verabreicht worden, konnten allerdings derartig appliziert kaum ihre eigentliche Wirkung erreichen. Unschwer lassen sich die drittgradigen Verbrennungen als Folge der Stromeinwirkung, als Ein- und Austrittsmarken des Lichtbogens deklarieren. Einige großflächig verbrannte Hautbezirke ähneln

der Oberfläche von Wachskabinettfiguren: bleich, extrem verhärtet und nicht auf der darunterliegenden Gewebeschicht verschiebbar. An anderen Stellen fehlt die schützende Haut gänzlich, ist weggebrannt. Die Hände sind zum Teil zusammengeschrumpft, sehen aus wie Klauen. Ungefähr fünfzig Prozent der Körperoberfläche sind thermisch geschädigt, meist dritt-, also hochgradig.
Die sich daraus ableitenden Überlebenschancen des jungen Mannes betragen kaum mehr als fünfundzwanzig Prozent – verdammt wenig.
So schwere Verbrennungen waren mir bisher nur in den Vorlesungen meiner Studentenzeit demonstriert worden. Eine Vielzahl pathophysiologischer Mechanismen werden durch das Verbrennungstrauma in Gang gesetzt, die Verbrennungskrankheit resultiert daraus. Toxine, Gifte aus den verbrannten Hautarealen werden freigesetzt, lösen die Ausschüttung körpereigener Substanzen, sogenannter Mediatoren aus, welche zur nachhaltigen Kreislaufdestabilisierung bis hin zum Kreislaufversagen beitragen. Die Durchlässigkeit kleinster Blutgefäße wird erhöht, Volumenverschiebungen auch im unverbrannten Gebiet sind die Folge. Über die großen Wundflächen geht ein extremer Wärmeverlust vonstatten. Dies versucht der Körper anfangs durch eine Forcierung des Energiehaushaltes zu kompensieren, es entsteht ein abnormes Energiedefizit, welches extern aufgefüllt werden muss. Die Immunabwehr ist herabgesetzt, daraus resultiert eine ausgeprägte Infektionsgefahr, die Wunden sind für Allerweltskeime empfänglich. Ansonsten ungefährliche Bakterien bergen unter diesen Umständen ein brisantes Infektionspotenzial. Und all das stand dem Jungen hier noch bevor.
Bei unserem Eintreffen sind die verbrannten Areale zum großen Teil nur ungenügend versorgt, die Schmerzbekämpfung ist nur halbherzig in die Tat umgesetzt. Seit dem Unfall war über eine Stunde vergangen. In dieser

Zeit hätte man für den Patienten schon ein wenig mehr tun können, tun müssen. Warum leidet er nach so langer Zeit noch immer Höllenqualen? Unverständlich.
Manchmal wünschte ich mir eine Art der Qualitätssicherung für die Notarzttätigkeit, die eben nicht nur aus einladen und ab in die nächste Klinik besteht.
Das Einholen des Flugwetters und die Erstellung des Nachtflugplanes sowie der zwanzigminütige Flug von der Basis in Bautzen bis hierher hatten kein früheres Eintreffen unsererseits zugelassen. Er musste also schon über eine Stunde so daliegen.
Zunächst schneiden wir die Kleidungsstücke auf oder das, was von Turnschuhen, Jeans und T-Shirt noch übrig geblieben, nicht verbrannt ist und zum Teil aufgrund der Hitzeentwicklung fest an der Haut haftet, legen die Wunden vorsichtig frei. Wir haben Glück, beide Oberschenkel sind weitgehend unversehrt. Etwa mittig, in der rechten Leistenbeuge lässt sich kräftig der Puls der Oberschenkelarterie tasten. Der Anatomie folgend, musste etwas einwärts davon die ungefähr fingerstarke tiefe Oberschenkelvene liegen, der ideale Ort zur Platzierung eines großvolumigen Zuganges im vorliegenden Notfall.
Deren Anpunktion gestaltet sich problemlos. Über die liegende Nadel wird ein dünner Führungsdraht platziert und die Punktionsnadel entfernt, während der Draht in der Vene verbleibt. Nun können wir einen dünnen Schlauch auf den liegenden Draht auffädeln und ihn ins Gefäß vorschieben. Entfernung des Führungsdrahtes. Es verbleibt der venöse Katheter, über welchen Medikamente wie Analgetika, Antibiotika, Narkotika u. ä. appliziert und der Flüssigkeitsverlust des Brandopfers mit Ringer-Lactat, einer Infusionslösung, ausgeglichen werden kann.
Gleiches Vorgehen nun in der linken Leistenbeuge. Dadurch stehen zwei gut funktionierende, robuste Zugänge zur Verfügung, essenzielle Voraussetzungen für eine hin-

reichende Volumensubstitution, da besonders Patienten mit Verbrennungswunden einen exzessiven Flüssigkeitsverlust über die bestehenden großen Wundflächen, von denen die schützende Haut weggebrannt ist, erleiden.
Vorsichtig decken wir die Wunden mit sterilen, feuchten und gut kühlenden Kompressen ab, verabreichen Schmerzmittel, infundieren großzügig. Umgeben wird der Patient mit dem Burn-Pack, einer speziell für Brandverletzte entwickelten Abdeckung, welche aufgrund ihrer Beschaffenheit den Flüssigkeitsverlust über die verbrannten Hautareale einschränken soll. Sie ermöglicht eine sterile Abdeckung der Wunden, bewirkt eine kontinuierliche Kühlung der verbrannten Flächen bei gleichzeitigem Schutz vor einem generalisierten Wärmeverlust.
Langsam kommt der Junge zur Ruhe, hört auf mit dem permanenten und nervtötenden Stöhnen. Peinlich genau dokumentiert Frank Ort, Schweregrad und Ausmaß der Verbrennungen, die Dosierungen der verwendeten Medikation und Volumenersatzlösungen, die Parameter von Herz und Kreislauf sowie der Atmung.
Vor der Umlagerung in den Helikopter versetzen wir den jungen Mann ins künstliche Koma. Der extreme Stromdurchfluss hat besonders an Stellen mit vermehrter Dichte, also hohem Widerstand und damit vermehrter Wärmeentwicklung und -speicherung, gravierende Folgeschäden hinterlassen. Knochennahe Muskelverkochungen haben zur Schrumpfung der Muskelfasern geführt, die betroffenen Gelenke sind in Beugestellung fixiert.
Periphere Gefäße sind wie zugeschweißt, die sich anschließenden Strukturen nicht mehr durchblutet. Nach Ende einer von Organ zu Organ stark differierenden Hypoxietoleranzzeit, der Zeit, die ein Organ unbeschadet ohne Durchblutung und damit ohne Sauerstoffzufuhr toleriert, beginnt der Zelluntergang, das Absterben des Organs

oder des Organteils. Leider hat es die Natur so eingerichtet, dass die lebenswichtigsten Organe ob ihrer subtilen Strukturierung diese Situationen der Sauerstoffschuld am schlechtesten verkraften. Sie können diese lebensbedrohende Konstellation nur kurzzeitig kompensieren.
Es ist größte Eile geboten, um den Patienten schnellstmöglich einem Verbrennungszentrum zuzuführen, wo ihm, im künstlichen Koma gehalten, ein gewisser Anteil seiner vitalen Funktionen apparativ über eine bestimmte Zeit aufrechterhalten werden kann. Die sistierende Nierenfunktion wird durch Dialysen ersetzt, die Beatmung erfolgt maschinell, das Herz kann medikamentös unterstützt, gegebenenfalls apparativ stimuliert werden.
Es gestaltet sich äußerst schwierig, den rigide verspannten Körper des jungen Mannes im Hubschrauber unterzubringen. Die Arme stoßen an den Seitenwänden an. Trotz Relaxation verbleiben Ellenbogen- und Kniegelenke in Beugestellung, eine optimale Lagerung ist fast unmöglich. Irgendwie gelingt es schließlich doch.
Eigentlich wären wir nun zum Abflug bereit, noch mangelt es aber am Wichtigsten, einem Bett in einem der Brandverletztenzentren.
Seit unserer Ankunft am Notfallort telefoniert Bernd ununterbrochen, sucht verzweifelt eine mögliche Anlaufstelle. Sämtliche Betten auf den Intensivstationen der umliegenden »Verbrennungszentren« sind belegt. Man darf sich da als Außenstehender nicht Hunderte von Möglichkeiten vorstellen. Diese äußerst kostenintensiven Abteilungen sind rar und fast immer vollständig belegt, zumal im Osten Deutschlands erst im Entstehen begriffen.
In Deutschland geschehen jährlich rund 9500 schwere Verbrennungsunfälle, tausend davon nehmen einen tödlichen Verlauf. Nicht selten sind Transporte über mehrere Hundert Kilometer nötig, um das »nächstgelegene« Verbrennungsbett zu erreichen. Ich erinnere mich an einen

Unfall durch Blitzschlag im letzten Jahr auf einem Volksfest, drei der sieben Verletzten bedurften eines ITS-Bettes im Verbrennungszentrum.
Sie wurden deutschlandweit ausgeflogen – Murnau, Bad Homburg, Berlin.
Wir haben Glück, können das Sankt-Georg-Krankenhaus Leipzig mit seinem neu errichteten Zentrum für Schwerstbrandverletzte anfliegen.
Unser Patient ist inzwischen zwar transportfähig, sein reduzierter Zustand lässt sich durch unsere Maßnahmen jedoch kaum verbessern, wenigstens aber stabilisieren. Auf dem Flug bereiten die schwankenden Kreislaufreaktionen unter der Narkose erhebliche Mühe, lassen sich nur schwerlich korrigieren. Es sind erste Vorboten der einsetzenden Verbrennungskrankheit.
Im Brandverletztenzentrum angekommen, werden sofort nach der Aufnahme des Patienten die abgestorbenen Hautareale chirurgisch abgetragen, um eine weitere Toxin- und Mediatoreneinschwemmung zu unterbinden. Geschrumpfte Hautbezirke, welche die darunterliegenden Strukturen wie Muskeln, Nerven und Gefäße komprimieren, zur Minderdurchblutung bis zur Bewegungsunfähigkeit der betroffenen Extremität führen, werden gespalten, um die Durchblutung wieder freizugeben. Im künstlichen Koma über Tage oder Wochen belassen, wird anschließend auf der Intensivstation versucht, die Symptome der Verbrennungskrankheit in den Griff zu bekommen. Parallel dazu werden plastische Deckungen der vormals verbrannten Hautareale vorgenommen. In den meisten Fällen ist die zur Verfügung stehende Eigenhaut, welche, an definierten Stellen wie der Haut des Oberschenkels oder Bauches entnommen und durch ein spezielles Verfahren in eine Gitterstruktur gebracht, in der Fläche bis auf das Fünf- oder maximal Neunfache vergrößert werden kann, nur sehr begrenzt. Oft sind die Entnahmestellen mitgeschädigt, stehen

daher nicht zur Verfügung. Bei Patienten mit über fünfzig Prozent Hautverlust kann eine plastische Deckung mit Eigenhaut nicht mehr realisiert werden. Alternativ bleibt der Einsatz von Kunsthaut oder die Anzucht von körpereigenen Zellkulturen in Nährlösungen. Ohne diese Verfahren könnten die Brandopfer nicht überleben.

Der Ersatz mit artifizieller, künstlicher Haut hat in der gegenwärtigen Forschung das experimentelle Stadium verlassen und beginnt sich in der Klinik zu etablieren. Der Bedarf an derartigen Hautersatzverfahren zum Verschluss akuter Wunden, wie im Falle von Verbrennungen, aber auch von chronischen Defekten, ist enorm.

Der Hautersatz soll in erster Linie die Eigenschaften der menschlichen Haut kopieren. Er muss eine gute Adhärenz, eine Verbindung mit dem Wundbett eingehen, eine Barriere für Keime, die zur Infektion führen können, darstellen. Das Grundgerüst muss unschädliche und entzündungshemmende Fähigkeiten aufweisen. Er sollte die Wundheilungsvorgänge anregen, lokale Abwehrmechanismen unterstützen – eine schwierig umzusetzende Komplexität an Anforderungen.

Zukünftige Entwicklungen suchen künstlichen Hautersatz in biotechnologische Synthese mit körpereigenen Haut- oder Bindegewebszellen zu bringen.

Die Anzüchtung körpereigener Zellkulturen, sogenannte Keratinozytenkulturen, die aufgrund ihrer Abstammung aus dem Gewebe des potenziellen »Hautempfängers« keine Fremdkörperreaktionen bis hin zur Abstoßung hervorrufen, stellt natürlich die beste Variante für den Hautersatz des Patienten dar, ist jedoch äußerst zeitaufwendig und teuer.

Um eine Fläche von nur fünf mal fünf Zentimetern der Zellkulturen, den Sheets, herzustellen, benötigt man zwei Wochen. Fünfundzwanzig Quadratzentimeter, gemessen am Gesamtausmaß der Läsionen eine eher geringe Fläche,

kosten vierhundert Euro. Die Anwendung derartiger Zellkulturen bleibt daher Brandverletzten mit mehr als fünfzig Prozent betroffener Körperoberfläche oder brandgeschädigten Kindern vorbehalten.
Der S-Bahn-Surfer stirbt vierzehn Tage nach seiner Einlieferung in die Klinik am nicht mehr zu beherrschenden Multiorganversagen, basierend auf den Komplikationen der Verbrennungskrankheit.
Unsere vierjährige Patientin, welche sich durch das Umschütten einer Kaffeekanne Verbrühungen zweiten bis dritten Grades an rund dreißig Prozent der Körperoberfläche, am Bauch und an den Armen, zuzog und die wir drei Wochen später nachts in ein Brandverletztenzentrum mit Spezialisierung für Brandopfer im Kindesalter fliegen, sollte mehr Glück haben. Noch in der gleichen Nacht wurden körpereigene Zellen des kleinen Mädchens nach Boston versandt. Dort züchtete man die Zellkulturen an, welche dem Kind, anschließend in Deutschland verpflanzt, die Hautdefekte plastisch decken sollen.
Das Kind hat all das mit der Verbrühung und der Behandlung verbundene Procedere überlebt, sich erholt und mittlerweile die Klinik verlassen.
Basierend auf meinen Erfahrungen mit operativen Narbenkorrekturen bei Verbrennungen im Kindesalter, mit denen wir uns in der plastisch-chirurgischen Abteilung unserer Klinik nicht selten konfrontiert sehen, steht dem Kind allerdings noch ein erheblicher Leidensweg und eine noch unbestimmte Zahl an Operationen mit wochen- bis monatelangen Krankenhausaufenthalten bevor. Die aufgetragene Ersatzhaut hat einfach nicht die Qualität der ursprünglichen, unverbrühten Haut. Sie bildet Vernarbungen, Narben wachsen nicht mit, korrigierende Eingriffe sind notwendig. Neben der Haut sind natürlich auch andere Bereiche der Weichteilgewebe betroffen. Sehnen und Muskulatur schrumpfen, funktionieren nicht regelrecht,

lassen angrenzende Gelenke versteifen. Geschädigte Nerven und Blutgefäße führen zu Gefühlsstörungen und Minderdurchblutungen.
Unlängst brachte unsere plastische Chirurgin über sechs Stunden an vier Fingern der verbrühten Hand eines 11-jährigen Jungen zu. Das Wachstum der Hand und die Narbenbildung schränkten die Fingerbeweglichkeit mittlerweile so sehr ein, dass sie gebrauchsunfähig wurde, da die Finger in Beugestellung fixiert blieben. Es erfordert eine enorme präoperative Planung und postoperative Nachsorge, ganz abgesehen vom operativen Eingriff selbst. Stellt sich dann der gewünschte Erfolg postoperativ ein, ist dies der schönste Lohn für alle unsere Bemühungen.

Nachtflüge II

Wieder einmal ist der Tagdienst ohne Einsatz vergangen. Langeweile pur: essen, fernsehen, quatschen, fernsehen, essen, schlafen, lesen, quatschen, fernsehen, essen.
Heute Abend beendet Bruce Springsteen im New Yorker Madison Square Garden seine legendäre 2000er-Welttour. Das Konzert soll zugleich als Mitschnitt für das aktuelle Live-Album dienen.
Dies wollte ich eigentlich miterleben, seine unglaubliche Performance, diese schon sagenumwobene Power vor Ort spüren. Aber es kam wie so oft anders – wieder einmal.
Am Funk die aufkommenden Rettungseinsätze mithörend, hatten sich ein bis zwei Möglichkeiten ergeben, um auf unsere Hilfe zurückzugreifen.
Als ich am Morgen jedoch die mir mit der Zeit vertrauten Stimmen der diensttuenden Rettungsstellenbesatzung hörte, war mir schon in ressentimentlosen Vorahnungen klar, dass es ein flauer Tag werden würde.
Manchmal wünschte ich mir schon, einige dieser Leute wären besser mit den Indikationslisten der Luftrettung vertraut, würden den Hubschrauber als normales, schnell verfügbares Rettungsmittel und Notarztzubringer sehen. Es wäre sicher sinnvoll, das Leitstellenpersonal aus Rettungsassistenten und -sanitätern zu rekrutieren, welche intermittierend im Rettungsdienst auf der Straße oder in der Luft tätig sind. Sie könnten dann sicherlich objektiv die Brisanz der Verletzungsmuster oder die Schwere der Erkrankungen einschätzen, daraus resultierend Prioritäten setzen. Es kostet oft viel Mühe und Nerven, sich als Notarzt gegenüber den Vorstellungen des Leitstellenpersonals zu behaupten. Diese haben ihre Schemata, schlaue Listen und Vorschriften, welche dienstbeflissen abgearbeitet werden. Aber vor mir liegt der Patient, dem die vorschriftsmäßig angeordnete Einlieferung ins nächstgelegene Kran-

kenhaus nicht weiterhilft, der spezieller Diagnostik und Therapie bedarf.
So geschehen, als ein Patient mit Verdacht auf eine Fraktur der Halswirbelsäule aus der Ambulanz unseres Krankenhauses von Heidenau nach Dresden verlegt werden musste. Ein minutenlanger Disput entfaltete sich: Wer soll den Patienten begleiten? Ist es eine normale Verlegung oder eine Verbringung? Muss die Rettungsleitstelle den Notarzt stellen oder wir? Wenn ja, woher ihn zwei Stunden vor Mitternacht nehmen? Die Klinik ist allemal personell am Rande des Erlaubten und Machbaren besetzt.
Der betrunkene Patient begann unterdessen die Einrichtung der Ambulanz zu zerlegen. Die Luft der Ambulanz war angefüllt vom Geruch hochprozentiger alkoholischer Getränke gemischt mit dem süßlichen Gestank von Erbrochenem, das sich auf dem Fußboden auszubreiten begann. Aus der alten Cordhose des Typen ließen sich sicher mühelos ausreichende Mengen für eine Stuhl- und Urinprobe gewinnen – Notfallambulanz, hier pulsiert noch das Leben!
Aber der »Herr« am anderen Ende der Leitung wollte oder konnte mein Ansinnen einfach nicht begreifen.
»Bitte schicken Sie uns umgehend einen Rettungswagen mit Notarzt, ich habe den Patienten hier, trage die Verantwortung und benötige dringend diesen Transport nach Dresden zur Computertomografie!«, beendete ich die leidige Diskussion.
»Solche Arschgeigen«, entfuhr es mir, im Auflegen des Hörers begriffen.
Missmutig griff ich erneut zum Telefonhörer, als der mittlerweile langsam an den Nerven zerrende Apparat zehn Sekunden später schon wieder klingelte.
»So, ich habe hier alles auf Band aufgezeichnet! Sie haben zu mir Arschgeige gesagt! Daaas, das lasse ich mir nicht gefallen! Daaas, das wird ein Nachspiel für Sie haben!«

Die Stimme am anderen Ende der Leitung klang vor lauter Selbstmitleid fast weinerlich.
Bin ich denn hier im falschen Film, dachte ich, konnte es kaum fassen. Wir rangen hier mit dem Alkoholiker, welcher sich in seinem Rausch offensichtlich erheblich verletzt hatte, und die Jungs beschwerten sich über alle Maßen.
Hatten die wirklich nichts anderes zu tun?
Wäre der tot umgefallen, wenn ich ihm verklickert hätte, was ich wirklich über ihn dachte?
»Ich werde den Vorfall gleich morgen früh der leitenden Notärztin mitteilen. Die wird sich dann bei Ihnen melden.«
»Ich könnte Ihnen anbieten, dass wir uns morgen in einem Biergarten treffen und ich die Zeche übernehme«, entgegnete ich.
»Nein, ich möchte, dass Sie sich öffentlich bei mir und meinen Kollegen entschuldigen.«
Mir klangen unterdessen schon die Ohren.
»Tun Sie doch, was Sie nicht lassen können«, entgegnete ich, ich hatte keine Lust mehr und im Moment gewiss Wichtigeres zu tun.
Am nächsten Morgen, gleich nach der Frühkonferenz, zitierte mich meine Chefin zu sich, »empfing« mich hinter ihrem aktenbergschwangeren Schreibtisch.
»Herr Looooorenz ...«, meinen Namen nasal artikulierend und ins schier Unendliche ziehend, begann sie ihre zehnminütige Gardinenpredigt. Die leitende Notärztin habe sie über das »Fehlverhalten« meinerseits informiert und wünsche eine Entschuldigung. Ich erklärte die Zusammenhänge, meine Sicht der Dinge . »Trotzdem sollten Sie dort anrufen, Sie wissen, wie die sind. Auch wenn ich nach Ihren Darlegungen etwas anders darüber denke.«
Okay, also tätigte ich jeweils zwischen den Operationen diverse Anrufe, man hat ja schließlich sonst nichts weiter zu tun! Zunächst rief ich die Notärztin an. Sie zeigte na-

türlich überhaupt kein Verständnis für meine Verbalien, forderte mich auf, den betreffenden Kollegen anzurufen, mich zu entschuldigen.
Eine Operation später – gesagt, getan.
Eine mündliche Entschuldigung per Telefon könne er nicht akzeptieren, er verlange eine schriftliche, an ihn und seine Kollegen, denen das Tonband am Morgen natürlich offeriert wurde und welche sich natürlich auch »angegriffen« fühlten.
Eine Operation später – ich verfasste am Computer einen kurzen Brief mit einigen »Spitzen« zwischen den Zeilen, wobei ich mir nicht sicher sein konnte, dass diese auch so verstanden wurden. Rein ins Fax und bloß weg damit!
Diese Trophäe des ewig währenden Sieges des Leitstellenpersonals über den aufmüpfigen Krankenhausarzt, der Canossagang des »Weißkittels«, hängt heute noch, so habe ich mir sagen lassen, an prominenter Stelle der Leitstellenwandtafel – Arschgei..., ach so, das darf ich ja nicht sagen.
Die Zeit der Primärrettungs-Bereitschaft beginnt bei Sonnenauf-und endet mit Sonnenuntergang. Jetzt Anfang März schieben wir aus diesem Grunde unsere BK 117 schon relativ zeitig zurück in den Hangar.
Bernd und Gerd checken noch die einzelnen Kompartmente des Hubschraubers. Frank und ich überprüfen währenddessen das medizinische Equipment.
Die Alarmierung. Immer noch erschrecke ich wie beim ersten Mal, zucke beim ersten schrillen Pieperton zusammen. Man schwankt dann immer zwischen der Erleichterung, dass die Zeit des »sinnlos Herumsitzens«, des langweiligen Wartens vorbei ist, und der Angespanntheit, was uns wohl im kommenden Einsatz erwarten wird – Ambivalenz unseres Jobs.
Kindlicher Ertrinkungsunfall, erfahren wir vom Pieperdisplay.

Ich kann mich nicht erinnern, dass wir den Hubschrauber jemals so schnell auf den Vorplatz befördert hatten und in der Luft waren.
»Es sind zum Glück nur vier Flugminuten«, höre ich Bernd, während Gerd versucht, auf der entfalteten Landkarte den kürzesten Weg zum Notfallort zu finden.
In der Dämmerung erkennen wir eine Wiese. Auf ihr winken zwei Leute wild gestikulierend.
Bernd sieht sie als Erster:
»Dort bei zwei Uhr muss es sein. Prelanding-check is completed.«
Gerd zieht die BK in einer scharfen Kurve nach unten. Meine Hände suchen Halt, um das Gleichgewicht zu bewahren.
Frank zieht, den Notfallrucksack schon geschultert, die Tür auf und springt hinaus. Ich folge unmittelbar mit dem Koffer für Kindernotfälle in der Hand. Schon nach wenigen Metern langen wir am Grundstück an.
Der dreijährige Junge hatte unbeaufsichtigt im Garten gespielt, war kopfüber in den nur gut dreißig Zentimeter tiefen, künstlich angelegten Gartenteich gefallen. Dreißig Zentimeter waren aber immer noch zu viel, der Junge war darin ertrunken.
Bereits leblos wurde er von den Eltern gefunden, seither waren gut zehn Minuten vergangen. Wie lange das Kind schon im kalten Wasser lag, konnte mir keiner sagen. Die Eltern standen verständlicherweise völlig neben sich, ihre Angaben zum Unfallhergang waren daher für mich nur bedingt verwertbar. Vom Schock wie paralysiert und aus Angst, Fehler zu machen, haben sie den Knaben zwar aus dem Teich geborgen, weitere Maßnahmen jedoch unterlassen.
Der eilig ins Haus gebrachte Junge liegt durchnässt auf dem Boden der Diele. Das Gesicht ist kalkweiß, die Lippen dunkelviolett. Das Kind ist aufgrund der herrschenden Wasser-

und Außentemperaturen stark unterkühlt. Herz-Kreislauf und Atmung sind nicht nachweisbar, haben ausgesetzt. Wenigstens die Pupillen verengen sich noch bei Lichteinfall, zeigen an, dass der Hirntod noch nicht eingetreten ist. »So eine Scheiße«, entfährt es mir kaum hörbar. Diese verdammten Unfälle mit Kindern, ich kann und kann mich nicht daran gewöhnen.

Eilig entkleiden wir den Jungen, um einen weiteren Wärmeverlust über die nassen Sachen zu vermeiden. Während Frank auf meine Anweisung den Kleinen an den Füßen fasst, ihn kopfüber nach oben hält, drücke ich auf den Brustkorb, um Wasser aus der Lunge zu entleeren. Durch die Kompression gelingt es, zweimal schwallartig etwas Wasser herauszubefördern.

Beim Ertrinken im Süßwasser – konträr zum Ertrinken im Salzwasser – kommt es aufgrund des Umstands, dass das Wasser eine geringere Osmolarität gegenüber den Körperflüssigkeiten aufweist, zum Übertritt des in der Lunge befindlichen Süßwassers in den Kreislauf. Die Flüssigkeit mit der geringeren Konzentration geht also entsprechend des herrschenden Konzentrationsgefälles in die mit der höheren Konzentration über. Die Folge, das daraus resultierende Flüssigkeitsüberangebot, belastet die Herz-Kreislauf-Situation über Gebühr, führt zu lebensbedrohlichen Verschiebungen im Elektrolyt- und Säure-Basen-Haushalt.

Immer noch keine Lebenszeichen! Schnell legen wir das Kind auf den Rücken, beginnen mit der Wiederbelebung. »Vielleicht hat die Kälte den Stoffwechsel so weit reduziert, dass wir ihn auch nach der vergangenen Zeit wieder kriegen!«, versuche ich mich, im Aufblicken in Franks Gesicht schauend, selbst zu ermutigen. Unermüdlich reanimieren wir – fünfmal Herzdruckmassage folgt eine Beatmung Mund zu Mund.

Die Hypoxietoleranzzeit des Gehirns – unter normalen Umständen liegt diese bei drei bis fünf Minuten – verlängert sich erheblich bei einer derartigen Unterkühlungssituation. Reanimationszeiten bis zu sechzig Minuten können sich als sinnvoll erweisen. Auch zunächst erfolglose Reanimationen sollte man in solchen Fällen erst in der Klinik nach erfolgreicher zentraler Wiedererwärmung beenden.

Immer wieder führt Frank die Beatmung des Kindes aus, währenddessen ich den zierlichen Brustkorb komprimiere.

»Bitte warten Sie im Nebenraum«, nimmt Bernd die verzweifelten Eltern beiseite und führt sie in die Küche. Gerd stellt unterdessen das Beatmungsgerät neben uns ab.

»Und wie sieht es aus?«, will er wissen. Als ich ihn daraufhin kurz ungläubig anschaue, wird ihm klar, dass dies zum gegenwärtigen Zeitpunkt wohl die blödeste Frage war, die er stellen konnte.

Meine äußerste innere Erregung manifestiert sich spätestens beim Legen der Flexüle in die hauchzarten Venen des dünnen Kinderarms. Ein innerliches Zittern, die extreme Aufregung lassen sich nur schwerlich unterdrücken. Seltsam, die Hände sind ruhig. Das Blut schießt in die Flexüle. Geschafft, die Wiederbelebungsmaßnahmen lassen sich jetzt zusätzlich über den Venenzugang medikamentös unterstützen. Wir intubieren das Kind, saugen die Lungen ab, schließen ihn an das Beatmungsgerät an, beatmen mit hundert Prozent reinem Sauerstoff.

Anfangs ungläubig, im nächsten Moment freudig erregt registrieren wir den wiedereinsetzenden Herzschlag des Kindes auf dem Überwachungsmonitor, hustend wehrt es sich gegen den Beatmungstubus. Was mir wie eine Ewigkeit vorkam, hatte sich, wie sich retrospektiv herausstellte, etwa über sieben Minuten erstreckt.

Der Junge ist noch lange nicht gerettet. Ganz allmählich aber legt sich unsere extreme Anspannung.

Die Stabilisierung und Vorbereitung für den Transport verläuft routinemäßig.

»Wir fliegen Ihren Sohn in die Kinderklinik nach Dresden. Er war stark unterkühlt und eine ganze Zeit im Herz-Kreislauf-sowie Atemstillstand. Eine weitere intensivmedizinische Versorgung macht sich zwingend notwendig. Wenn wir Glück haben, hat die Kälte den Stoffwechsel so sehr abgesenkt, dass keine bleibenden Schädigungen insbesondere am Gehirn resultieren«, teile ich den Eltern mit.
»Sagen Sie mir erst einmal, welche Medikamente Sie meinem Kind überhaupt verabreicht haben. Ich bin nämlich Apothekerin!«, fährt mich die Mutter barsch an.
Ich muss wohl sehr erstaunt geschaut haben. Der Gesichtsausdruck soll, wenn man den Aussagen meiner Freunde Glauben schenken darf, ganze Bände gesprochen haben. Doch mein anfänglicher Ärger, das Unverständnis über die Reaktion der Mutter, weicht rasch. Ich schulde diese Verhaltensweise ganz einfach ihrer außergewöhnlichen psychischen Stresssituation an, in welcher sie sich zweifellos befindet.
Wie wir später erfahren haben, hat Philipp, so hieß der Knabe übrigens, sein unfreiwilliges »Bad« ohne Folgeschäden überstanden, erfreut sich wieder besten Wohlergehens.
In die aufkommende Euphorie auf dem Rückflug von Dresden zur Basis, in die Aussicht, nach erfolgreicher Arbeit etwas essen und ein wenig schlafen zu können, platzt der Anschlussflug.
Ein dreiundsechzigjähriger Patient mit dem dritten Herzinfarkt innerhalb von fünf Jahren muss dringend aus einem peripheren Krankenhaus ins Dresdener Herzzentrum gebracht werden. Der Patient sei in einem stabilen Zustand, könne ohne künstliche maschinelle Beatmung transportiert werden.
»Die hypotonen Kreislaufzustände bei Aufnahme des Patienten vor drei Stunden haben wir mit reichlich Infusion korrigieren können. Gegenwärtig halten sich die

Blutdruckwerte stabil bei einhundertdreißig zu achtzig, der Puls ist sechsundneunzig, die Sauerstoffsättigung liegt unter Sauerstoffgabe von drei Litern pro Minute über die Nasensonde bei fünfundneunzig Prozent«, lässt uns die Stationsärztin wissen und übergibt die Dokumentation der aktuellen Befunde zusammen mit einem beachtlichen Stapel von kopierten Arztberichten, welche von den letzten Krankenhausaufenthalten des Mannes herrührten.

Ich studiere den knappen und nur wenig aussagekräftigen Verlegungsbericht, frage nach: »Sie sagten gerade, der Patient habe schon reichlich Infusionen bekommen. Wie viel an Flüssigkeitszufuhr meinen Sie damit?«

»Es waren, glaube ich, fünfhundert Milliliter Jonosteril, welche der Notarzt verabreichte. Von uns hat er noch etwa eintausendfünfhundert Milliliter HAES bekommen.«

»Glauben ist gut. Es sicher zu wissen, wäre mir ehrlich gesagt lieber. Trotzdem ganz schön reichlich für einen Herzkranken«, äußere ich eher beiläufig und ernte einen vernichtenden Blick.

»Der Patient ist bereits im Herzzentrum angemeldet. Guten Flug«, sagt sie, nunmehr deutlich unterkühlt, dreht sich um und verlässt mit wehendem Kittel die Station durch die gläserne Schwingtür.

»Wir schließen ihn zunächst in aller Ruhe an, dann höre ich noch mal seine Lunge ab.«

Frank nickt und klebt die drei Elektroden fürs EKG, legt die Blutdruckmanschette am rechten Oberarm an und positioniert den Fingerclip zur Messung der Sauerstoffsättigung im Blut. Die ableitenden Kabel werden nun mit dem tragbaren Überwachungsgerät konnektiert. Auf dem Monitor erscheinen die aktuellen Daten: EKG-Kurve, Blutdruck einhundertfünfundzwanzig zu fünfundsiebzig Millimeter Quecksilbersäule, Puls einhundert pro Minute, Sauerstoffsättigung dreiundneunzig Prozent. Zur Sicherheit, ein wenig vielleicht auch aus instinktiver Vorahnung,

platziere ich noch eine zweite Verweilkanüle als zusätzlichen venösen Zugang am auch während des Fluges gut zugänglichen linken Unterarm.
»Stell die Sauerstoffzufuhr zunächst auf drei Liter pro Minute ein. Wir können dann los«, wende ich mich an Frank und die Piloten. Ich prüfe nochmals die Gurte an der Trage, welche den Patienten sicher halten, und stelle ihm die Standardfrage:
»Sind Sie schon mal mit einem Hubschrauber geflogen?«
»Ja, schon einige Male, auch schon mit einem Rettungshubschrauber«, antwortet er, nicht ohne eine gewisse Aufgeregtheit zu offenbaren.
»Na, da brauche ich Ihnen ja nicht zu erzählen, dass es auf so einem Flug etwas wacklig werden kann. Ich setze Ihnen jetzt einen Gehörschutz auf, während des Fluges wird es doch ziemlich laut. Falls Sie Schmerzen verspüren, es Ihnen schlecht wird oder Ähnliches, fassen Sie mich einfach am Arm. Ansonsten überwachen wir Sie hier anhand dieses Monitors. Die Flugzeit wird knapp eine halbe Stunde betragen.«
Und wieder werde ich jene untrügliche, ungute Vorahnung nicht los, als Bernd die Turbinen in Gang setzt und wir uns in Richtung Dresden auf den Weg machen.
Das Szenario, welches ich in Gedanken bis zu diesem Zeitpunkt zu verdrängen gesucht, aber irgendwie doch erahnt hatte, tritt unvermittelt ein. Gerade fünf Minuten in der Luft, erst ein Bruchteil des Luftweges war absolviert, verschlechtert sich der Zustand des Patienten deutlich. Der Herzschlag wird schneller, die Sauerstoffsättigung sinkt ab, der Mann fühlt sich kaltschweißig an, leidet unter Luftnot. Der Funktion des vorgeschädigten Herzens war die in der Absicht, den Blutdruck zu erhöhen, zugeführte Flüssigkeitsmenge offensichtlich nicht förderlich gewesen. Die Flüssigkeit konnte vom Herzen nicht schnell genug abtransportiert werden, staute sich im Lungenkreislauf auf.

Der resultierende erhöhte Druck in den kleinen Gefäßen, den Kapillaren, führt zum Flüssigkeitsaustritt in die Lunge. Als »Wasser in der Lunge« wird es landläufig bezeichnet, das Lungenödem, mit dem wir es jetzt in einer Höhe von eintausendfünfhundert Fuß über dem Erdboden und zwanzig Flugminuten von der Zielklinik zu tun bekommen.
In Windeseile zieht Frank die von mir benötigten drei Medikamente auf, erhöht die Sauerstoffzufuhr.
»Wenn wir das Ödem medikamentös nicht in den Griff bekommen, mach notfalls alles zur Intubation bereit«, weise ich Frank an, während ich die Zeitintervalle zur Messung der wichtigsten Parameter am Überwachungsgerät umstelle. Sie sollen in dieser akut eingetretenen Situation in minütlichen Abständen gemessen werden. Bernd, der über die Headsets Kenntnis von der neu eingetretenen Situation erhält, lässt uns wissen, dass wir in elf Minuten in der Uniklinik zur Landung gehen werden. Gelingt es uns auch zunächst nicht, die Situation des Patienten grundlegend zu verbessern, können wir doch eine sukzessive Verschlechterung aufhalten. Medikamentös angeregt, erfolgt eine forcierte Ausscheidung über die Nieren.
Die sich bildende Urinlache, welche aufgrund der nur geringen Breite der Vakuummatratze schnell auf den Boden des Helikopter überläuft und mich ansonsten befremden würde, registriere ich mit Freude. Der sich ausbreitende unangenehme Geruch hat mich noch nie so herzlich wenig gestört.
»Ich glaube, wir kommen um die Intubation und künstliche Beatmung herum, die Werte normalisieren sich langsam wieder«, auch Franks Anspannung hat sich gelöst. Die Luftnot des Mannes ist aufgehoben. Sein, von uns ausgelöstes, »Malheur« bemerkt er erst bei der Umlagerung im Herzzentrum.
Dr. Thomas Zerm, der bis vor zehn Jahren im gleichen Studienjahrgang mit mir studiert hat und nun auf der In-

tensivstation des Herzzentrums als Internist tätig ist, übernimmt unseren Patienten und überfliegt das Protokoll des Verlegungsfluges mit all den Patientendaten, den zur Anwendung gekommenen Medikamenten und Infusionen.
»Da haben die euch ja ein ziemliches Ei gelegt«, lautet sein knapper Kommentar.
»Das kannst du wissen.«
Ein paar wenige, sich bietende Minuten nutzen wir noch zum kleinen Plausch, es ist schließlich schon einige Monate her, dass wir uns das letzte Mal trafen.
Bernds Gesicht erscheint hinter der Scheibe des Patientenzimmers. Er fuchtelt mit den Armen, was wohl so zu deuten war, dass ich endlich kommen solle.
»Ich sehe, wir müssen weiter. Trotzdem, dir noch 'ne ruhige Nacht.«
Mit einem gegenseitigen Schulterklopfen und dem fast synchron ausgesprochenen »Lass mal was von dir hören!« verabschieden wir uns auch schon wieder.
»Es geht gleich weiter nach Sebnitz«, nimmt mich Bernd draußen schon ungeduldig in Empfang. Es ist kurz vor 3 Uhr morgens. An Schlaf wird in dieser Nacht nicht mehr zu denken sein, wieder einmal. Gottlob ist morgen Sonntag. So wird der eigentlich freie morgige Tag erst mal zur Kompensation meines Schlafdefizites herhalten müssen.
Zunächst müssen wir am Flughafen Dresden-Klotzsche tanken. Ich nutze die Pause, mal kurz die Beine hochzulegen, wenigstens ein paar Minuten, um die Augen zu schließen.
Das Anlassen der Motoren schreckt mich wenig später auf. Mir ist kalt, mich fröstelt. Ich ziehe den Reißverschluss meiner Lederjacke bis unters Kinn, reibe mir die klamm gewordenen Hände und vergrabe sie tief in den Hosentaschen.
Fünfzehn Minuten später landen wir auf dem hell erleuchteten Platz mit dem großen roten »H« vorm Krankenhaus Sebnitz.

Auf der Intensivstation treffe ich den Oberarzt, lasse mich noch detaillierter als sonst über den zu verlegenden Patienten informieren. Die Komplikationen unseres vorhergehenden Einsatzes stecken mir noch in den Knochen und haben mich ganz besonders sensibilisiert.
»Herrn S. wurde vor fünf Jahren im Herzzentrum Berlin, an der renommierten Klinik von Professor Hetzer, ein Spenderherz transplantiert. Nach anfänglichem normalen Heilungsverlauf stellten sich Komplikationen ein, welche, in unterschiedlicher Art und Weise auftretend, den Patienten bis heute begleiten. So auch häufige Infektionen aufgrund der medikamentös erzeugten Suppression der Immunabwehr, um einer Organabstoßung vorzubeugen. Basierend auf den zahllosen Infektionen kam es zu nachhaltigen Erkrankungen von Nieren, Leber und Bauchspeicheldrüse. Hinzukommend zeigen sich nun auch erste Zeichen eines erneuten Herzversagens, welche sich mit den EKGs und den Laborparametern unterlegen lassen. Wir haben schon mit Berlin gesprochen. Sie erwarten den Patienten noch in dieser Nacht.«
Im Rahmen unserer ersten Begegnung erweckt der erheblich vorgealterte Mann, obwohl erst Anfang sechzig, den Eindruck, auf die siebzig zuzugehen. Trotz seiner schwerwiegenden Erkrankungen macht er einen guten, stabilen Eindruck, wirkt gegenwärtig nur wenig beeinträchtigt. Er sitzt etwas nach vorn gebeugt, tief ins Kopfkissen eingesunken im Bett. Riesige Stapel von allerlei Zeitungen und Hochglanz-Journalen liegen auf der Bettdecke und dem Nachttisch verstreut. Seinen hageren, von tiefen Falten durchfurchten Hals ziert ein bunter Seidenschal. Die Augen liegen in tiefen Höhlen, das magere Gesicht verleiht der markanten Nase noch mehr Präsenz. Auf ihr ruht oder besser gesagt thront eine dicke Hornbrille. Die frisch gekämmten Haare hängen grau und spärlich herab bis auf seine gebeugten Schultern.

»Sie werden mich also nach Berlin begleiten.« Der Empfang seinerseits fällt trotz der leisen, etwas belegten Stimme ausgesprochen freundlich aus.
Endlich mal kein intensiv zu therapierender Patient, denke ich und stelle die Crew vor. Flüge dieser Art sind naturgemäß selten, wir genießen dann die relativ »entspannte« Atmosphäre an Bord.
Frank schließt das Überwachungsgerät an, platziert die Sauerstoffnasensonde, prüft die Fixierung. Anders als die anderen Patienten bekommt der Mann statt eines gewöhnlichen Gehörschutzes ein Headset aufgesetzt, kann dadurch während des Fluges mit uns kommunizieren.
Es sollte für mich einer der bisher nachhaltigsten Verlegungsflüge werden.
Zunächst interessiert an den technischen Daten des Hubschraubers, des Spektrums der medizinischen Möglichkeiten an Bord, beginnt er uns seine Geschichte zu erzählen. 1995 kam er mehr tot als lebend ins Herzzentrum nach Berlin, erhielt ein neues oder besser ein anderes Herz. Zuvor hatte er neun Monate mit einem Kunstherz leben müssen, einem etwa aktenkoffergroßen Apparat, ein computergesteuertes Pumpen- und Ventilsystem. Mit Schläuchen an die großen ab- und zuführenden Blutgefäße des erkrankten Herzens angeschlossen, übernimmt der Apparat die Pumpfunktion des Herzmuskels. Das fortwährende »Klackklack« der Pumpenventile ist bei Patienten mit einem Kunstherz schon aus fünf Metern Entfernung zu vernehmen und begleitete auch unseren Patienten mitunter nervtötend fortan Tag und Nacht.
Die ersten Tage nach der Transplantation vergingen zwischen Hoffen und Bangen. Wie wird sich das neue Organ verhalten? Wird eine Abstoßung verhindert werden können? Es gelang. Doch die hoch dosierten Medikamentengaben mit den ihnen eigenen Neben- und Wechselwirkungen forderten mit der Zeit ihren Tribut. Nieren-

funktionsstörungen, anfänglich kompensiert, entwickelten sich bis hin zum Nierenversagen. Die Dialysepflichtigkeit resultierte. Seither verbringt er täglich sechs bis acht Stunden mit der »Blutwäsche« an der künstlichen Niere. Sie filtert aus dem Blut die giftigen Substanzen, welche normalerweise bei regelrechter Nierenfunktion über den Urin ausgeschieden werden.
Zweimalige schwere Entzündungen der Bauchspeicheldrüse, schon isoliert äußerst schmerzhafte und lebensbedrohende Krankheitsbilder, führten zum Diabetes mellitus, der Zuckerkrankheit, machten zwei ausgedehnte Operationen mit Entfernungen von Pankreasteilen notwendig. Der Diabetes mellitus hatte eine Verschlechterung der Durchblutung in kleinsten Gefäßen zur Folge, die Netzhaut des Auges und beide Füße waren besonders betroffen. Die Sehschärfe verschlechterte sich im Laufe der Zeit beständig, insgesamt vier Zehen mussten amputiert werden. Es bleibt zu vermuten, dass sicherlich noch weitere Amputationen folgen werden. Das Nierenversagen, die Zuckerkrankheit, die angeschlagene Bauchspeicheldrüse, Umbauprozesse in der Leber begrenzen die Möglichkeiten und das Spektrum der Nahrungsmittelaufnahme auf ein Minimum. Die Trinkmenge beschränkt sich auf einen Liter Flüssigkeit pro Tag. Immer wieder auftretende Lungenentzündungen fesselten ihn häufig ans Bett. Kaum ein Organsystem blieb im Verlaufe seiner Krankengeschichte unbeeinträchtigt.
Und trotzdem, welche Lebensfreude, welche Dankbarkeit für jeden geschenkten Tag dieser Mann uns offenbart, macht uns nachdenklich, ringt Bewunderung ab. Ich bekomme schon ein wenig Gewissensbisse, ein schlechtes Gewissen in Anbetracht meiner und seiner Prioritäten.
Carpe diem – nutze den Tag!
Er spricht voller Dankbarkeit über den unbekannten Herzspender, berichtet mit Hochachtung von den Ärzten, die ihm halfen.

»Ich sehe zwar aus wie über siebzig, fühle mich meist auch danach. Aber im Herzen bin ich jung geblieben«, meint er und nachdenklich werdend: »Vielleicht habe ich seit fünf Jahren das Herz eines jungen Menschen in mir, eines Menschen, der nicht so wie ich weiterleben konnte.« Auch wenn er jetzt seine letzte Station erreicht haben sollte, das transplantierte Herz seinen Dienst einstellt, habe er die zurückliegenden Jahre trotz aller Widrigkeiten genossen.
Jahre, die ihm durch den medizinischen Fortschritt, welcher im Jahre 1967 mit der ersten Herztransplantation des Südafrikaners Christiaan Barnard seinen Anfang nahm, ermöglicht wurden. Jenem Dr. Barnard, der, aus ärmlichen Verhältnissen stammend, zur acht Kilometer entfernten Universität täglich zu Fuß lief, nur um sich das Fahrgeld zu sparen, und dafür lieber medizinische Fachbücher kaufte und als Pionier der Herzchirurgie, nach achtundvierzig absolvierten Herztransplantationen im Tierversuch, mit seinem Team am 3.12.67 das Herz der am Vortag bei einem Verkehrsunfall getöteten, 25-jährigen Dennis Darvall dem schwer herzkranken, vierundfünfzigjährigen Lebensmittelhändler Louis Washkansky einpflanzte.
Dr. Barnard legte den Grundstein für seine eigene Reputation und die der neu entstehenden Herzchirurgie. Meist sind es die kleinen Dinge, die ihn erfreuen, erzählt unser Patient. Ein Sonnenaufgang, bunte Blumen am Wegesrand, singende Vögel. Jedes Treffen mit den Kindern und Enkeln erwächst in seinem Inneren zum Fest. Trotz der schwerwiegenden Erkrankungen, seiner schlechten Prognose ist er ob seines Mutes, seiner Lebensphilosophie schon zu beneiden.
»Wir gehen zur Landung«, unterbricht Olaf meine Gedanken. Erst jetzt fällt mir auf, dass während des gesamten Fluges keiner aus unserer Crew ein Wort gesprochen hat. Niemand hatte es gewagt, unseren Patienten zu unterbrechen.

»Ich spendiere heute das Frühstück«, lege ich fest, als wir am frühen Morgen im Berliner Herzzentrum an einem Automaten mit diversen Snacks vorbeikommen, das Portemonnaie aus einer der zahlreichen Taschen meines Overalls kramend.
»Was ist das denn für ein Ding?«, wollen meine Freunde mit starrem Blick auf die Geldbörse in mitleidigem Tonfall wissen.
Ich halte ein kleines, herzförmiges und kunterbuntes Kinderportemonnaie in der Hand, auf dem eine bekannte Cartoon-Figur abgebildet ist und welches man sich mittels der daran befindlichen grell pinkfarbenen Schnur um den Hals hängen kann. Ich hatte es vor Jahren beim Ordnen der Sachen unmittelbar nach unserer Trennung gefunden. Exakt zu jener Zeit begann auch meine Notarzttätigkeit auf dem Rettungshubschrauber. Ich wusste, es war eines von Romys liebsten Behältnissen für ihren »Kleinkram«. Anfangs wollte ich es ihr wieder zurückgeben, behielt es aber schließlich doch – als kleinen Talisman von meiner Tochter. Fortan sollte es mein ständiger Begleiter auf jedem Flug sein.
»Es ist ein Glücksbringer!«, erkläre ich den immer noch verdutzt Dreinblickenden. Sie müssen sich damit begnügen, für ausführlichere Erläuterungen sehe ich keine Veranlassung. Ich stecke die Geldbörse zurück in die linke Brusttasche des Overalls, so trage ich sie stets am Herzen. Viermal Cappuccino und acht belegte Brötchen lasse ich den Automaten ausspucken. Frank verteilt das Essen, nicht ohne optisch und dem Geruch nach alles auf Frische und Gehalt geprüft zu haben.
Der Tag erwacht schon langsam, als wir Berlin verlassen. Eigentlich ein ganz normaler Sonnenaufgang. Aber nach unseren Erfahrungen der letzten Nacht sehen wir ihn mit anderen Augen, empfinden sie besonders intensiv, jene faszinierende Morgenröte.

Augenblicke

Es sind oft nur Sekunden, die Schicksale entscheiden bei Unfällen, zu denen wir gerufen werden. Momente, Augenblicke, wie man sie nennt, die bestimmen, ob ein Fahrmanöver, eine Unachtsamkeit, die flüchtige Ablenkung oder die eilige leichtsinnige Entscheidung gut ausgehen oder im Desaster enden.
Und nicht selten entscheiden diese Augenblicke andere für dich, indem sie alkoholisiert am Steuer sitzen, rasen im Glauben unverwundbar zu sein und die Rotphase der Ampel schon noch zu schaffen.
Und es gibt die »Augen-Blicke« der Verunfallten, wenn sie mir das erste Mal begegnen, denn meine ersten Blicke, gehen fast immer zu den Augen der Patienten. Es sind vielfach nur Sekundenbruchteile, oft ist es aber diese erste Kontaktaufnahme, welche dir im Kopf hängen bleibt.
Es sind diese hoffnungsvollen oder flehenden, die traurigen oder verzweifelten Augen, die mir in den Träumen immer wieder begegnen. Es sind die betagten entspannten Augen der Alten, die um ihr Schicksal wissen, welches das Leben nun für sie bereit hält, die entsetzten, flehentlichen der Jugendlichen nach dem Discounfall am frühen Morgen, die nicht glauben können, in solch eine Situation geraten zu sein, im Wissen, dass nichts mehr so unbeschwert, leicht und sorglos wie vorher sein wird.Jene fragenden Augen der Kinder: »Was ist mit mir geschehen?«
Es sind die ungläubigen Augen des Autofahrers, der nicht weiß, wie es den anderen Fahrzeuginsassen ergangen ist, für die er die Verantwortung trug.
Es sind die bestürzt verstörten Augen der Ehefrau, deren Mann eine Hirnblutung erlitten hat, und sein weites lichtstarres Augenpaar.
Was denken, was empfinden sie, wenn sich unsere Blicke zum ersten Mal begegnen? Haben sie Vertrauen, Hoff-

nung, die richtige Hilfe zu bekommen, gut aus der Situation herauszukommen?
Ist es Angst, Besorgnis, Misstrauen und Zweifel?

Und es sind die ausdruckslosen, gleichgültigen Augen der Bewusstlosen und Toten, die an mir vorbei ins Leere schauen –Augenblicke in kurzen Augenblicken, Situationen, welche Gefühle auslösen, die sich nicht in Worte fassen lassen.
Eine schwer zu definierende und doch meist untrügliche innere Unruhe, jener Zustand zwischen der Hoffnung, nicht zu spät zu kommen, noch etwas für die Verunfallten tun zu können, und dem Druck, zur richtigen Zeit das Richtige zu tun, hat sich wieder einmal in uns breitgemacht. Und er steigert sich proportional, je näher wir dem Unfallort kommen. Nicht mehr viel übrig von der Leichtigkeit des Seins, jeder Notfall ist doch irgendwie anders.
Ungeduldig schaue ich aus dem mir gegenüber liegenden Fenster, welches in der starken Schräglage des Helikopters im Landeanflug den Blick auf die Unfallstelle freigibt.
»Schwerer Motorradunfall mit einem verletzten Kind in Bischofswerda, auf Höhe der Aral-Tankstelle an der Bundesstraße sechs.«
So lautete unsere Einsatzalarmierung vor zehn Minuten.
Genauere Angaben konnte uns die Rettungsleitstelle nicht liefern, da der Anrufer, der über Notfallort und Unfallhergang nur eingeschränkte Ausführungen machen konnte, außergewöhnlich erregt erschien.
Das leuchtende Blau der Tankstelle ist aus der Luft nicht zu übersehen.
»Ich gehe auf der kleinen Wiese unmittelbar daneben nieder«, verkündet Olaf.
Von hier oben erscheint mir dieser winzige grüne Fleck reichlich mickrig, aber die Jungs da vorn im Cockpit wissen schon, was sie tun.

Die im Landeanflug gut einsehbare Bundesstraße zeigt regen Verkehr, weit und breit kein Stopp, keine Stauungen. Unmittelbar neben der Tankstelle an einem Autohaus findet ein Volksfest statt, mit kleinen Karussells und einer Losbude. Von zwei großen Holzkohlegrills erheben sich mächtige Rauchschwaden, überall von Sonnenschirmen flankierte Biertische. Der Vorplatz wimmelt von Menschen.

Auf Anhieb lassen sich keine Anzeichen eines stattgefundenen Verkehrsunfalls finden.

»Gibt's entlang der B6 in Bischofswerda vielleicht noch eine andere Aral-Tankstelle? Ich kann hier beim besten Willen keine Unfallstelle erkennen«, wende ich mich an die Piloten. »Wir sind hier schon so oft drübergeflogen, es gibt nur die eine«, lässt Bernd, der mit der Navigation beschäftigt ist, im Unterton tiefster Überzeugung verlauten.

»Die da unten winken zwar, aber winken die uns nun zu oder wollen die uns bedeuten zu landen. Wir gehen hier erstmal runter«, legt Olaf fest.

»Frank, du springst unmittelbar nach der Landung raus, fragst, ob wir richtig sind, und passt auf die Verrückten auf, die zum Hubschrauber rennen, damit sie nicht in den laufenden Heckrotor geraten.«

Unser »Rettungsassi« hat alle Mühe, die heranstürmende Meute abzuhalten, sich einiger Unverbesserlicher zu erwehren. Ich war unmittelbar gefolgt und schreie, beim ohrenbetäubenden Lärm der noch laufenden Triebwerke, dem ersten Besten, welcher mir über den Weg läuft, ins Ohr:

»Sind wir hier richtig? Hier soll ein Motorradunfall mit einem Kind stattgefunden haben?«

»Ja«, brüllt der Mann zurück, »das Kind ist in die Werkstatt dort in dem Autohaus gebracht worden!«

Endlich sind die zwei Minuten der Nachlaufzeit um, welche die Turbinen zum Abkühlen nach jedem Flug benötigen, verstummen die Motoren, hört der ohrenbetäubende Lärm schlagartig auf.

»Ich gehe schon mal vor, das Kind liegt da drüben in der Werkstatt«, rufe ich Frank zu, der nun nach dem Stillstand der Rotorblätter seine Mission, die Bändigung der Schaulustigen, abbrechen, zur eigentlichen Tat schreiten kann, mir zur Seite zu stehen. Im Handumdrehen ist der Helikopter von einer stattlichen Menschenansammlung umgeben.

»Mach die Tür zu, sonst steigen einige total Bekloppte direkt noch ein!«, schreit Bernd Frank zu, bevor sich dieser schwer bepackt den Weg durch die Menge bahnt.

Hechelnd atmend und mit schmerzverzerrtem Gesicht liegt der Junge auf der Werkbank im Serviceraum, umgeben von allerlei Ersatzteilen, Ölfässern, Putzlappen. Auf dem rechten Hosenbein der Jeanslatzhose zeichnet sich ein tellergroßer, dunkelroter Blutfleck ab, das Bein weist eine groteske Achsabweichung nach außen auf.

Ein älterer, dickbäuchiger und stark schwitzender Herr mit schneeweißem Haar streicht dem Kleinen übers puterrote Gesicht, redet ununterbrochen auf ihn ein. Währenddessen wischt er sich permanent mit dem rechten Hemdsärmel den Schweiß von der Stirn.

»Ich bin sein Großvater!«, erklärt er sich. »Ich habe nur einen Moment nicht aufgepasst und schon war es passiert. Ich mache mir solche Vorwürfe.«

Der alte Mann, wie ein Häufchen Unglück zusammengesunken, hat auf einem wackligen Hocker Platz gefunden und schaut zu, jede Handbewegung von uns registrierend, was wir wohl mit seinem Enkel veranstalten. Natürlich sind seine Sorgen verständlich. In seiner Verzweiflung tut er mir schon ein wenig leid.

»Was ist wann geschehen?«, will ich zunächst wissen, um mir ein erstes Bild über die Schwere und das Ausmaß der zu erwartenden Verletzungen zu machen.

»Die hatten hier einen Parcours mit Kleinstmotorrädern für die Kinder aufgebaut. Tommy hat irgendwie die Kurve nicht gekriegt, wurde immer schneller und raste in den Biergarten. Erst unter dem zweiten oder dritten Tisch fiel er vom Motorrad und blieb liegen. Die Maschine schleuderte noch mindestens fünf Meter weiter. Wir haben ihn dann gleich hierher gebracht. Es sind seitdem ungefähr zwanzig Minuten vergangen.« Stirnwischen, Schluchzen, Stirnwischen.
»Ich bin der Doktor und muss erst mal deine Hose aufschneiden. Danach schauen wir, was du dir alles verletzt hast«, der Junge hatte sich inzwischen beruhigt und schaut mich aus seinen vom vielen Weinen rot unterlaufenen und aufgequollenen Augen an. Die Schluchzer, welche ihm noch ab und an entfahren, lassen den kleinen Körper erbeben. Er nickt und schaut an seinem Bein herunter, als ich die Schere ansetze.
»Du brauchst keine Angst haben. Leg deinen Kopf ruhig ab«, fordere ich ihn auf, als sich beim Freilegen der Wunde deren Ausmaß abzeichnet und der Anblick des durch die Haut spießenden Oberschenkelknochens nicht gerade seiner Beruhigung zuträglich sein würde. Da sich die Pulse in der Kniekehle und am Fußrücken gut und kräftig tasten lassen, besteht zunächst kein Grund zur Besorgnis, trotz der erheblichen Fehlstellung scheint die Durchblutung des Beines nicht bedroht.
»Ich lasse dich jetzt einschlafen und richte dein kaputtes Bein ein, mache es wieder gerade. Danach rufen wir Mami und Papi an und sagen ihnen, wo wir dich hinbringen, damit sie dich noch heute Abend besuchen können. Einverstanden?«
Als der Kleine zustimmend nickt, schießen ihm schon wieder die Tränen in die Augen, ergießen sich in einem Strom über die Wangen und tropfen auf die Werkbank.
Der Großvater, bisher immer noch mit sich kämpfend, heult unvermittelt lauthals los.

»Bitte warten Sie vor der Tür, bis wir so weit sind«, höflich, aber bestimmt geleitet Bernd alle Umstehenden nach draußen. Während der Versorgung unseres kleinen Patienten war mir völlig entgangen, dass sich der Raum mit einer Vielzahl von Leuten gefüllt hatte. Als wenig später allein der Großvater, flankiert von Bernd, den Raum wieder betreten darf, reagiert er sehr erschrocken und scheint noch verzweifelter beim Anblick des Enkelsohnes. Tief schlafend liegt er mit Gurten fixiert auf der eng an den Körper anmodellierten Vakuummatratze. Das rechte Bein steckt, nachdem die offenen Wunden mit einem sterilen Verband versorgt und die Fraktur in ihre angestammte anatomische Position gebracht wurde, verpackt in einer voluminösen, aufblasbaren Schiene. Die Schläuche aus den Infusionsflaschen enden in je einer Flexüle in den Ellenbeugen des Kindes. Die Messsonde des Pulsoximeters lässt den rechten Zeigefinger wie seinerzeit bei E.T. rot erglühen, die Kabel des EKGs hängen an den Klebeelektroden, welche in typischer Weise am Brustkorb fixiert sind. Der aus dem Mund ragende Beatmungstubus ist mit Pflasterstreifen am überdimensionierten Bisskeil fixiert, um einem Verrutschen vorzubeugen. Die am Tubus angeschlossene Beatmungseinheit gibt ein monoton intermittierendes Rauschen von sich, das dem Einstrom der Atemluft in die Lungen des narkotisierten Kindes entspricht. Grell leuchten Kurven und Zahlen vom Überwachungsmonitor, der jede Herzaktion mit einem Piepton quittiert.
Dieser für uns so selbstverständliche Anblick hat dem alten Herrn den Schreck in die Glieder fahren lassen. Es bedarf länger andauernder, akribischer Erläuterungen meinerseits über das Weshalb und Warum, um ihm unser Handeln plausibel zu machen, ihn zu beruhigen.
Die Röntgenuntersuchungen in der Kinderchirurgie zeigen eine gute Stellung der Fraktur. Die Reposition des Knochenbruches hatte grob zur Wiederherstellung der anatomischen Verhältnisse geführt. Eine operative Ver-

sorgung der Oberschenkelfraktur macht sich vorerst nicht erforderlich, lediglich die Wunde wird revidiert. Unsere anfänglich geäußerten Bedenken sind zerstreut, bald wird unser kleiner Freund wieder auf dem Damm sein. Ob er zukünftig ein großartiger Fan des Motorradfahrens werden wird, bleibt abzuwarten und ist nach dem heute Erlebten wohl eher zu bezweifeln.

Nach kurzer Stippvisite im Stützpunkt unserer Kollegen vom »Christoph 38«, der Einladung zur »braunen Infusion«, dem von uns Sachsen so geliebten Lebenselixier Kaffee, folgend, machen wir uns auf zum Rückflug nach Bautzen.

Immer dann, wenn ich den Überlegungen, mir ein Motorrad zuzulegen, nachgeben möchte und konkrete Taten folgen lassen will, ernüchtern mich die Erlebnisse mit verunglückten Zweiradfahrern, lassen mich derartige Entschlüsse revidieren oder zumindest auf ungewisse Zeit verschieben.

Kurz vor 6 Uhr, die ersten Sonnenstrahlen fallen durch die Jalousie ins Notarztbereitschaftszimmer, tauchen den Raum in eine vitalisierende morgendliche Frische. Nach den Ankündigungen des Wetterberichts soll heute ein herrlicher Frühsommertag werden. Die schwülwarme Nacht hat mich kaum Schlaf finden lassen. Seit einer halben Stunde liege ich nun schon wach, wälze mich hin und her. Erst mal unter die Dusche, dann kann der Tag beginnen, entscheide ich.

Als ich den langen Korridor betrete, öffnen sich wie auf Kommando die Türen zu den Schlafräumen der beiden Piloten und des Rettungsassistenten. »Konntet ihr auch nicht schlafen?«, fast synchron stellen Bernd und Frank diese Frage unter unüberseh- und -hörbarem Gähnen. Jeder hat im Bett liegend nur auf ein erstes Begängnis in der Unterkunft gewartet. Wir kommen überein, uns nach dem Frühstück ein schattiges Plätzchen zu suchen und die versäumte Nachtruhe wenigstens ansatzweise nachzuholen.

Unausgeschlafen, aber dennoch gut gelaunt machen wir uns wenig später auf den Weg ins Stationszimmer.
»Olaf und ich überprüfen den Helikopter und ihr kümmert euch schon mal ums Frühstück. Ich nehme heute zwei Eier«, Bernd hatte gesprochen! Wir sehen uns schon am reichlichst gedeckten Frühstückstisch sitzen – die Alarmierung holt uns umgehend in die Wirklichkeit zurück.
»Neunzig Grad, sieben Minuten, VKU, Motorrad gegen Pkw, ein Toter, ein Schwerverletzter. Die Polizei wurde bereits parallel zu Ihnen mit alarmiert.« – Eine nüchterne Botschaft für ein, wie sich zeigen wird, grausames Geschehnis. Innerhalb von drei Minuten sind wir in der Luft, knapp sieben Minuten später gehen wir auf der Wiese unmittelbar neben der Unfallstelle zur Landung.
Bereits aus der Luft bietet sich ein erschütterndes Bild. Die von dem auf Asphalt rutschenden Motorrad herrührende Spur von auslaufendem Benzin, Lack, Abrieb vom Motorblock und Reifen erstreckt sich über eine Länge von gut sechzig Metern. Die Maschine liegt völlig zerstört am Rand der schnurgeraden Straße.
Wieso passieren diese Unfälle fast immer an solch eigentlich übersichtlichen Stellen, frage ich mich. Anscheinend sind die Fahrer auf derartigen Strecken sorglos, riskieren mehr. Manchmal eben einfach zu viel.
Die Verletzungen, welche sich die Sozia beim Crash zugezogen hatte, haben sofort zum Tod geführt. Das junge Mädchen hatte es regelrecht enthauptet. Kopf und Vollschutzhelm sind noch im Verbund und ich schaue auf fast geschlossene Augen, als ob sie nicht sehen wollten, was geschah.
Einige Meter entfernt liegt der in eine schwarze Lederkluft gehüllte und bei oberflächlichem Hinsehen unversehrt erscheinende Körper.
Der uns als schwer verletzte Person gemeldete Fahrer des Motorrades war ebenfalls seit geraumer Zeit tot.

Offensichtlich hatte auch ihn bereits der Hochgeschwindigkeitsaufprall getötet, der aufgetriebene Bauch mit deutlichen Hinweiszeichen auf foudroyante innere Blutungen, weder Arme noch Beine weisen ihre angestammte Anatomie auf. Durch die zerschlissene Lederbekleidung spießen zahlreiche von offenen Frakturen rührende Knochenteile. Der Brustkorb ist völlig instabil.
Jener Augenblick, den er bewusst wahrgenommen hatte, hat sich auf seiner Netzhaut abgebildet, zu einem Bild geformt, sollte der letzte Blick seiner Augen im Leben sein. Wenn ich so etwas erleben muss, machen mir jene Dinge, die das Leben manchmal bereithält, Angst.

Die Polizisten stehen diesmal ungewöhnlich weit vom Unfallort entfernt und versuchen von dort aus ihre Daten aufzunehmen. Wir untersuchen die Toten nach Ausweispapieren, lagern sie, bedecken die leblosen Körper. Und wieder sind es die Augen, die ich unbewusst als letztes registriere, bevor das Tuch den Kopf verhüllt.
»Für uns ist hier leider nichts mehr zu tun.« Der Polizist mir gegenüber ist kreidebleich, seine junge Kollegin erbricht zum wiederholten Male, am Straßenrand kniend. Die beiden sind ob ihrer schweren Aufgabe der Unfallaufnahme im Angesicht der schrecklichen Bilder wirklich nicht zu beneiden. Ich verspüre in mir nur das unabdingbare Verlangen, so schnell wie möglich von hier wegzukommen.
Ich wollte nichts mehr sehen, das Maß des Ertragbaren war auch für mich überschritten.
Glücklicherweise funktioniert man mittlerweile in derartigen Extremsituationen trotzdem, ohne auch nur einen Anflug von Emotionen – glaubt man. Irgendwann, in irgendeiner Situation, in irgendeinem Traum, holen dich die Augen wieder ein, das ist sicher.
Paralysiert, kaum etwas um mich herum wahrnehmend, lasse ich mich in den Copilotensitz unseres Hubschraubers

fallen, unfähig, das Erlebte Bernd und Olaf zu schildern, die in der Nähe des Helikopters geblieben waren – es gibt Grausamkeiten, die sich einfach nicht mit Worten beschreiben lassen.
Sie fragen glücklicherweise auch nicht, wissen sicher um die extreme psychische Belastung. Zu oft mussten wir so etwas schon gemeinsam durchstehen.
Der Klemmmappe entnehme ich zwei DIN-A4-Totenschein-Vordrucke, ziehe die gerade aufgefundenen Personalausweise aus der Brusttasche meines Overalls. Die beiden waren noch nicht mal zwanzig Jahre alt, er neunzehn, sie gerade siebzehn, denke ich, im Ausfüllen der vorläufigen Totenscheine begriffen. Beim Lesen der Familiennamen der Toten glaube ich kaum, was ich sehen muss. Familienname und Wohnort sind identisch. Heute Morgen haben offensichtlich Eltern zwei ihrer Kinder auf einen Schlag verloren. Wieder einmal brachte uns unsere Arbeit schicksalhaft, Augenblicke lang, mit Menschen zusammen, um uns sofort wieder zu entzweien – Lebenswege, die nicht weitergehen.

Ich wünschte, der nächste Einsatz käme möglichst bald, nur so gelingt es vielleicht, das Geschehene zu verdrängen – verarbeiten lässt sich so etwas ja ohnehin nicht.
Ich wusste nicht, was ich empfinden sollte. Eigentlich fühlte ich gar nichts, keine Trauer, keine Emotion – einfach nur Leere.
Ich verweigerte mich meiner Seele, nur mein Körper bebte und das Herz klopfte bis zum Hals. Also konzentrierte ich mich darauf, meine fünf Sinne beieinander zu halten und weiterzumachen, einfach weiterzumachen.
Und trotzdem erzeugen solche Fälle eine besondere Art von Melancholie über die Endgültigkeit des Geschehenen in mir. Ein Kloß steckt im Hals, er drückt auf den Brustkorb, dass das Atmen schwerer zu fallen scheint.

Es waren noch einige Einsätze an diesem Tag, es reihte sich Alarm an Alarm. Den Stützpunkt bekamen wir über Stunden nicht zu sehen und wir alle waren froh darüber.
An anderen Tagen wären wir vielleicht ein wenig genervt, hätten Erholungsphasen herbeigesehnt, heute jedoch konnte uns nichts Besseres passieren.
Als wir am Abend endlich Kurs auf den Flugplatz in Bautzen nehmen, sind die letzten Sonnenstrahlen des Tages schon lange am Horizont verschwunden. Die Stadt unter uns schläft bereits, nur noch wenige Lichter erhellen die Häuser.
Ich sitze erschöpft im Hubschrauber, den Kopf an die Kopfstütze gelehnt, schaue in die Dunkelheit des Raumes und sehe ein fast geschlossenes Augenpaar vor mir, bekomme es nicht los.
Auch in dieser Nacht werde ich keinen Schlaf finden können.

Kopfschmerz

Intrazerebrale Blutung lautet eine der häufigsten Indikationen unserer Einsätze. Irgendwann verspürt der Betroffene unvermittelt einen vernichtenden Kopfschmerz, oft verliert er anschließend das Bewusstsein. Nicht selten basiert dieses Krankheitsbild auf vorbestehenden, jedoch nicht diagnostizierten Blutgefäßveränderungen im Schädelinneren.
Derartige Aneurysmen, Aussackungen der Gefäßwand, stellen Schwachstellen dar, zerreißen meist im Zuge von Blutdruckerhöhungen. Diese Fehlbildungen treten durch derartige Blutungen erstmals in Erscheinung, ohne vorherige Warnzeichen, lassen sich klinisch nicht a priori fassen. Dies macht die eigentliche Heimtücke aus. Die Diagnose der Anomalie wird meist nur zufällig im Rahmen von Screeninguntersuchungen gestellt. In diesen Fällen kann diese Schwachstelle neurochirugisch prophylaktisch angegangen werden. Nach wie vor kommen erforderliche hirnchirurgische Interventionen allerdings zu spät, resultieren oft erhebliche Restschäden.
Unversehens, ohne vorherige Anzeichen, war der Mann in der Blüte seines Lebens auf der Treppe ins Straucheln geraten, die Stufen hinabgestürzt und ins Koma verfallen. Eine bekannte leichte Blutdruckerhöhung, etwas Übergewicht, häufige Stresssituationen, ansonsten zeigte die Krankheitsgeschichte keine gravierenden Besonderheiten, auf welche es ein gesteigertes Augenmerk zu richten galt. Die vorgefundene Bewusstlosigkeit ist sehr tief. Auf Ansprechen folgt keine Reaktion, erhebliche Schmerzreize bleiben ohne adäquate Gegenbewegung im Sinne einer Abwehrreaktion. Die Augen weisen den für das Krankheitsbild typischen Herdblick auf, sie schauen in Richtung der Blutungsquelle im Schädelinneren. In diesem Zustand zwischen Leben und zugleich weit entfernt davon sein be-

findet sich der Patient schon seit etwa einer Stunde. Herz, Kreislauf und Atemsystem funktionieren normal, doch wie lange noch?
Eine erste Schwierigkeit entsteht bei der Stabilisierung der aktuellen prekären Situation des Mannes, um der Progredienz des Krankheitsverlaufes entgegenzuwirken, ihr keinen Vorschub zu leisten. Eine Regredienz der Symptome ist ohnehin nicht zu erwarten.
Ein nächstes Kardinalproblem erwächst aus der Beschaffung eines Intensivbettes. Die Durchführung einer Computertomografie sowie eine neurochirurgische Interventionsmöglichkeit sind essentiell.
Via Handy konsultiere ich den diensthabenden Neurochirurgen der Universitätsklinik »Carl Gustav Carus« in Dresden.
»Zur besseren Beurteilung des neurologischen Status wäre ich Ihnen sehr verbunden, wenn Sie prüfen könnten, ob die Narkotisierung des Patienten sich zwingend erforderlich macht.«
In Anbetracht der kurzen Flugzeit und der stabilen vitalen Funktionen stimme ich der vorgeschlagenen Verfahrensweise zu.
Nüchtern schildere ich der besorgten Ehefrau den gegenwärtigen Stand der Dinge, vermeide, auch nur in Andeutungen Aussagen zum Verlauf und zur Prognose zu treffen. Es lässt sich beim besten Willen von hier aus, ohne eine bildgebende Diagnostik, nichts dazu sagen. Warum mit noch nicht erwiesenen, wenn auch durchaus denkbaren Szenarien Ängste schüren oder gar unbegründete Hoffnungen wecken.
Mit diesem notärztlichen Dilemma, zunächst nur Verdachtsdiagnosen stellen zu können, haben wir es nicht selten zu tun. Umso mehr ist man über die »postdiagnostische Klugscheißerei« honoriger Kollegen erfreut, deren letzter eigener Einsatz als Notarzt einige Jahre zurücklie-

gen dürfte. Manche, so scheint es, kennen das Interieur der heutigen Rettungsmittel nur von diversen Weiterbildungsveranstaltungen.

»Leitstelle Dresden, der Rettungshubschrauber Bautzen ist mit dem Patienten an Bord gerade gestartet. Landung in der Uni-Klinik in sechzehn Minuten. Bitte schicken Sie uns einen Rettungswagen zum Landeplatz. Wir sind in der Rettungsstelle bei den Neurochirurgen bereits angemeldet.«

»Die Rettungsleitstelle Dresden hat verstanden, wir wünschen einen guten Flug.«

»Danke und Ende.« Bernd löst den Zeigefinger vom Funkknopf am Steuerstick und programmiert den Autopilot.

Das Computertomogramm zeigt eine ausgedehnte Blutung in der rechten Hemisphäre des Gehirns. Helle Flecken im CT-Bild zeugen von Arealen mit hoher Dichte, untermauern die Diagnose von frischen Einblutungen. Als hyperdense Läsionen bezeichnet man sie im exakten radiologischen Terminus. Die Blutansammlung hat sich zur manifesten Raumforderung entwickelt, komprimiert wesentliche Hirnanteile, bis hin zum Hirnstamm.

»Der Patient muss sofort in den Operationssaal, wir müssen umgehend entlasten.« Der Neurochirurg wendet sich mit Nachdruck an den herzugeeilten Narkosearzt.

Fünfzehn Minuten nach seiner Einlieferung ist der Patient auf dem Weg in den Operationssaal.

Tage später müssen wir auf telefonische Anfrage erfahren, dass der Patient trotz sofortigem chirurgischen Eingriff ein »Locked-in-Syndrom (L.I.S.)« ausgebildet hat.

Der Name dieses Syndroms ist leider Programm. Die davon Betroffenen sind in sich selbst eingeschlossen. Ein hellwacher Geist, jedes Detail seiner Umgebung wahrnehmend, gefangen in einem unbeweglichen Torso, zur Statue erstarrt. Unvermittelt ist er aller bisherigen Lebens- und Erlebensmöglichkeiten beraubt. Keine Mimik, keine Möglichkeit,

seine Körperlage zu ändern, seine täglichen Verrichtungen bewusst zu tätigen, unfähig zu sprechen, zu schlucken, in gewohnter, für uns so selbstverständlicher Art mit der Außenwelt zu kommunizieren. Eigenartigerweise ist das Einzige, was sich noch bewegen lässt, das Augenlid.
Mit dem Lidschlag sich ausdrücken, mit der Umwelt korrespondieren. Ein Mensch, ohne ein Mensch zu sein. Eine unvorstellbar grausame Spielart des Schicksals.
Jean-Dominique Bauby, Vater zweier Kinder, ereilte im Alter von dreiundvierzig Jahren im Dezember 1995 jener erbarmungslose Schicksalsschlag, ließ sein Leben aus den Fugen geraten.
Der wohlhabende, renommierte Chefredakteur der französischen Zeitschrift »Elle« findet die Kraft, anhand eines explizit für derartig Erkrankte entwickelten »Alphabetes«, unter Zuhilfenahme des einzig möglich Bewegbaren, dem linken Augenlid, seine Gedanken und Gefühle zu äußern, gar ein Buch zu verfassen.
»Ein literarisch anspruchsvoller und oft humorvoller Report aus dem Zwischenlager nach dem Leben und vor dem Tod.«
»Wunderbar humane Literatur zu einem Thema, das uns alle tief beunruhigt und fesselt«, werden später die Rezensenten dazu bemerken.
Ein Lidschlag ist dem Buchstaben »E« gleichzusetzen, zwei bedeuten das »S« und so fort.
ESARINTULOMDPCFBVHGJQZYXKW, angelehnt an die Häufigkeit ihres durchschnittlichen Vorkommens im Sprachschatz wurde die Reihenfolge des L.I.S.-Alphabets festgelegt. Zwanzigmal hintereinander mit dem Augenlid zwinkern bedeutet nichts anderes als der lapidare Buchstabe »J«. Für uns ein Lufthauch, für ihn eine unerhörte Kraftanstrengung. Als Schmetterling im Tauchanzug fühle er sich, permanent versucht, sich ins unumkehrbare Schicksal zu fügen.

»Das Opfer des Locked-in-Syndroms ist wie ein Mutant, der sein früheres Selbst abschütteln muss, um wiedergeboren zu werden. Die täglichen Sorgen sind ausgelöscht und ersetzt durch die einzige Frage, die zählt: Kann man im Zustand vollkommener Verstümmelung leben?« Ohne Zorn erzählt Bauby vom jungen Pfleger, der, offensichtlich nicht viel vom Krankheitsbild wissend, »Guten Appetit« wünscht, bevor er die Infusion aufdreht, von der Schwester, welche inmitten seines geliebten Fußballspiels den Fernseher ausschaltet, und von all den bedeutsamen und unbedeutsamen Erschwernissen eines Menschen, der weder Harn- noch Stuhldrang verspürt, sich bei fast jedem Bissen verschluckt, da sich auch dieser Vorgang nicht kontrollieren lässt.

Bildhaft schildert er die bedrückenden Emotionen im Umgang mit seinen Kindern.

Er lässt uns teilhaben an ersten Fortschritten bei der Wiedererlangung stimmlicher Lautäußerungen. Irgendwann schafft er es, die logopädische Testhymne vom Känguru zu brummeln:

»Das Känguru ist über die Mauer gesprungen,
die Mauer vom Zoo,
mein Gott, war sie breit,
mein Gott,
war das gescheit.«

In seinen Träumen hat er sich sicher oft gewünscht, jenes Känguru sein zu können, das seine Freiheit wiedererlangt, aus einem Gefängnis, aus dem es mit einem einzigen Sprung entfliehen kann.

Nach fünfzehn Monaten beendet er das Diktat seines Buches, einem einzigartigen Dokument, seinem Antidot, wie er selbst meinte.

Wenige Tage nach der Veröffentlichung des Werkes erliegt Bauby am 9. März 1997 seinem Leiden; entgleitet der Schmetterling dem Tauchanzug.

Die Einnahmen des Buches kommen seiner Verfügung gemäß einer Stiftung für Locked-in-Syndrom-Patienten zugute.

Wenig später werden wir zu einem ähnlich gelagerten Fall gerufen.
Verdacht auf Hirnblutung, der Patient soll bereits tief bewusstlos sein. Ich bin seltsamerweise irgendwie erleichtert, als wir, am Notfallort eintreffend, die vierundneunzigjährige Frau ohne Lebenszeichen vorfinden. Die sicheren Zeichen des eingetretenen Todes deuten daraufhin, dass die alte Dame schon seit ungefähr zwanzig Minuten tot sein muss.
Die Natur hatte ihr verbrieftes Recht gefordert. Alle intensiven lebensverlängernden Maßnahmen sind ihr so erspart geblieben.
Übereinstimmend nehmen wir vier zur Kenntnis, dass sich der Kreis eines sicherlich erfüllten Lebens geschlossen hat.

Onkel Doktor

»Du, Onkel Doktor, mein Auge tut so weh und es ist ganz dunkel.«
Der vierjährige Junge liegt vor mir auf dem weichen Teppichboden der Wohnstube. Beim Herumtollen mit seinen beiden Geschwistern war er ins Stolpern gekommen und hingefallen. Ein etwa dreißig Zentimeter langer Draht, der, warum auch immer, aus dem Topf einer bis unter die Decke reichenden Zimmerpalme ragte, hatte sich tief in sein rechtes Auge gebohrt.
Wimmernd vor Schmerz hält sich der Kleine das verletzte Auge zu, Blut und das auslaufende Augenwasser rinnen durch seine dünnen Finger auf den Fußboden.
»Du brauchst nicht mehr weinen, wir helfen dir.«
»Wann ist der Unfall passiert?«
Die offensichtlich allein erziehende Mutter steht mit dem einen Kleinkind an der Hand und dem anderen auf dem Arm in der Tiefe des düsteren Raumes. Ihre Stimme ist kaum vernehmlich. Draußen ist es unterdessen dunkel geworden – bedrückende »Herbststimmung« hier und draußen vor dem Fenster.
»Es ist höchstens eine Viertelstunde her«, antwortet sie wie abwesend.
Das Licht meiner Taschenlampe blitzt grell in das Gesicht des Kindes. Reflektorisch schließen sich die Lider des linken, unverletzten Auges.
»Mach mal dein rechtes Auge auf, ganz vorsichtig. Hab keine Angst, es wird nicht wehtun.«
Zögernd gibt die kleine Hand die Verletzung frei. Die gesamte rechte Gesichtshälfte ist überzogen von zum Teil eingetrocknetem Blut. Tränenflüssigkeit hat die Krusten durchfurcht. Ich decke das unverletzte Auge ab.
»Und jetzt schau mich mal an. Siehst du das Licht aus meiner Lampe?«

Als der Junge die Lider aufschlägt, schaut er an mir vorbei ins Leere, die Pupille, welche sich sofort verengen müsste, bleibt regungslos und weit im eingefallenen Augapfel.
»Siehst du das Licht?«, hinterfrage ich noch mal, nur viel eindringlicher als zuvor.
Ich wusste wohl, wie die Antwort lauten würde.
»Ich sehe Sie nicht. Es ist alles so dunkel. Onkel, mein Auge tut ganz weh.«
»Ruf die Augenklinik in der Uni an und sage ihnen, dass wir in zwanzig Minuten da sein werden. Vierjähriger Junge mit perforierender Augenverletzung rechts. Und lass dich mit dem diensthabenden Arzt direkt auf's Handy verbinden.«
»Okay, brauchst du noch was Besonderes aus dem Koffer?«, will Frank wissen.
»Ich habe alles hier im Rucksack, kümmere dich um die Vorstellung in der Augenklinik. Ich komme hier zurecht.«
»Ich gebe dir erst mal etwas gegen die Schmerzen und dann machen wir einen Verband auf's Auge und bringen dich ins Krankenhaus.«
»Kommt meine Mutti auch mit?«
»Klar, sie muss dem anderen Onkel Doktor dort doch alles erzählen.«
Das Schmerzzäpfchen ist rasch eingebracht und entfaltet nach wenigen Minuten seine Wirkung.
»Der Augenarzt ist am Telefon.« Frank reicht mir das Handy.
In knappen Worten schildere ich den Unfallhergang und das Verletzungsmuster. Ob eine sterile Abdeckung reicht oder ob der Verband feucht gehalten werden sollte, will ich wissen. Perforierende Augenverletzungen sind nicht allzu häufig anzutreffen, bei Kindern zum Glück äußerst selten. Der telefonische Rat des Experten in Sachen Augenheilkunde kann daher zum Vorteil des Patienten, aber auch zur Sicherheit bei der Therapie des Notarztes vor Ort

gereichen. Gravierende Fehler im Umgang mit solchen sehr speziellen Verletzungen, daraus resultierende Prognoseverschlechterungen könnte man sich sicher nicht so ohne Weiteres verzeihen.
Also nur steril und trocken abdecken. Und wieder beginnt der Wettlauf mit der Zeit, wie so oft in unserem Job.
Minuten können entscheiden über das Auskommen des Patienten, die Prognose der Verletzung.
»Packen Sie noch schnell ein paar Sachen ein und vergessen Sie den Impfausweis nicht.« Die Mutter kommt gerade von den Nachbarn zurück, die für die Zeit ihrer Abwesenheit die beiden anderen Kleinen übernehmen.

Den liegenden Jungen mitsamt der Infusionsflasche auf den Armen tragend, betrete ich das Untersuchungszimmer, lege das Kind vorsichtig auf die Trage. Der Kollege entfernt behutsam den Verband und lüftet die Kompresse. Sein Blick zu mir herüber verheißt nicht viel Zuversichtliches.
»Wir müssen Ihren Sohn sofort operieren«, wendet er sich an die Mutter.
»Das abgenommene Blut habe ich schon bei der Schwester abgegeben. Unser Teil ist getan, wir verabschieden uns dann, bis zum nächsten Mal.«
»Vielen Dank für Ihre Mühe.« Die junge Frau reicht zum Abschied jedem von uns die Hand, drückt sie fest.
»Was glaubst du?«, schaut Frank mich an der Ausgangstür der Klinik fragend an.
Fast unmerklich schüttele ich den Kopf, ich glaube nicht, dass Frank diese Bewegung registrieren konnte.
»Er ist noch klein, vielleicht lernt er schnell und hat keine große Mühe, nur mit einem sehenden Auge zurechtzukommen.«
Das Gehirn ist noch lernfähig und wird die Defizite mit der Zeit zu kompensieren wissen.

Meine Gedanken schweifen ab. Plötzlich bin ich meilenweit weg vom mich umgebenden Klinikgeschehen und doch nur einige Straßenzüge von hier entfernt. Ich denke an Romy. Wie geht es ihr wohl jetzt gerade? Sicher wird sie schon schlafen, einen ihrer Teenagerträume träumen. Unbemerkt von den anderen huscht ein Lächeln über mein Gesicht, wohlige, innere Wärme verbreitet sich in mir, umgeben von der Kühle der beginnenden Nacht.

Nachrichten

»Also dann bis Montag. Schönes Wochenende all denen, die keinen Dienst haben.«
Die Übergabe in der Klinik am Freitagnachmittag ist stets von einer merklichen Entspanntheit und Leichtigkeit geprägt.
Die meisten von uns erwartet die wohlverdiente »Auszeit«. Den zwei Diensthabenden bleibt die Gewissheit, spätestens am Montagmittag die heiligen Hallen verlassen zu dürfen.
Gut gelaunt, wenn auch etwas müde, mache ich mich auf den Weg nach Hause, habe wieder einmal einen jener »ganz normalen Dienste« hinter mich gebracht.
Geradezu in klassischer Weise ereilt uns gegen 23 Uhr die Einweisung einer hochbetagten Dame aus dem Pflegeheim.
Seit einer Woche hatte der betreuende Arzt mit allerlei Hausmittelchen versucht, den ausgebliebenen Stuhlgang der alten Frau wieder in Gang zu bringen. Die seit vierundzwanzig Stunden bestehenden Windverhaltungen und der Umstand, dass seither die Darmgeräusche nicht mehr zu hören waren, veranlassten ihn nun zur längst überfälligen Krankenhauseinweisung.
Verdacht auf Darmverschluss – lautete die kurz formulierte Nachricht, welche, gemeinsam mit der in einem ausgesprochen schlechten Allgemeinzustand befindlichen Patientin, nun in der Ambulanz unserer Klinik angelangt war. Schon klinisch zeigte sich die zwingende Notwendigkeit zur sofortigen Operation. Röntgenaufnahmen und Ultraschalluntersuchung ergaben deutliche Hinweise auf das Vorliegen eines mechanisch bedingten Darmverschlusses, irgendwo war das Lumen des Dickdarmes verschlossen, Näheres über die Ursache sollten wir intraoperativ erfahren.

Zwei Dinge waren unumstößlich Fakt. Die Frau muss so schnell als möglich auf den Tisch. Und die heutige Nacht war allem Anschein nach gelaufen.
Der armstark geblähte Dickdarm wies im Bereich des linken Unterbauches eine centgroße Perforationsstelle auf. Er war infolge von entzündlichen Veränderungen geplatzt, massenhaft Darminhalt hatte sich in die Bauchhöhle entleert.
In der Milzloge, zwischen Zwerchfell und Leber, am Magen, zwischen den Darmschlingen, im kleinen Becken, überall Kot und Eiter. Bei der Eröffnung des Abdomens hatte es uns für kurze Zeit fast den Atem genommen.
Den Bauch mit Kochsalzlösung spülen, Entfernen des erkrankten Darmabschnittes, Schaffung eines vorübergehenden künstlichen Darmausganges. Die noch vorhandenen Entzündungen standen einer Wiedervereinigung der entstandenen Darmenden entgegen, erst nach rund drei Monaten können die dann hoffentlich entzündungsfreien Dickdarmabschnitte wieder zusammengefügt werden, der Stuhlgang wieder auf natürlichem Wege erfolgen.
Gegen 4.30 Uhr war das »Nachtwerk« vollbracht, die Patientin auf die Intensivstation verlegt. Einschlafen konnte ich ohnehin nicht gleich, um 6.15 Uhr klingelte der Wecker.
Ich öffne das Gartentor – endlich zu Hause. In drei Stunden erst muss ich wieder zum Hubschrauberdienst aufbrechen. In Gedanken liege ich schon auf dem Sofa, entspanne bei leiser Musik und einer Tasse Tee.
Im Briefkasten finden sich, die aufrecht stehende Fahne der Mailbox hatte es schon angekündigt, reichlich Zeitungen, Zeitschriften, Werbung, Briefe und jene gelbe Benachrichtigung, die das persönliche Erscheinen auf der Poststelle erfordert, um »wichtige« Briefe abzuholen.

Der blaue Umschlag der Landeshauptstadt Dresden vom Rechtsamt und der Standesamtaufsicht verhieß nichts Gutes.
»Da Sie nach den Nummern 9 bis 12 der Allgemeinen Verwaltungsvorschrift zum Gesetz über die Änderung von Familiennamen und Vornamen vom 11. August 1980 zu diesem Antrag zu hören sind, werden Sie gebeten, sich unter Angabe des Aktenzeichens zu diesem Antrag zu äußern.« – Romy soll den Mädchennamen meiner geschiedenen Frau annehmen.
Vorbei ist es mit der guten Laune, der Ausgeglichenheit. Schmerzliche Gefühle gewinnen das Übergewicht. »Seelennovember« erfasst das Gemüt, Narben – lebenslange Brandmale auf der Haut.
Zwanghaft versuche ich wieder ein wenig ins seelische Gleichgewicht zu finden.
Und ich muss mich zwingen!
Beine hoch, etwas Ruhe finden, wenigstens versuchen sollte ich es!
Der mich alsbald übermannende Kurzschlaf beschert mir wüste Traumbilder:
»Mach schon, schneller, sonst muss ich sterben«, schreit eine engelsgleiche, leichenblasse Gestalt mit verschwommenem Gesichtsausdruck. Winkt mit Flügeln, im Wasser versinkend. Dazwischen renne ich hinter etwas her oder vor etwas weg, ich weiß es nicht, weiß nicht, wohin ich laufen soll. Irgendwo erscheint meine Tochter, mit schemenhaften Umrissen, stumm, mich nicht wahrnehmend.
»Onkel, mein Auge tut so weh und es ist alles so dunkel.« Ein Junge mit einem überdimensionierten Kopfverband, und immer wieder Schreie, jetzt unverständlich. Ringsherum Chaos und ich mittendrin, hilflos, ohne Chance, ohnmächtig, die Situation in irgendeiner Weise zu beeinflussen, ihr eine andere Richtung geben zu können.
Schweißgebadet erwache ich.

So schlecht habe ich mich selten gefühlt.
Es sind nur einige Minuten vergangen. Ich bin erschlagen, wie nach einem stundenlangen Ausdauerlauf. In meinem Kopf scheint eine ganze Armada von Trommlern ekstatisch beschäftigt zu sein. Pochend pulsiert das Blut in meinen Schläfen. Mir ist speiübel. Ich renne zur Toilette und erreiche sie gerade noch rechtzeitig.
Wie von Ferne dringt das Klingeln des Telefons ins Unterbewusstsein. Bernd ist am Apparat und erinnert mich noch einmal daran, dass wir ab heute von dem neu errichteten Luftrettungsstützpunkt aus fliegen und er mich schon ungeduldig erwartet, um mir unser neues Reich offerieren zu können.
Ich packe nervös meine Sachen, hoffentlich habe ich wenigstens die wichtigsten dabei. Allem Anschein nach werde ich heute viel früher als gewohnt losfahren.
Schnell noch ein Glas Wasser. Ich öffne die Tür zur Terrasse und inhaliere die kühle Luft mit tiefen Atemzügen, schließe die Augen.
Das leere Glas stelle ich auf den wackligen Gartentisch vor mir.
Gedankenversunken, aber zielstrebig steuere ich den Küchentresen an und nehme den unliebsamen blauen Umschlag mit der Aufschrift »Landeshauptstadt Dresden« mitsamt seinem Inhalt. Dreimal gefaltet schiebe ich ihn unter das zu hoch stehende Bein des Gartentisches. Wenigstens wackelt der nun nicht mehr, denke ich, und irgendwie erfüllt so alles einen Zweck. Was ich jetzt brauche, ist einfach ein Tapetenwechsel – Ablenkung, Beschäftigung, Freunde, mit denen ich reden kann.
Und falls sie fragen sollten, dann werde ich ihnen einfach sagen, dass ich heute schon so früh gekommen bin, um in aller Ruhe die neue Station besichtigen zu können.
Bloß erst mal weg von hier!

Einzug

Es sieht einfach genial aus, das neue Luftrettungszentrum in Bautzen-Litten!

Der 1,5-Millionen-Bau setzt sich aus zwei großen Elementen zusammen. Einerseits das sofort ins Auge fallende und dabei etwas futuristisch anmutende, zweigeschossige Hauptgebäude. Licht durchflutet die zahlreichen Glasflächen, gibt Helligkeit und Transparenz. In dem architektonisch äußerst gelungenen Ensemble finden sich die Schlafräume und Duschen auf der Galerie im Obergeschoss.

Andererseits verbreiten die Zimmer ob ihrer farbenfreudigen Gestaltung ein wenig südländisches Flair. Kiwi, Papaya, Mango und Zitrus sind die in Wischtechnik aufgebrachten Farbtöne. Je zwei Zimmer verfügen über separate Bäder. Bett, Schrank, Schreibtisch, Stühle, Fernseher und Telefon gehören zur Ausstattung jeder einzelnen Unterkunft. Die Betten sind mit noch etwas steifer, aber sich harmonisch in die Farbgebung einfügender Ikea-Bettwäsche bezogen.

Ich bin sicher, dass man sich hier zwischen den oft nervenaufreibenden Flügen gut regenerieren, abtouren kann.

Büroräume und Küche im Untergeschoss lassen sich über eine breite Holztreppe erreichen, die in einer Art gläserner »Hotel-Empfangshalle« endet. Riesige Gemälde schmücken die Wände. An drei exponierten Stellen des atelierartigen Raumes ragen baumhohe exotische Grünpflanzen aus dem Boden.

Aus der gemütlichen Leder-Sitzgarnitur fällt der Blick auf den überdimensionalen Flachbildfernseher – hier kann man sich zwischen den nervenraubenden Einsätzen einfach nur wohl fühlen.

Im Raum zur Flugplanung, mit allerlei Landkarten an den Wänden, ist Frank gerade mit der Feineinrichtung der Computer und Modems sowie dem Checken der Telefonanlage beschäftigt.

In der erst halbfertigen Küche kriecht Bernd auf allen vieren, pendelt zwischen den Aufbauplänen, diversen Schachteln mit Schrauben, Scharnieren und Stiften sowie den zu montierenden Einzelteilen der Einbauküche, baut und bastelt die Küchenbestandteile um Herd und Geschirrspüler herum zusammen.
Selbst ein Fitnessraum hat in der funktionellen Planung der Architekten Platz gefunden. Daneben, durch eine Verbindungstür schnell erreichbar, der ultramoderne Hangar, welcher zwei Hubschraubern Platz bietet. Auch hier wurde den sportlichen Ambitionen der einzelnen Crews mit dem Aufstellen einer Tischtennisplatte Rechnung getragen.
Die beheizbaren Schienen der fahrbaren Plattform reichen bis an die Landebahn des Bautzener Flugplatzes heran. Rings herum zieren noch mächtige Berge Erdaushubs die Umgebung.
Die große Holzterrasse und der künstlich angelegte Teich sind ebenfalls in der Entstehung begriffen.
Der Kern unserer neuen Basis ist bezugsfertig, erwartet nun seine künftigen Nutzer. Überall strahlende, zufriedene Gesichter.
Die offizielle Einweihung soll unter der Schirmherrschaft hochkarätiger politischer Prominenz bei mannigfaltiger medialer Präsenz zwar erst am 1. September über die Bühne gehen, die Einladungen zum Mega-Event sind aber schon verschickt. Wir selbst annektieren den modernsten Rettungshubschrauberstützpunkt Sachsens bereits einige Wochen früher, verleihen ihm unser ureigenes Flair. Das, was uns ohnehin schon Spaß gemacht und Freude bereitet hat, bekommt mit dem neuen »Drumherum« noch einen zusätzlichen Motivations-Kick.
Ähnliches durfte ich auch schon in meiner frühesten Jugend erleben. Dem geliebten Fußballsport frönend, im prestigeträchtigen Spiel gegen den Berliner Fußballklub »Dynamo«, trug ich in tiefster DDR-Zeit erstmalig die

bis dato unerreichbaren Fußballschuhe mit den berühmten drei Streifen. Damals hatte ich das Gefühl, alles ginge besser und leichter in diesem perfekten Outfit.
Vor wenigen Wochen sollte ich nun zurück an diese, meine Wurzel gelangen. Die SG Dynamo Dresden verpflichtete mich als Teamarzt. Sie wollten wohl einen, der sportmedizinisch und unfallchirurgisch etwas bewandert ist, und vor allem einen, der weiß, wie Fußballer so ticken. Sie ticken nämlich anders.
»Und das ist gut so!«, um mit Herrn Wowereit´s Worten zu sprechen.
Zu den Vertragsverhandlungen war ich wie zu fast allen Terminen überpünktlich und nutzte die verbleibende Zeit, um ein wenig durch die Katakomben des Stadions zu streifen.
Es war ein Déjà-vu – nach 22 Jahren betrat ich erstmals wieder die Stätte meiner leistungssportlichen Jugend.
Hier war ich also tagtäglich langgegangen – erschöpft, geschunden, vom Torwarttraining verdreckt, aber stolz, hier kicken zu können. Und wir hatten eine Vision: Im Sport so gut zu sein, dass wir international spielen konnten, um uns so den vom Arbeiter- und Bauernstaat gesetzten Grenzen wenigstens zeitweise entziehen zu können.
Jetzt war ich wieder da. Aus dem dunkel gelockten Jungen ist ein grauhaariger Mann mit einer Portion mehr Lebenserfahrung geworden. Die freudigen Erwartungen, welche der Gang durch die Kabinengänge in mir auslösten, waren damals wie heute identisch.
Mit Bernd, Gerd und mir hat sich heute wieder das »Einhundert-Prozent-Partnerschaftsgeschädigten-Team« zusammengefunden. Bernd musste erst kürzlich das unabdingbare Ende einer langjährigen Partnerschaft zur Kenntnis nehmen, Gerd und ich sind bekanntlich nun auch schon eine Weile geschieden. Irgendwie versucht ein jeder das Thema auszusparen. Heute beherrschen situationsge-

rechte, hauswirtschaftlich relevante Themen die Runde: Wir sind kurzzeitig zu wahren Putzteufeln mutiert.
Der noch etwas stechende Geruch-Mix aus frischer Wandfarbe und dem erst kürzlich versiegelten Parkettfußboden hängt noch in jedem Raum. Kleine Leim- oder Farbreste auf den Fensterscheiben und deren Beseitigung erfordern die ganze »Hausfrau« in uns. So hat zunächst jeder, neben der Erkundung und Einverleibung der neuen Station, genug in seinem Zimmer auf seine ganz persönliche, nicht selten doch reichlich männerspezifische Art der Raumpflege zu tun. Das Cleaning-Spektrum reicht von althergebracht bis abenteuerlich-verwegen.
Alarmierung. Bernd sprintet zum Helikopter auf dem Vorfeld. Ich greife mir das Fax, während Frank mit den Perfusoren schwer beladen an mir vorbeieilt.
»Los komm, Kleiner, du musst, los komm!«, immer wieder beuge ich mich über das winzige Gesicht des gerade eineinhalb Monate alten Säuglings, beatme ihn Mund zu Mund, eigentlich Mund zu Mund und Nase, da sich der kleine Mund rein technisch gar nicht isoliert beatmen lässt. Die erfahrene Rettungsassistentin des mit hinzugerufenen RTW vollführt die Herzdruckmassage mit Zeige- und Mittelfinger in vorschriftsmäßiger Art auf dem so winzigen Brustkorb.
Das Gesicht des Säuglings zeigte bei unserem Eintreffen bereits ein tiefblaues Kolorit, der Oberkörper war marmoriert. Beim Trinken hatte er sich verschluckt, auf Nachfrage nicht zum ersten Mal, eine akute Atemnot erlitten, als plötzlich der Herz-Kreislauf- und Atemstillstand eintrat. Die junge Mutter war aus dem Haus in der kleinen Siedlung gerannt, hatte um Hilfe gerufen. Der Nachbar, Feuerwehrmann, hatte die ersten Wiederbelebungsmaßnahmen eingeleitet, als wir ins Zimmer stürmten.
»Bring sofort die Absaugung und den Babykoffer und die Beatmung«, herrsche ich den irritiert im Zimmer herumste-

henden Rettungssanitäter an, die absolute Brisanz des Notfalls wahrnehmend und deshalb verständlicherweise erregt. Der Puls lässt sich immer noch nicht tasten. Bei solch kleinen Patienten gelingt das am besten an der Innenseite der Oberarme.

Weiter Absaugen unter laryngoskopischer Einstellung, Beatmung, in den Pausen einhundert Prozent Sauerstoff über die Nasensonde, Herzdruckmassage. Die Pupillen verengen sich prompt beim Lichteinfall aus meiner kleinen Taschenlampe – Hoffnung!

Unvermittelt beginnt der Kleine zu husten. Ich kann es kaum glauben, möchte meine Freude am liebsten herausschreien.

»Ja, ja, los. Mach weiter. Weiter so. Immer schreien, das ist gut, das ist sehr gut!«

Wir können unser Glück kaum fassen, hatten fast schon alle Hoffnung aufgegeben. Es passiert extrem selten, dass man so junge Säuglinge nach erlittenem Herz- und Atemstillstand ins Leben zurückbringen kann – welch ein Glück wir haben, welch ein Glück!

Die Wangen werden rosig, vollhalsiges Schreien erfüllt immer wieder den Raum. Welch liebliche Klänge für die Ohren aller im Zimmer Befindlichen. Der »Kummertränen-Fluss« der allein erziehenden Mutter konvertiert zum »Freudentränen-Sturzbach«.

Das Elektrokardiogramm zeigt regelrechte Herzaktionen, die Sauerstoffsättigung im Blut erreicht bald achtundneunzig Prozent. Vorsichtig schlagen wir den Winzling in eine Wärmeschutzfolie ein, umgeben ihn zusätzlich noch mit einer flauschigen Decke.

»Ich sauge ihn vorsichtshalber noch mal ab.« Frank reicht mir den dünnen Schlauch. Doch der kleine Tobias kneift mannhaft die Lippen zusammen, toleriert das unangenehme Absaugen nicht, wehrt sich mit den winzigen Armen und Beinen.

»Ich glaube, der ist schon wieder ganz gut drauf, wir wollen ihn in der Kinderklinik der Uni in Dresden vorstellen. Es muss festgestellt werden, ob das Verschlucken auf einer organischen Ursache beruht. Zum anderen muss man schauen, ob er irgendwelche Schäden davongetragen hat.«

»Ich komme sofort nach. Ich will nur schnell noch meine Eltern anrufen«, die Mutter strahlt übers ganze Gesicht.

Nachdem ich den Jungen in die kompetenten Hände der Kinderärzte übergeben habe, stecke ich mir beim Zurücklaufen zum Hubschrauberlandeplatz seit Langem wieder mal eine geschnorrte Zigarette an. Genüsslich paffe ich den Glimmstängel, Inhalieren soll ja nicht so gesund sein. Ich liebe diesen Job – in solchen Momenten des unbeschreiblichen Glücksgefühls ganz besonders!

Während des Rückflugs zur brandneuen Basis erfolgt die nächste Alarmierung.

Auf einem kleinen Buswendeplatz werden wir schon von einem Jeep erwartet, welcher uns zur Unfallstelle inmitten der engen Gassen des Dorfes geleitet.

Ein Motorradfahrer ist mit seiner Maschine gegen eine Hausmauer gerast, hat schwere Verletzungen am rechten Bein davongetragen. Der Motorradfahrer entpuppt sich als 15-Jähriger ohne Fahrerlaubnis, die »Karre« als geklaut – wieder einmal. Die Verletzungen sind erheblich.

In einer engen Kurve hatte er die Gewalt über die viel zu schnelle Honda verloren, war ungebremst gegen die Hauswand geprallt. Ohne Sturzhelm war er von schweren Kopfverletzungen wie durch ein Wunder verschont geblieben. Das rechte Bein weist allerdings an Ober- und Unterschenkel in mehreren Etagen offene Knochenbrüche auf, das Kniegelenk ist schon stark angeschwollen und zeigt in alle Richtungen Instabilität.

Der Junge steht kurz vor einer schmerzbedingten Bewusstlosigkeit. Eiligst versorgen ihn Frank und ich mit groß-

lumigen venösen Zugängen, bereiten Narkotisierung und Intubation vor.
Ruhig, in Schmerzfreiheit schlafend, lässt sich das anfängliche, von den annehmbar extremen Beschwerden getriggerte Herzrasen beherrschen. Bei der groben Einrichtung der Frakturen auf mindestens vier Etagen der betroffenen Extremität habe ich das Gefühl, eine Strickleiter in die Gerade zu bringen, überall Fragmente und flexible Strukturen, wo normalerweise starre Knochen zu finden sind. Das Bein scheint auch jetzt, nach der Reposition, noch minderdurchblutet. Vorsichtig wird die Vakuumschiene platziert und nur sanft versteift, um die Durchblutung nicht noch weiter zu gefährden. Vielleicht kann die Blutversorgung des Beines operativ wieder hergestellt werden und dem Jungen so eine Amputation erspart bleiben.
»Bitte melde uns im Krankenhaus Friedrichstadt an, wir dürfen jetzt keine Zeit verlieren.« Bernd greift auf meine Forderung hin zum Funk, kontaktiert die Dresdener Rettungsleitstelle.
Reichlich zwanzig Minuten später erreichen wir, flankiert von den uns vom Hubschrauberlandeplatz auf dem Dach der Rettungsstelle begleitenden Ärzten und Pflegern, den Schockraum der Notfallaufnahme.
Gleißendes Licht der Operationslampen empfängt die um die Rolltrage gescharte achtköpfige Menschentraube, weitere drei Schwestern und zwei Ärzte sind schon im Raum mit der Vorbereitung der Patientenversorgung beschäftigt. Von der Decke ragen Röntgeneinheit und alle Anschlüsse zur Narkosefortführung herab. Ultraschallgerät und die Apparatur zur Blutuntersuchung stehen auf Standby, auch der große Röntgenbildbetrachter an der Wand erstrahlt schon. Schnell werden Infusionsständer herangerollt, der Patient von unseren transportablen Beatmungs- und Überwachungseinheiten dekonnektiert, mit den stationären Apparaturen des Schockraums verbunden. Die fünf Röhrchen

des am Unfallort abgenommenen Blutes werden umgehend analysiert, die Menge und Zusammensetzung der einzelnen Bestandteile bestimmt, die Blutgruppe ermittelt.
»Beschafft zunächst sechs Konserven blutgruppenidentisches Blut. Und bereitet einen Operationssaal vor«, wirft der diensthabende Unfallchirurg in die Runde, worauf zwei Schwestern aus dem Raum eilen, um das Erforderliche zu veranlassen.
Dem Unfallchirurg über Trauma und Verletzungsmuster Kenntnis gebend und dem Anästhesisten zur Narkoseeinleitung und -fortführung Auskunft erteilend, werfe ich beiläufig ein Auge auf die nun erstellten Röntgenbilder. Nun noch überprüfen, dass alle Unterlagen übergeben und all unsere Gerätschaften vollständig wieder in unseren Besitz übergegangen sind, so langsam schließt sich mein Aufgabenkreis.
Vor der Automatiktür des Schockraums erwartet uns Bernd mit zwei Bechern dampfendem Cappuccino.
Wieder zurück auf der Basis, müssen wir unseren Vogel zunächst randvoll auftanken, die verbrauchten Materialien ersetzen und den umfangreichen Schreibkram bewältigen. Patientendaten, Flugzeiten und Stationen unserer Einsätze, verbrauchte Medikamente und Verbandsstoffe, Suchtmittel gesondert, durchgeführte Behandlungen und Kostenträger und ...
Während der Erledigung jener ungeliebten, aber notwendigen Formalitäten springen die Pieper erneut an.
»Zerstörter Pkw auf einem Feld, vier Flugminuten nordwestlich von Bautzen, eine verletzte Person«, erfahren wir über Funk.
Es dauert keine zwei Minuten bis zum Abheben.
Der neue Renault muss sich mehrfach überschlagen haben, liegt völlig zerbeult auf dem Dach inmitten eines Maisfeldes, rund dreißig Meter von der Straße entfernt. Zunächst waren mir drei verstreut liegende Holzlatten aufgefallen.

Frank hat mich inzwischen erreicht und erklärt, dass es sich um zwei blumengeschmückte Holzkreuze gehandelt haben muss. Vor zwei Wochen waren an gleicher Stelle zwei junge Männer auf »Nach-Disko-Tour« alkoholisiert verunglückt und mussten ihren Leichtsinn mit dem Leben bezahlen.
Die gerade zwanzigjährige Frau ist aus dem Auto geschleudert worden und liegt auf der rechten Körperseite mitten in der vom Pkw ins Maisfeld geschlagenen Schneise.
»Hallo, hören Sie mich? Wie heißen Sie?«, frage ich, inzwischen tief über die Patientin gebeugt.
»Mein Rücken tut so weh«, ist das Einzige, was ich von ihr erfahre.
Schon bei vorsichtigen Berührungen im Bereich des Überganges der Brust- zur Lendenwirbelsäule schreit sie auf.
»Können Sie Ihre Zehen bewegen, haben Sie Gefühl in den Füßen?«
Auf Kommando bewegt sie beide Füße, meinen Griff an die Zehen kann die Frau deutlich verspüren. Falls sie sich die Wirbelsäule gebrochen haben sollte, ist es noch nicht zu Einengungen im Rückenmarkskanal gekommen, welche ansonsten in Lähmungserscheinungen oder Gefühlsstörungen ihren Ausdruck finden würden.
»Könnt ihr uns bitte die Vakuummatratze bringen!«, rufe ich den Piloten zu. Mit quietschenden Bremsen kommt ein Polizeiwagen zum Stehen.
»Wie sieht es aus, Doktor, können Sie schon etwas zu den erlittenen Verletzungen sagen? Wo bringen Sie die Frau hin?«
»Haben Sie bitte Verständnis, dass wir uns erst einmal um die Verletzte kümmern müssen, danach beantworte ich auch Ihre Fragen«, formuliere ich betont freundlich – die Staatsgewalt trottet enttäuscht von dannen.
Zugänge legen, Schmerzmittelgaben, Infusionen, neurologischer Status, Kontrolle der Kreislaufparameter, die

Erstversorgung der Patientin ist mir nach so langer Zeit als Notarzt schon in Fleisch und Blut übergegangen.
»Zugleich bei drei. Und eins, und zwei, und drei!« Stabil, ohne ihre aktuelle Lage zu verändern, von insgesamt acht Männerarmen an Kopf und Hals, am Brustkorb, am Becken und an den Beinen gehalten, heben wir die junge Frau in die Höhe und legen sie sanft auf der aufnahmebereiten Vakuummatratze in gleicher Seitenlage wieder ab. Knallhart modelliert sich die Matratze an den Körper, verhindert somit eine ungewollte Lageveränderung des Körpers, welche eine Verschiebung der anzunehmenden Wirbelfraktur bis hin zur Einengung des Spinalkanals mit einer daraus resultierenden Querschnittslähmung als Folge haben könnte.
Mit äußerster Vorsicht, jeden Schritt auf dem unebenen Feld mit Bedacht setzend, transportieren wir das Unfallopfer zum Helikopter.
Kurzes Statement gegenüber dem Polizisten, Verkabeln der Patientin, Programmieren der Überwachung.
»Es geht in die Uniklinik, Friedrichstadt ist mit unserem Fall von vorhin noch vollauf beschäftigt«, meldet sich Bernd über die Headsets.
»In Ordnung. Wie lange wird die Flugzeit betragen?«
»Rund fünfzehn Minuten.«
»Okay, wir sind hier hinten auch so weit fertig, ihr könnt anlassen.«
Elfter und zwölfter Brustwirbelkörper sowie der erste Lendenwirbelkörper sind gebrochen.
Aufgrund ihrer instabilen Bruchform müssen sie operativ versorgt werden. Die Bilder des umgehend in der Rettungsstelle der Uniklinik erstellten Computertomogramms zeigen das ganze Ausmaß der Wirbelsäulenverletzung der jungen Autofahrerin. Nur mithilfe eines guten Dutzends an Schutzengeln ist sie an einer Querschnittslähmung vorbeigeschrammt.

»Leitstelle Dresden für Rettungshubschrauber Bautzen, welche ist Ihre gegenwärtige Position?«
»RTH Bautzen für Rettungsleitstelle Dresden, wie Ihnen bei unserem Start bereits mitgeteilt, sind wir vor vier Minuten in der Uniklinik gestartet und befinden uns westlich der Dresdener Heide auf direktem Kurs nach Bautzen.«
»In Ordnung. Drehen Sie ab in Richtung Sebnitz, in der Ortschaft Berthelsdorf werden Sie zu einem internistischen Notfall erwartet. Der Rettungswagen der Wache Sebnitz ist vor Ort und wird Sie einweisen.«
»Der RTH Bautzen hat verstanden. Berthelsdorf, internistischer Notfall. Wir übernehmen.«
Bernds Kopf wiegt sichtbar hin und her, den Blick aus dem Cockpitfenster in unsere aktuelle Flugrichtung südöstlich gerichtet. Aufkommende Regenschauer haben die Sichtverhältnisse nachhaltig verschlechtert, die Sichtgrenzen immer mehr in Richtung Boden absinken lassen. »Die Sicht wird immer beschissener und langsam kommen jetzt die ersten Berge als Vorläufer der Sächsischen Schweiz«, die Stimme unseres Piloten klingt besorgt.
»Der Karte nach kann es nicht mehr weit sein. Aber über dem Bergrücken liegt die Wolkendecke auch schon auf«, gibt Gerd vom Copilotensitz aus zu bedenken.
»Ihr seid die Piloten, ihr allein bestimmt, was machbar ist und was zu viel Risiko in sich birgt.«
Jederzeit sind für mich die flugtechnischen Auskünfte der Piloten bindend, in keinem Falle würde ich sie in Zweifel ziehen, gar überstimmen.
»Wir kommen hier nicht weiter«, will Bernd gerade seine Absicht zur Umkehr kundtun, als Frank ihm ins Wort fällt: »Da unten bei zehn Uhr, die Blaulichter des Rettungswagens, hier muss es sein.«
Mit einer Einhundertachtzig-Grad-Wende, welche in mir wie stets anscheinend den Magen bis in Höhe des Zungengrundes befördert, prüft Bernd im Überflug die Mög-

lichkeiten zur Landung. Auf der Wiese unmittelbar neben einer Neubausiedlung hat er diese Möglichkeit gefunden und lässt den Hubschrauber sanft aufsetzen.
Blutüberströmt am gesamten Oberkörper und eine halb mit Blut gefüllte Nierenschale in den Händen vor das Gesicht haltend, sitzt der ältere Herr aufrecht auf der Trage des Krankenwagens. Ein ebenfalls blutbenetztes feuchtes Küchenhandtuch liegt um seinen dünnen Hals geschlungen.
So weit, so gut. Aber in dem gleichen erschreckenden Ausmaß, wie das unstillbare Nasenbluten über die Nasenöffnungen nach außen gelangt, läuft es auch nach hinten über den Rachen in die Speiseröhre. Der Mann droht an seinem eigenen Blut zu ertrinken.
Eine seit einigen Jahren aufgrund von erfolgten Bypassoperationen notwendig gewesene Marcumar-Therapie hat hier das Vollbild einer seiner Arzneimittelnebenwirkungen initiiert. Die Gerinnungsfähigkeit des Blutes ist so weit herabgesetzt, dass kleine »Alltagsblutungen« sich bis zum lebensbedrohlichen Blutverlust ausweiten können.
Der Mann verschluckt sich, hustet. Der entstehende Blutschwall spritzt mir ins Gesicht, benetzt den Overall.
»Schnell die Absaugung«, rufe ich Frank zu, während ich versuche, das Blut mit dem Ärmel aus dem Gesicht zu wischen.
Die Blutung kommt aus dem rechten Nasenloch. Ein schwer einsehbares Areal mit oberflächlich verlaufenden Venen, welches sich an der Nasenscheidewand befindet, ist hier die Blutungsquelle. Die Lagerung des Patienten mit überstreckter Halswirbelsäule, in der Nackenpartie platzierten Kühlakkus, auch das Einlegen von Kompressen und Tamponaden ins rechte Nasenloch bringen keinen wesentlichen Erfolg, es blutet weiterhin, jetzt besonders nach hinten. Über einen Absaugkatheter, den ich über die linke Nasenöffnung im Rachen des Patienten eingebracht habe, lässt sich immer noch reichlich frisches Blut ge-

winnen. Irgendwie müssen wir diese Blutung zum Stehen bekommen, am besten durch Kompression. Aber wie?
»Gib mir einen Achtzehner-Blasenkatheter.«
Die Eingebung kam zum richtigen Zeitpunkt.
Mit Gleitgel versehen schiebe ich den Katheter ein wenig zweckentfremdet circa fünf Zentimeter tief ins rechte Nasenloch. Mit ein wenig Kochsalzlösung blähe ich den an der Katheterspitze befindlichen Ballon auf, der normalerweise jenen Harnblasenkatheter in der Blase fixieren soll, indem er ein Zurückgleiten verhindert. Dieser Ballon aber bläht sich auf, verschließt das gesamte Lumen des Nasenloches und komprimiert damit die Blutung.
»So, das war's erst einmal.«
In Ruhe widme ich mich nun der subtilen Säuberung des Gesichts des Patienten und des meinigen. Frank reicht mir zu diesem Zwecke reichlich Desinfektionstücher.
»Rettungsleitstelle Pirna für den RTH Bautzen, Sie sind mit Ihrem Patienten in der Hals-Nasen-Ohrenabteilung im Krankenhaus Pirna angemeldet«, höre ich über den Funk des Rettungswagens mit. Bernd, der inzwischen zur Umlagerung des Mannes in den Hubschrauber zu uns gestoßen war, verzieht sein Gesicht, den Blick zum immer düsterer werdenden Himmel gerichtet.
»Nach Süden hin ist alles zu. Pirna werden wir bei diesen miserablen Sichtverhältnissen auf keinen Fall anfliegen können. Wie es aussieht, müssen wir mit dem Patienten sogar zurück nach Bautzen, auch nach Dresden zu ist alles dicht. Nur in nördlicher Richtung könnten die Sichtverhältnisse noch ein Entlanghangeln im Sichtflug zum Boden zulassen.«
Er gibt seine Entscheidung an die Leitstellenbesatzung weiter.
»Sie können mit dem Patienten nicht einfach nach Bautzen fliegen, wenn Sie schon im Krankenhaus Pirna angemeldet sind.«

»Ja, sind die denn total bescheuert?« Seine Frage hatte er vorsichtshalber schon mal in den Raum gestellt, bevor er den Funkknopf drückt und die Leitstelle erneut kontaktiert. »Uns bleibt ob der schlechten Wetterbedingungen nur ein Ausweichen in Richtung Bautzen. Bitte melden Sie uns in der dortigen HNO-Abteilung an. Danke und Ende«, seine Stimme klingt betont freundlich, der Gesichtsausdruck macht jedoch seine wahren Gedanken deutlich, er hat keine Lust mehr, sich einer noch weiterführenden irrwitzigen Diskussion zu unterziehen.
Und Bernds Voraussicht trog nicht. Es gestaltete sich zu einem ziemlichen Hindernisflug, bis wir endlich die vertrauten Lichter Bautzens unter uns erkennen. Die abendliche Dämmerung trug zur permanenten Verschlechterung der Sicht ihr Übriges bei. Während ich mich um das Wohl des alten Mannes gekümmert hatte, waren alle anderen gefordert, aufmerksam Ausschau zu halten, mögliche Hindernisse wie Starkstrom- und Telefonleitungen sowie Bergkuppen rechtzeitig zu erkennen. Gestaltete sich die Landung auch etwas holprig, waren doch alle froh, den »Blindflug« zum Abschluss gebracht zu haben.
Kurz vor Mitternacht gehen wir zufrieden und gesättigt, wie so häufig war »Pasta-Tag«, zu Bett.
Endlich finde ich Ruhe, endlich ein bisschen schlafen – hier, eingehüllt in die noch etwas steife Bettwäsche aus dem bekannten schwedischen Möbelhaus, im notärztlichen »Zitruszimmer«.
Viel zu müde und unter heftigem Gähnen quäle ich mich kurz vor sieben Uhr aus der wohlig warmen Bettwäsche. Der Tag erwacht ähnlich mühevoll. Dichte Nebelschwaden hängen in den Wipfeln der Bäume, der Regen will nicht enden. In der Morgendämmerung erscheint ringsherum alles nur in ein tristes Grau getaucht.
Die Piloten melden uns Punkt sieben Uhr in der Rettungsleitstelle an.

»Bitte alarmieren Sie uns zunächst über Telefon. Unter Vorbehalt sind wir einsatzfähig. Die Wetterlage ändert sich halbstündlich. Wir können Ihnen so am besten mitteilen, ob ein Flug in die jeweilige Region möglich ist«, vernehme ich Bernds Stimme auf dem Weg in die Küche.
»Zurzeit geht nicht viel, aber für die nächste Stunde sagt der Meteorologe eine Auflösung der Nebelfelder voraus.«
Ich nicke nur beiläufig und stelle die beiden Tassen, randgefüllt mit dem dampfenden »Muntermacher«, auf den Schreibtisch im Büro.
»Ich muss erst mal wach werden«, entschuldige ich meine Einsilbigkeit.
Der Nebel steigt unter den ersten Sonnenstrahlen langsam in die Höhe. Kurz vor neun Uhr läutet das Telefon – Einsatz.
»Ein schwerer Verkehrsunfall nur zehn Kilometer von hier entfernt, vielleicht schaffen wir es, bis dahin zu kommen.«
Eilig schnüren wir die Stiefel und greifen nach den Jacken. Die Rotoren drehen schon auf vollen Touren, als Frank und ich an der Plattform ankommen.
Der Flug gestaltet sich erwartungsgemäß schwierig. In kaum mehr als einhundertfünfzig Metern Höhe hangeln wir uns zunächst an der Autobahn entlang bis zur nächsten Anschlussstelle, um anschließend der Bundesstraße zu folgen. »Im nächsten Ort, so 'ner kleinen Klitsche, müsste es sein«, Frank fährt mit seinem Zeigefinger unsere Flugstrecke auf der vor ihm liegenden Karte nach.
Im Nebelschleier tauchen immer wieder Windräder und Hochspannungsmasten auf, dann eine schwarze Rauchsäule.
Der Pkw steht quer auf der Straße und brennt lichterloh. Erste Einsatzfahrzeuge der Feuerwehr beginnen bereits mit der Brandbekämpfung. Abseits ist ein Reisebus in eine Hausmauer gerast, hat dabei zwei riesige Alleebäume mit sich gerissen.

»Wenn der Bus da unten voll besetzt ist, dann können wir uns warm anziehen.« Das Bild, welches sich von hier oben aus der Luft bot, war eines jener Szenarien, die man im Notarztdienst besser keinem wünscht.
Beim Landen streifen wir uns die Gummihandschuhe über und springen aus dem Hubschrauber. Dicke Wolken beißenden Rauches hüllen uns sofort ein.
Der Wagen des ortsansässigen Rettungsdienstes steht unweit des Landeplatzes. Ich öffne die Tür und bin zunächst erleichtert. Ein offensichtlich nur leicht verletzter älterer Herr mit Stirnglatze und diversen Kopfplatzwunden befindet sich im Inneren.
»Kommt ihr mit ihm zurecht?« Die Rettungssanitäter nicken. »Sind Leute im Bus? Gibt es noch mehr Verletzte? Sind die Personen aus dem brennenden Pkw schon raus?«, meine Fragen scheinen sich zu überschlagen, ungeduldig erwarte ich ihre Beantwortung.
»Das hier ist der Busfahrer, er hat nur von der geborstenen Frontscheibe stammende Glaseinsprengungen in den Kopfplatzwunden, aber keinen Anhalt für ein Schädel-Hirn-Trauma. Andere Leute waren zum Glück nicht im Bus. Die Insassen des brennenden Pkw sind aber noch drin.«
»Okay, ich sehe mal nach, ob wir dort noch helfen können.«
Die Unfallstelle ähnelt einem Ort kurz nach einer Bombenexplosion. Im Umkreis von fünfzig Metern liegen noch brennende oder qualmende Wagenteile, eine Kopfstütze, Werkzeug, Kleidungsstücke, das Lenkrad, der Motorblock. Öl- und Benzinlachen überziehen den Boden. Das Fahrzeug selbst ist als solches kaum noch auszumachen. Lediglich die beim Aufprall abgerissene Heckklappe, die weit entfernt neben der Straße gefunden wurde, gibt Aufschluss über Typ, Farbe und den Zulassungsort des Mittelklassewagens.

Unterdessen ist das Feuer gelöscht. Die völlig aufgerissene Beifahrerseite gibt den Blick ins Innere frei. Im Löschschaum bis knapp unterhalb der Knie versinkend und durch den beißenden Qualm hindurch erkenne ich mindestens drei, zum Teil völlig verkohlte Beine, die Körper der Opfer sind bis zur Unkenntlichkeit entstellt. Dass hier keiner mehr lebend rauskommen würde, war mir spätestens beim Anblick des völlig zerstörten Wagens klar geworden, jetzt hatten wir Gewissheit.
Im Angesicht des grauenvollen Desasters bleibt uns nur zu hoffen, dass wir möglichst wenige Todesopfer finden werden.
Zahlreiche Menschentrauben versammeln sich trotz des zunehmenden Regens am Unfallort.
Sind das da eigentlich noch Schaulustige oder einfach nur Perverse, Voyeure der miesesten Art? Einige schleppen sogar ihre Kinder mit, drängen sich in vorderster Reihe.
»Nehmt wenigstens die Kinder da weg!«, entfährt es mir barsch.
Zum Glück bleibt es bei den zwei Todesopfern. Feuerwehrleute decken die Überreste des Unglückswagens mit einer Plane ab. Umgehend löst sich die Menschenansammlung auf, schließlich gibt es ja nichts »Interessantes« mehr zu sehen.
Ein junger Mann hat sich am Rettungswagen eingefunden, bittet um eine Beruhigungsspritze. Wie sich herausstellt, war er unmittelbarer Zeuge des Unfalls.
»Der Pkw war viel zu schnell unterwegs. Beim Regen verlor der Fahrer in der Kurve die Gewalt über den Wagen, raste quer stehend in den entgegenkommenden Bus. Ich habe gleich angehalten, wollte helfen. Kaum hatte ich meinen Wagen verlassen, gab es eine Verpuffung und das Fahrzeug stand in Flammen. Diese Bilder gehen und gehen mir nicht aus dem Kopf. Ich musste mit ansehen, wie die verbrannten, und konnte nichts tun. Bitte geben

Sie mir etwas zur Beruhigung!« Erst unter der Wirkung des applizierten Diazepams kommt der Mann zur Ruhe, verschwindet das Zittern.
Für uns bleibt hier nichts mehr zu tun. Wortlos fliegen wir zurück.
Der Fernseher läuft noch, das angefangene Frühstück steht auf dem Tisch.
»Primäreinsatz-Tag, Basis-B96, Notarztzubringer«, schreibt Frank an die Einsatztafel unter dem heutigen Datum.
Ein wenig Vorfreude auf den nächsten Tag kommt dann aber doch auf. Morgen soll es kommen, das neue Mitglied in unserem Team!
Der fabrikneue Hubschrauber H 135 von Airbus Helicopters steht auf dem Vorfeld unserer Station. Und heute soll der Hubschrauber nicht nur übergeben werden, sondern auch seinen Namen erhalten. Alle sind eingeladen, Piloten, Techniker, Rettungsassistenten, Notärzte.
Als das Namensschild enthüllt wird, laufen mir kalte und heiße Schauer zugleich über den Rücken. »Christoph 62« – mein Geburtsjahr, wenn das kein gutes Omen ist!
Die H 135, das zurzeit modernste und effizienteste Fluggerät in der notfallmäßigen Primärrettung, bei Intensivtransporten und zur Notarztzubringung. Besonders aber in der Bergrettung mittels Tau kann die Maschine ihre Vorzüge geltend machen.
Der von Airbus Helicopters produzierte Hubschrauber verfügt über zwei 743 PS starke Pratt & Whitney-Triebwerke, welche Geschwindigkeiten bis 250 Stundenkilometer und eine Flughöhe von bis zu 6000 Meter erlauben. Der 680 Liter fassende Tank garantiert eine Reichweite von 670 Kilometer.
Im Hubschrauber selbst fühlt man sich in die Zukunft versetzt, fast jede Funktion ist computergestützt und natürlich computerüberwacht.

»Wie im Airbus«, meinen die Piloten und vermissen bei allem Fortschritt das handgemachte Fliegen.
In den nächsten Einsätzen sollte er sie eines Besseren belehren und allen Vorschusslorbeeren gerecht werden.

Paula

Am 18.09.2001 um 10.37 Uhr erblickte Paula das Licht der Welt. Meine Hand zitterte mächtig, als ich die Nabelschnur durchtrennte.

»Drei Dinge sind es, die uns vom Paradies geblieben sind: die Sterne, die Blumen und die Kinder!«

Seit wir von ihrer Ankunft wussten, erwarteten wir sehnsüchtig jene neue Zeit, die da auf uns zukommen sollte, das war es, was uns zu unserem Glück noch gefehlt hatte. Und auf einmal wurde durch dieses kleine Wesen all unseren Wünschen und Träumen Leben eingehaucht.

Wir – seit einigen Jahren lebe ich nun schon mit Myren zusammen, vor zwei Jahren sind wir zusammengezogen. Ich habe lange Zeit gebraucht, um sie zu finden, und noch längere Zeit, um mich zu entschließen. Unendlich viele Vorbehalte und Hinterfragungen hatten sich angestaut – manche Dinge muss man nur erwarten können.

Ich weiß noch genau den Moment, als sie mir verriet, dass wir ein Kind erwarten. Es ist schon so lange her, dass es mir schwerfällt, es genau zu datieren – dass ich so ein Glücksgefühl empfand. Wir sind wie zwei offene Bücher füreinander, bei denen man auch schon mal etwas zwischen den Zeilen lesen kann, aber ohne die berühmten sieben Siegel – das Leben kann sich so gut anfühlen. Und ist es mal Winter, dann denken wir eben schon an den Sommer. Und natürlich machte ich mir auch Gedanken, ein Papa mit grauen Haaren?!

Bilder, die schon fast verloren waren, welche die Zeit mir schon genommen zu haben schien, waren wieder da.

Die kleine Hand halten, die Nähe des kleinen Mädchens riechen, wenn sie zwischen uns im Bett liegt. Der ketchupverschmierte Mund, die glänzenden Kinderaugen, das »Benjamin Blümchen- und Bibi Blocksberg-Zeitalter«, das sich Sorgen machen, wenn sie mal krank ist, die ers-

ten Versuche mit Dreirad, Roller und Fahrrad mit blauen Flecken und bunten Pflastern auf Ellenbogen und Knien, Papierflugzeuge und Drachen basteln, Kinderspielzeug an Orten, wo man es sicher nicht vermuten würde, Kekskrümel in den Sofaritzen, Schokoladenflecke auf den Autositzen, erste Gedichte für den Weihnachtsmann, quengelige Fahrten in den Urlaub …
Kaum zwei Querstraßen waren an uns vorbeigezogen, lautete die obligate Frage vom Rücksitz: »Wann sind wir endlich da?« Nach der Hälfte der Strecke und nachdem wir einige Dutzend Mal diese eine Frage mit: »Das dauert noch ganz lange!« beantwortet hatten, fragte ich mich: »Wann sind wir endlich da?«
Danke, Apple, für deinen iPod – Benjamin Blümchen Folge 1 –134.
Und gerade deshalb liebe ich es so sehr.
Ich hatte die Chance bekommen, all das noch mal erleben zu dürfen, welch ein Geschenk.
So verschlang ich jede Sekunde, jeden Augenblick. Die ersten Worte, die ersten Laufversuche, der erste Zahn.
Sie ist sicher kein kleines Mädchen, wie man es sich so vorstellen würde. Sie trägt kaum mal ein Kleidchen, mag keine Haarspangen, spielt am liebsten Fußball und läuft Ski, die Knie sind fast nie heil und einige Jungen im Kindergarten haben mächtigen Spundus vor ihr, da sie sich mit ihrem ausgeprägten Gerechtigkeitssinn einfach nichts gefallen lässt. Die Jungs lässt sie schon mal bei der Miniolympiade oder beim Abfahrtslauf in der Skischule hinter sich. Mit triumphierendem Lächeln genoss sie bei der Siegerehrung den Applaus und den ohrenbetäubenden Lärm aus den Lautsprechern bei »Stand up for the Champions«.
Sie ist eben unser Mädchen – die mangelhafte Ordnungsliebe und den Dickkopf hat sie dabei wohl von mir, das Aussehen, die Güte, die Liebenswürdigkeit und das entwaffnende Lächeln von ihrer fabelhaften Mutter geerbt.

Und so vergeht die Zeit, so manchen Moment möchte man festhalten. Kaum durchlebt, erwartet uns das nächste Kapitel im Abenteuer Kindererziehung.
Langsam drückt eine kleine Hand die Klinke zur Wohnzimmertür herunter. Im Türspalt erscheint ein verschmitzt lächelndes Gesicht. Natürlich müssen wir zunächst eine ernste Miene aufsetzen, erstaunt fragen: »Aber Paula, wieso schläfst du noch nicht?«
Die Uhr zeigt immerhin schon 21.30.
»Ich möchte noch etwas mit euch kuscheln.« Da wohnen doch gleich wieder Mal zwei Seelen in einer Brust. Im nächsten Augenblick sitzt sie schon zwischen uns auf dem Sofa, lehnt ihren kleinen Kopf an meine Schulter. Was soll man da sagen? Blitzschnell greift sie die Fernbedienung und hält sie wie ein Telefon ans Ohr.
»Ich ruf die Romy an.« – Aha?!
»Wenn ihr mich anrufen wollt, müsst ihr www Paula Punkt de wählen!« – Aha?!
»Paula, los jetzt, ab ins Bett, morgen früh bist du dann nicht ausgeschlafen, wenn du zeitig in den Kindergarten musst!«
»Leise, beruhigt euch!« – Aha?!
Seelenruhig schiebt sie sich eine Handvoll Gummibären in den Mund – Naja!
Eine Stunde später. Wir glauben unseren Augen nicht.
Mit feuchten Klopapierschnipseln fein säuberlich verteilt im Gesicht, an Armen und an den Beinen, die unterhalb des rosa Nachthemdchens herausschauen, steht »das Kind« vor uns.
»Schaut mal, ich habe Masern!!!« – Ach, so sehen die aus?! Unterdessen hat sich dann doch eine seltene Stille im Raum breitgemacht.
Paula liegt friedlich schlafend neben dem Meerschweinchenkäfig. Auch Hannes, das Meerschweinchen, schläft tief und fest. Der Ärmste muss mächtig geschafft sein,

schließlich »durfte« er sich heute stundenlang im Puppenwagen umherkutschieren lassen. Ich kann mir ganz gut vorstellen, was in ihm vorgehen wird, wenn sich morgen früh eine Kinderhand in Richtung seines Käfigs streckt und er mit »Hallo Hanni, na wie geht's dir?« aus dem Meerschweintraumhimmel heraus in seinen Alltag geholt wird. Und er konnte zu diesem Zeitpunkt sicher auch noch nicht ahnen, dass er im Sommer von Paula mit zum Schwimmen in ihr Kinderschwimmbecken kommen »darf«.
Irgendwann verlies uns Hannes in einem ungewohnt hohen Meerschweinchenalter.
Hugo, eine französische Bulldogge, trat an seine Stelle und „durfte" auch baden. Nur ist er nicht ganz so bereitwillig. Dafür ist er uns aber besonders gut erzogen. Wir machen Platz auf dem Sofa und im Bett, wenn der »Kleine« kommt. Haben großes Verständnis, wenn er Schuhe ruiniert, Zeitungen zerpflückt und durchs ganze Haus verteilt, über frisch bepflanzte Beete tobt, sich in Igelkacke wälzt und uns mit seinem Duft verzaubert.
Wir sind eine tolle Hundefamilie.
Martin Rütter hätte seine wahre Freude an uns und könnte damit bestimmt ein neues Programm seiner Tour erstellen.

Die ersten lauen Sommerabende im Dienst nutzen wir in aller Regel, um auf der Terrasse des Stützpunktes zu grillen, so auch heute.
Eigentlich hätte ich lieber daheim mit Myren und Paula gesessen. Kater Paul würde in der Abendsonne liegen und, auf Bratwurstreste hoffend, schnurrend um unsere Beine streifen.
Aber Myren hatte Operationssaaldienst im Krankenhaus, ich war hier in Bautzen und Paula verbrachte somit den Großteil des Wochenendes bei den Großeltern in Heidenau. Nochmals gab es von uns ein kleines »Verhaltens-

Update«. Nicht selten nutzen die Kleinen derartige Besuche, um eine Reihe ihrer Wünsche zu äußern. Beim letzten Mal lud sie in Omas Einkaufswagen allerlei Obst und süße Sachen mit der verblüffenden Begründung: »Das brauche ich alles für meine gesunde Ernährung!«
Langsam senkte sich die Abendsonne, den Himmel in ein glühendes Rot färbend, zum Horizont. Auf den Tellern zeugten nur noch schon leicht angetrocknete Ketchupreste vom leckeren Mahl, als die Stille von den anspringenden Piepern durchbrochen wurde.
Gewohnheitsmäßig einen Blick auf das Display werfend, schnürte ich meine Schuhe und griff nach der Jacke.
»VKU – eine verletzte Person«, stand da.
Los geht's.
»Wir fliegen nach Heidenau, ein Kind ist überfahren worden, schwere Kopfverletzungen«, die von Frank wie bei jedem Einsatz übermittelte Nachricht der Rettungsleitstelle traf mich jäh, wie ein Schlag vor die Brust.
Unvermittelt macht sich eine starke Unruhe in mir breit, gepaart mit einer von Ohnmacht bestimmten Traurigkeit. Ich laufe wie gegen eine Mauer, kann kaum einen Schritt vor den anderen tun, die Gedanken in meinem Kopf überschlagen sich – Kind, Heidenau, überfahren, nein, nein, nein.
Ich versuche mich zur Ruhe zu zwingen. Bleib logisch, bestimmt ist sie schon lange im Bett. Es gelingt mir nicht.
»Was ist denn mit dir los, du siehst ja aus wie 'ne Kalkwand.«
»Haben die was zu dem Kind gesagt? Wie alt, ob Junge oder Mädchen?«, ich versuche meine Beherrschung wiederzuerlangen.
»Ist wohl ein Mädchen, aber mehr wissen die auch nicht!«
In mir beginnt sich alles immer schneller zu drehen, das Herz rast, der Magen rebelliert, die Knie werden noch weicher. Wie in einem Traum und nur der Gewohnheit

folgend laufe ich mit zum Helikopter und schnalle mich instinktiv fest.
Ich kann das nicht mehr ertragen, das ist einfach zu viel.
Die Flugminuten erscheinen endlos. Alle dreißig Sekunden schaue ich auf die Uhr, versuche mich am Boden zu orientieren, Ort für Ort gehe ich in Gedanken durch. Es wird der längste Flug meines Lebens.
Schon ein wenig genervt von meinen Anfragen, ob uns die Rettungsleitstelle Näheres mitteilen kann, kommt die unvermeidbare Frage aus dem Cockpit:
»Was ist denn heute los mit dir, so kennen wir dich doch gar nicht?«
»Paula ist in Heidenau.«
Ruckartig drehte sich Frank zu mir um. Er brauchte nichts zu sagen.
Wenig später kreisen wir über der Unfallkreuzung. Vergeblich versuche ich, aus der Luft Einzelheiten zu erkennen. Eine riesige Menschenansammlung drängt sich an der Unfallstelle.
Die Kreuzung ist auf einer Fahrbahnseite noch nicht abgesperrt, noch mal vergehen einige Minuten, bis wir endlich zur Landung gehen können.
Die Kufen haben den Boden noch nicht ganz berührt, da springe ich aus der geöffneten Helikoptertür und renne quer über die zum Teil noch befahrene Straße, vorbei an bremsenden und hupenden Autos, in Richtung Unfallstelle, ohne auch nur irgendetwas um mich herum wahrzunehmen.
Ich spüre nur mein Herz, als wolle es aus meinem Brustkorb springen, Tränen schießen mir in die Augen.
Am ganzen Körper bebend reiße ich die Tür zum Rettungswagen auf, in welchen das verunglückte Kind zunächst gebracht worden war.
Ich sehe lange, rote Haare – ein Mädchen von etwa elf Jahren.

Eilig wische ich mir übers Gesicht und ziehe meine inzwischen durchgeschwitzte Notarztjacke aus – ich funktioniere wieder, ich muss funktionieren! Der Zustand des Kindes ist äußerst kritisch. Die Schädelverletzungen sind sehr ausgeprägt, es ist tief bewusstlos. Rasch versorgen wir das Mädchen und stellen die lebensnotwendigen Funktionen sicher.
»Die Mutter steht draußen, können Sie ihr was sagen?«
Was soll ich ihr sagen, ich weiß, wie sie fühlt. Kann man da überhaupt was sagen, ohne falsche Hoffnungen zu machen oder unnötige Besorgnisse zu wecken?
Ich muss mit ihr reden!
»Der Zustand Ihrer Tochter ist sehr kritisch. Sie wird künstlich beatmet. Wir fliegen sie in die Uniklinik, bitte setzen Sie sich in einer Stunde mit den Kollegen dort in Verbindung, dann wissen wir mehr.«
Eilig bringen wir das Mädchen in unseren Hubschrauber.
»Du, Tino, ich kann dich verstehen, aber das nächste Mal warte bitte, bis wir sicher am Boden stehen.« Bestimmt, aber doch freundschaftlich vernehme ich die Stimme unseres Piloten.
Er hat recht, schließlich betrifft es seinen Verantwortungsbereich und ich habe die Bestimmungen in Sachen Arbeitsschutz an Bord eines Helikopters ja auch regelhaft zu unterschreiben.
Dieser Einsatz zeigte uns wieder einmal, wie nahe wir doch am Leben sind, an unserem eigenen und am Leben anderer. Das lässt sich auch nach all den Jahren nicht trennen.
Und ich fragte mich nicht zum ersten Mal, wie lang ich so etwas noch aushalten kann. Eigentlich überhaupt nicht mehr.
Paula hat sich sicher über die lang anhaltende und über das sonstige Maß weit hinausgehende Begrüßung verwundert, als ich sie am Abend des folgenden Tages in meine Arme

schloss und fest an mich drückte – das große Glück ist nicht selten noch ganz klein.
Das verunglückte Mädchen lebte da schon nicht mehr.
Als ich nach meinem letzten Einsatz an Bord des Rettungshubschraubers nach Hause kam, schenkte ich ihr meinen Helm, der nun, statt im Regal mit meinem Namen auf dem Stützpunkt, in ihrem Regal neben Scary Monsters seinen neuen Bestimmungsort gefunden hat.

Nachtflüge III

»Mark, der Notarzt der letzten Schicht hat sich gerade noch mal hingelegt. Die letzten vierundzwanzig Stunden waren wir fast vollständig in der Luft. Zwei verheerende Verkehrsunfälle, ein ausgerasteter Drogensüchtiger, der den Halt im Leben völlig verloren hatte, ein akuter Herzinfarkt, ein schwerer Fieberkrampf bei einem Säugling und drei Verlegungen.«

Bernd hat seinen Pieper gerade von Olaf übernommen, der seit dem Morgen alle Flüge bestritten hat, nachdem Bernd seinerseits die letzte Nacht nahezu ununterbrochen durchgeflogen ist. Notarzt und Rettungsassistent müssen dem 24-Stunden-Rhythmus der Bereitschaftsdienste folgend bis jetzt auf ihre Ablösung warten, sehnen den Feierabend herbei. Die beiden sind völlig erledigt. Unsere Begrüßung ist wie immer herzlich, rituelle Umarmung mit kräftigem Schulterklopfen.

»Und wie geht's?« Eine obligatorische Frage erfordert eine obligatorische Antwort: »Gestern ging's noch!«

Die Spalten der Einsatztafel sind in den letzten Tagen ganz besonders dicht beschrieben. Unfälle über Unfälle, nicht wenige mit tödlichen Ausgängen.

»Du kannst dir nicht vorstellen, was hier zurzeit los ist. Wir kommen kaum zum Luftholen. Fliegen, tanken, weiterfliegen ...« Während Bernd detailliert berichtet, wankt Mark schlaftrunken ins Zimmer, schaut kleinäugig in die Runde.

»Bevor ich von hier abhaue, brauch ich erst mal einen starken Kaffee, am besten so einen, wo der Löffel drin steht.«

Olaf hat sich »Flieger, grüß mir die Sonne« als Klingelton auf sein Handy aufspielen lassen. Freudig erregt bittet er seit zwei Tagen jeden, der die »heiligen Hallen« hier betritt: »Wähle mal meine Nummer. Ich gehe auch nicht ran!«

In den gut zehn Minuten, seitdem ich hier bin, klingelt sein Telefon nun bestimmt schon das fünfte oder sechste Mal – »Flieger, grüß mir die Sonne«. Und Olaf strahlt. Genüsslich Kaffee schlürfend sprechen wir über Gott und die Welt. Peinlich vermeiden wir alles, was mit der Arbeit zu tun hat, aus Rücksicht auf die »Dienstgeschädigten«.
»Vielleicht wird's heute etwas ruhiger. Das kann ja nicht ewig so gehen«, in Anbetracht von Bernds ungläubigem Blick und dem dezenten Kopfschütteln konvertieren meine Gedankengänge alsbald zu Tagträumereien.
»Wie war dein Klinikdienst? Du hattest mich doch gestern Abend aus der Klinik angerufen, oder?«
»Frag lieber nicht, wir hatten gerade unser Telefongespräch beendet, da war auch schon die berühmte ›Kacke am Dampfen‹.«
Im Streit zwischen zwei Männern – wie fast immer ging es um eine Frau – kam es zu Handgreiflichkeiten, der eine hat dabei das Messer gezückt und seinem Gegenüber in die linke Flanke gerammt. Als der nach knapp einer Stunde bei uns ankam, war er fast schon völlig ausgeblutet.
Der junge Mann war leichenblass, die Bauchdecke von den Einblutungen in die Abdominalhöhle bretthart. Kein Blutdruck mehr seit einer dreiviertel Stunde trotz intensiver Therapie, die Atmung konnte nur künstlich aufrechterhalten werden. Aus dem Fahrstuhl heraus haben wir ihn sofort in den Operationssaal gebracht, entkleidet und notoperiert.
Als ich den Bauch aufmache, schießt uns das Blut literweise entgegen. Das Bauchfell, die Milz und deren große versorgende Blutgefäße, die Bauchspeicheldrüse, der Magen, alles war von Stichen übersät. Zusammen mit den Urologen haben wir zu viert die ganze Nacht am Tisch verbracht. Die Milz konnte nur noch entfernt werden, Bauchspeicheldrüse und Magen haben wir rekonstruiert. Als wir die arteriellen und venösen Blutungen aus den

bis zu fingerdicken Gefäßen zum Stehen gebracht hatten, war dann auch wieder ein Blutdruck messbar. Die Anästhesisten haben die Blutkonserven und gerinnungsaktiven Substanzen regelrecht reingeschüttet.
Trotzdem hat er es am Ende nicht geschafft. Heute Vormittag ist er, zehn Stunden nach der Operation, an Leber- und Nierenversagen gestorben. Diese Organe waren durch den hohen Blutverlust zu lange von der Durchblutung ausgeschlossen, hatten ihre Funktion eingestellt. »Mann du, der war gerade vierzig Jahre. Und alles nur wegen so 'nem Scheiß.«

Kurz nach 19 Uhr heben wir ab, die Sonne schickt noch ihre letzten kräftigen Strahlen übers flache Land Ostsachsens und sollte schon wieder am Horizont auftauchen, wenn wir zur Basis zurückkehren würden.
Ein jeder feiert heute Sonnenwende, nur wir müssen von hier oben dabei zuschauen. Bernd scheint meine Gedanken erahnt zu haben: »Da unten könnten wir so schön mit 'nem Mädel im Arm ein Bier trinken und die laue Sommernacht genießen. Aber wir, wir gondeln durch die Lüfte!«, poltert er, um wenig später eher melancholisch fortzufahren: »Warum nur habe ich mich ausgerechnet heute in den Dienstplan eingetragen, zumal ich selbst für die Erstellung des Planes verantwortlich bin. So etwas muss ja bestraft werden.«
Und wieder einmal sind wir auf dem Weg zu einem Unfall mit selbst gebautem Sprengkörper. Noch so ein Unverbesserlicher wollte der anstehenden Sonnenwendfeier am Wochenende mit Feuerwerkskörpern der Marke »Eigenbau« einen besonderen, persönlichen »Glanz« verleihen. Seine rechte Hand wurde bei der Explosion so schwer verletzt, dass sie wenige Stunden später kurz nach Klinikeinlieferung amputiert werden muss. Die Trommelfelle beider Ohren sind zerborsten, metallische Fremdkörper in beide

Augen eingedrungen. Der Verlust eines gehörigen Teiles der Sehkraft wird sich nicht mehr beheben lassen, wird ihn irreversibel lebenslang begleiten. Brust und Bauch sind von Brandwunden großflächig übersät.
Der Mann, wie in Trance, schreit vor Schmerz, ist durch die Explosion fast taub. Kaum etwas, was um ihn herum geschieht, kann er erkennen.
Routiniert, eingespielt verläuft die Erstversorgung. Augen, Ohren und Verwundungen werden steril abgedeckt. Medikamente schalten den Schmerz aus, dämpfen den Patienten in seiner Übererregung, unterstützen stabilisierend den Kreislauf und beugen eventuellen Infektionen vor.
Bernd gibt die Daten des satellitengestützten GPS, dem »Global Positioning System«, ein. Die Koordinaten des Flugzieles, die verbleibende Flugzeit und die Entfernung bis zur Landung erscheinen auf dem kleinen Bildschirm.
Zweiundsechziger-Jahrgang, so alt wie ich, Vater zweier Kinder, noch dazu Alleinverdiener der Familie – die Probleme des unbelehrbaren Sprengstoff-Freaks werden nach dem Klinikaufenthalt nicht ausgestanden sein. Die Wunden werden verheilen, was resultieren wird, sind die Narben, nicht zuletzt in der Seele, die fehlende rechte Hand, die Seh- und Hörverluste, Selbstvorwürfe.
Hand- und Unfallchirurgen, Anästhesisten, Schwestern und Pfleger der Rettungsstelle, des Operationsbereiches und der Intensivstation des Städtischen Krankenhauses Dresden-Friedrichstadt erwarten unsere Ankunft auf dem Dachlandeplatz des Klinikums. Geduckt schieben sie die Rolltrage unter den noch laufenden Rotorblättern heran, werden von deren erzeugtem, nicht unerheblichem Wind in ihrem Vorwärtsdrängen behindert.
Noch im Ausladen des Patienten begriffen, bekommen wir eine erneute Anfrage der Rettungsleitstelle. Ein Patient mit bekanntem Lungenkrebs und Metastasenabsiedelungen, Tochtergeschwüren im Gehirn, zeigt eine Vielzahl

kurz aufeinanderfolgender Krampfanfälle verbunden mit Bewusstseinsverlusten. Die Metastasen haben sich an bedeutenden Schaltstellen der Großhirnrinde eingenistet, durchsetzen wichtige Strukturen, führen zu nahezu therapieresistenten, unwillkürlichen Ausfallerscheinungen, Funktionsverlusten und Fehlreaktionen.
Er soll sich im Zuge von ausladenden, unorthodoxen Bewegungen während der Anfälle bereits schwere Kopfverletzungen zugezogen haben. Der zuständige Notarzt des Gebietes sei bei einem Patienten mit einem akuten Herzinfarkt gebunden.
»Wir können in fünfzehn Minuten vor Ort sein«, teilt Bernd der Leitstelle mit. Eilig packen wir zusammen, übergeben alle Dokumente an die Weiterbehandler. Erst einmal rein in die Maschine, angurten und etwas Ordnung machen, die Anschlusskabel, Überwachung, Beatmungsgerät und Perfusoren müssen auf dem kurzen Flug geordnet und verstaut werden.
Bernd setzt den Helikopter mit einem heftigen Ruck, welcher einer uns plötzlich erfassenden kräftigen Windböe geschuldet war, auf die Wiese unmittelbar neben dem etwas außerhalb der Ortschaft gelegenen Gehöft auf. Die letzten Strahlen der langsam purpurrot am Horizont untergehenden Sonne spenden uns, wenn auch nur spärliches »Landelicht«.
Der Kopf des schätzungsweise vierzigjährigen Mannes ruht auf dem abgeschabten Linoleum inmitten einer großen Lache inzwischen geronnenen Blutes. Zwischen den in immer kürzeren Zeitintervallen aufeinanderfolgenden Krampfanfällen liegt er nun wieder völlig regungslos am Boden der Wohnküche.
Seine hagere, klein gewachsene Ehefrau ist verzweifelt, unfähig, irgendwelche Angaben zum bisherigen Verlauf zu machen. Die Sorgen um ihren Mann lassen sie extrem erschöpft erscheinen, tiefe Falten durchziehen das blasse Gesicht und die Stirn.

Schnell legen wir zwei großvolumige venöse Zugänge. Mitten in unser Handeln hinein entwickelt sich der nächste epileptische Anfall.

Frank hat in Vorausahnung der zu erwartenden Situation bereits drei Ampullen Diazepam aufgezogen. Nur mit äußerster Kraftanstrengung gelingt es uns beiden, den Mann halbwegs ruhig am Boden zu halten, um ihm das Medikament zu verabreichen.

Nach Applikation der ersten beiden Dosen ist der Krampf durchbrochen, der Mann ruhiggestellt. Fünfzig Milligramm des sedierenden Arzneimittels werden per Infusion langsam tropfend die Schwelle für einen weiteren Krampfanfall so weit heraufsetzen, dass ein nochmaliger Epilepsiekrampf dem Kranken vorerst erspart bleiben sollte.

Mit unseren Vorrat an Verbandsmaterial fast aufbrauchenden Mengen an sterilen Kompressen wird die handtellergroße, klaffende Platzwunde am Hinterkopf abgedeckt und mit einem turbanähnlichen Verband fixiert. Der Gummikeil, den ich beim Aufkommen der ersten Krampfanzeichen dem Patienten zwischen die Zahnreihen geklemmt hatte, wird jetzt gegen einen Guedel-Tubus zum Freihalten der Atemwege ausgetauscht. Er verhindert das Zurückfallen der Zunge, welche die Atemwege verlegen könnte. Bei einer momentanen Sauerstoffsättigung im Blut von neunzig Prozent versehen wir unseren Patienten mit einer Sauerstoffnasensonde, insufflieren fünf Liter reinen Sauerstoff pro Minute. Unter dem monotonen Brummen der Absaugung wird die Vakuummatratze an den Körper des Mannes modelliert, bis sie völlig starr ist.

»Wir haben ein Bett in der Neurochirurgie in Görlitz, dort hat der Patient vor einem halben Jahr bereits stationär gelegen.«

Gerd war mittlerweile doch irgendwie mit der Ehefrau ins Gespräch gekommen, hatte einige Eckdaten der Kran-

kengeschichte und wenig später auch die Orte der letzten Klinikaufenthalte in Erfahrung bringen können.
»Ich habe mir bereits die Krankenakte des Patienten he-raussuchen lassen. Wir haben ihn schon irgendwann wieder hier erwartet«, empfängt mich der diensthabende Oberarzt, mit höflicher Geste in sein Dienstzimmer bittend.
»Es handelt sich in diesem Erkrankungsfall um ein ausgeprägtes metastasierendes Krebsleiden im Endstadium mit aussichtsloser Prognose. Die Tochtergeschwüre des Lungenkarzinoms haben trotz Chemotherapie schon fast das gesamte Gehirn besiedelt. Wir versuchen ihm das nun erreichte finale Stadium durch Schmerzmittelgaben und Dämpfung erträglich zu machen, sonst können wir für ihn leider nichts mehr tun.«
»Weiß er um sein Schicksal?«
»Ja, wir haben schon bei seinem letzten Klinikaufenthalt hier bei uns mit ihm und seiner Frau darüber gesprochen.«
Als ich das Arztzimmer verlasse, kommen mir Bernd und Frank schon auf dem langen Stationsgang entgegen, haben den Mann in sein Patientenbett im hellen Einzelzimmer umgelagert. Entgegen der Gewohnheit schließe ich mich ihnen gleich an, kehre nicht, wie eigentlich ansonsten praktiziert, noch einmal ins Patientenzimmer zurück. Was soll ich dort? Einem beim Sterben zusehen? Das musste ich schon oft, viel zu oft.
Was ich will? Weg, weg von diesem tristen Ort des Sterbens, sofort.
Die Aussicht auf einen nun bald greifbaren, wenn auch kurzen Nachtschlaf erhellt, zumindest marginal, meine betrübte Stimmung. Nur wenige Augenblicke bevor wir am Helikopter anlangen, macht Gerd, sein Handy vom Ohr nehmend, meinen Traum umgehend zunichte. Noch ein Verlegungsflug von Ebersbach ins Herzzentrum nach Dresden.

Die Patientin hat ihren dritten Herzinfarkt innerhalb von fünf Jahren erlitten. Ein Transport per Rettungswagen in die über siebzig Kilometer entfernte Landeshauptstadt ist ihr im momentanen Zustand nicht zuzumuten, wäre zu riskant. Einen weiteren Infarkt würde sie mit Sicherheit nicht überleben.
Die Uhr zeigt kurz vor 8 Uhr, als wir geschafft und verschwitzt zur Basis nach Bautzen zurückkehren. Auf dem Weg von der Maschine steigern wir uns wieder einmal in einen nicht ganz ernst zu nehmenden, wenig tiefschürfenden Disput zum Thema »Frauen« – eine männerphilosophische Konversation mit höchstens sporadischen »Nicht-Lach-Pausen«.
Schnell ein paar Bissen essen, einen Schluck heißen Kaffee und dann irgendwo hinlegen, die Augen schließen, ausspannen.
Bernd ist eh abgeflogen, kann zunächst einmal einige Stunden an der Matratze horchen.
»Ich lege mich auch etwas auf's Bett. Nur ein wenig ruhen und mal kurz die Augen schließen«, verkünde ich und verschwinde eilig ins Notarztzimmer. Ich schnüre die Bergschuhe nur locker und lege mich, den Overall anbehaltend, um bei einer Alarmierung Zeit zu sparen, nieder, schlafe wenig später ein – tief, fest und traumlos.
Gut vier Stunden waren uns vergönnt. Ich muss im Schlaf sogar den schrillen Ton des Piepers überhört haben.
Frank stürmt ins Zimmer: »Los, los, Doc, aufstehen, wir haben 'nen Primäreinsatz. Autounfall.«
Er hat seine Stimme kaum erhoben, ruckartig stehe ich neben dem Bett, schnüre instinktiv die Schuhe, schnappe meine Jacke. Aus der Tasche der liebgewonnenen schwarzen und schon »kampfspurgezeichneten« Lederjacke, welche mich seit Anfang an zu den Einsätzen begleitet, egal ob Regen, Eis und Schnee oder glühende Hitze, krame ich die Schachtel mit TicTac, um wenigstens einen Mi-

nimalaufwand gegen den faden Geschmack im Mund zu betreiben, renne zur Tür hinaus, die breite Holztreppe hinab, durch den Hangar hinaus auf den Startplatz.
Gerd war schon vor uns am Hubschrauber angekommen, die Rotoren laufen bereits in hohen Drehzahlen. Unmittelbar nachdem wir Platz genommen haben, heben wir ab, nehmen anhand der Koordinaten Kurs auf den Notfallort.
»Immer entlang der Autobahn in Richtung Görlitz.« Frank hat die benötigte Karte auf seinen Oberschenkeln ausgebreitet, verfolgt mit dem rechten Zeigefinger die Teiletappen des Fluges.
Da unser Stützpunkt unweit der Autobahnauffahrt Bautzen-Ost gelegen ist, die Autobahn schon im Aufsteigen deutlich auszumachen ist, sind Franks navigatorische Kenntnisse nicht so explizit gefragt wie sonst.
Von den zwei parallelen, grauen Betonbändern in der grünenden Landschaft geleitet, erreichen wir nach zehn Minuten mühelos die Unfallstelle. Nur der örtliche Fernsehsender war schon vor uns eingetroffen. Wie die das immer wieder schaffen, ist mir mitunter schleierhaft. Mehr als den Polizeifunk abhören können die doch auch nicht.
Ein Pkw war die etwa zwei Meter hohe Böschung hinuntergeschossen, hatte sich sicherlich nicht nur einmal überschlagen und war auf der Beifahrerseite liegend im weichen Boden der Grünfläche zum Stillstand gekommen. Außerhalb des Kleinwagens waren zwei Personen zu erkennen, um sie geschart waren zwei Leute mit Kameras und Mikrofonen, hielten ihre Objektive beständig auf die Verletzten, um sie zu filmen.
»Ich gehe gleich daneben runter, die Landemöglichkeit sieht gut aus.«
Gerd zieht eine enge Kurve, die Schräglage des Helikopters nimmt mir die Sicht auf das Unfallgeschehen. Durch das Fenster vis-à-vis ist jetzt nur das Azurblau des Himmels zu sehen und wieder hängt mein Magen anscheinend

irgendwo im Brustkorb herum. Dass der aufwirbelnde Wind die Reporter fast von den Beinen zu holen droht, registrieren wir nicht ganz ohne Schadenfreude.
Erleichterung macht sich breit, als wir beim Herannahen erkennen, dass es sich bei den beiden Betroffenen um die einzigen Unfallbeteiligten handelt. Keiner ist im Auto eingeklemmt, niemand liegt darunter!
Das ältere Ehepaar hatte sich selbst aus der misslichen Lage befreien können. Ihrem Ordnungssinn folgend, hatten sie sogar zwei Decken aus dem Auto geborgen. Auf ihnen hatten sie nun Platz genommen und erwarteten unsere Ankunft.
»Dürfen wir auch mal zum Zug kommen?« Betont geschäftig dränge ich mich zwischen die beiden Journalisten, schiebe sie etwas unsanft zur Seite. Der Weg um die beiden herum wäre genauso lang gewesen. Ich fand es aber durchaus angebracht, ihnen mit meiner Statur und dem Rettungsrucksack in die Flanke zu preschen. Ich hatte bisher noch nie gute Erfahrungen mit solchem selbsternannten und zu oft selbstherrlichen Sensationsjournalismus gemacht.
Neben kleinen Hautabschürfungen und Prellmarken am Kopf und den Armen waren keine Verletzungen auf den ersten Blick zu konstatieren – Glück im Unglück. Lediglich diskrete Beschwerden im Bereich der Nackenpartie gab die Frau an. Und natürlich war ihnen der Schreck mächtig in die Glieder gefahren. Blutdruck und Puls waren jedoch im Normalbereich angesiedelt.
»Herr Doktor, meine Herren, es ist uns furchtbar unangenehm, dass wir Sie mit Ihrem Hubschrauber hierher bemühen mussten.«
Die Wortwahl aus bester alter Schule und die ehrfürchtige Gestik machen uns ehrlich gesagt etwas unsicher, schließlich kommen wir ja nicht von einem anderen Stern auf die Erde herab.

»Bei etwas über einhundertzwanzig Stundenkilometern ist der rechte Vorderreifen geplatzt und hat uns in diese unangenehme, höchst bedauerliche Situation versetzt«, fährt der weißhaarige, sportlich-elegant gekleidete Herr fort, »bitte entschuldigen Sie nochmals.«
»Sie brauchen sich nicht bei uns zu entschuldigen. Das ist ja schließlich unser Job. Trotz Ihrer offensichtlich nur geringgradigen Beschwerden würde ich Sie gern im Bautzener Krankenhaus vorstellen. Einige Röntgenaufnahmen der Halswirbelsäule Ihrer Frau sowie Laboruntersuchungen bei Ihnen beiden, um innere Verletzungen ausschließen zu können, sind erforderlich.«
Unterdessen war der Rettungswagen über die Autobahn zu uns gelangt, im Schlepptau die Polizei. Die Unfallaufnahme läuft zügig ab, der Ablauf ist nicht schwer nachzuvollziehen.
Zwischenzeitlich legt Frank der Patientin einen Stiff-Neck an, jene Halsstütze aus stabilem Plastikwerkstoff, welche die Halswirbelsäule nach Schleudertraumen stabilisieren soll, solange nicht Verletzungen am Knochen bzw. den Bändern oder Zwischenwirbelscheiben ausgeschlossen sind. Wir schließen die Überwachung an, bringen sie zum Helikopter. Der Ehemann wird mit dem Rettungswagen ins Krankenhaus gelangen.
»Schwer verletztes Ehepaar nach Horrorcrash auf der Autobahn« wird morgen mit großen Lettern in der Zeitung über den ganz normalen Verkehrsunfall mit glimpflichem Ausgang zu lesen sein. Nur gut, dass diese Art von Zeitungsschreibern nichts über ihren Horrorcrash im Schädelinneren, ihre »zerebrale Unwucht« ahnen.
Im Landeanflug zum Bautzener Klinikum begriffen, werden wir zu einem nächsten Primäreinsatz angefordert. Schnelle Übergabe, kein Verschnaufen.
»Der nächste Verkehrsunfall. Wird der Dienst heute so wie der gestrige, brauch ich anschließend 'ne Woche Urlaub.«

Ein leichter Unterton der Verzweiflung schwingt in Bernds Stimme mit.

Die Kameraden der Feuerwehr mühen sich sichtlich, beide eingeklemmten Personen aus dem Fahrzeug zu bergen. Die schon etwas betagten Damen scheinen erhebliche Verletzungen davongetragen zu haben. Inmitten der Wrackteile des Autos ist das Verletzungsmuster nur vage auszumachen.

Mit ausreichend Schmerzmitteln versorgt und mühevoll geborgen, eröffnet sich jetzt, da sie neben dem Pkw-Wrack vorsichtig gelagert werden, das gesamte und komplexe Ausmaß der Verletzungen der offensichtlich am schwersten verletzten Beifahrerin. An Kopf und beiden Armen blutend, lässt sie klaglos alles über sich ergehen.

Schädel-Hirn-Trauma, Kopfplatzwunden, Schleudertrauma der Halswirbelsäule, offene Frakturen am linken Ober- und Unterarm, Prellungen am Brustkorb mit sich in der Klinik herausstellender Lungenflügelquetschung sowie Kontusionen über dem Abdomen, komplizierter Beckenbruch, Unterschenkelfraktur links – ein typisches Bild eines Polytraumas als Folge von Hochgeschwindigkeits-Verkehrsunfällen.

»Wir übernehmen diese Patientin hier«, verständige ich mich mit dem gerade eingetroffenen zweiten Notarzt, welcher sich umgehend der anderen, augenscheinlich nicht so schwer verletzten Patientin, der Fahrerin des Pkws, widmet.

Es nimmt fast eine Dreiviertelstunde in Anspruch, die Schwerstverunfallte in einen transportfähigen Status zu versetzen. Schnell einladen, hoffen, dass nichts passiert, und ab ins nächste Krankenhaus, das funktioniert hier nicht. Schaffung ausreichender venöser Zugänge, Schockbehandlung, Medikamentengaben, Narkoseeinleitung, Monitoring, Präparation der Spritzenpumpen und Infusionssysteme, Versorgung der Verletzungen, Reposition und

Schienung der Frakturen, Halsstütze, Vakuummatratze, wärmeerhaltende Abdeckung machen sich unabdingbar erforderlich.
»Wir sind so weit, ihr könnt anlassen«, der abschließende Funktions-Check aller Apparaturen vor dem Start zeigt keine Auffälligkeiten.
Die Turbinen laufen langsam an, wir schnallen uns an, wischen den Schweiß aus den Augenbrauen, streifen die blutverkrusteten Gummihandschuhe ab.
Als »the golden hour« bezeichnet man die so wichtige erste Stunde im Polytrauma-Management, ausschlaggebend für die Überlebenschancen der Betroffenen, die Heilungsprognosen der Verletzungen. Wohl in keiner anderen Situation ist die Qualifikation, die Erfahrung und die Professionalität des behandelnden Teams maßgebender für das »coming-out« des Patienten und seinen Benefit. Noch so zahlreiche gute Gedanken können nicht die rasche, beherzte, fach- und sachkundige Tat ersetzen.
Wir übergeben die Patientin in der Klinik. Bernd telefoniert unterdessen.
»Verlegung eines herzkranken Patienten nach Berlin. Innerhalb der nächsten Stunde müssen wir am abgebenden Krankenhaus in Görlitz sein«, ich kann nicht glauben, was ich da hören muss.
Mittlerweile kann uns dies aber auch nicht mehr schocken, es ist nun ohnehin schon egal.
Bye-bye sanfter Schlaf, adieu reichhaltiges Frühstück, mach's gut, opulentes Mittagessen.
Endlich sitze ich im Auto auf dem Weg nach Hause, hungrig, müde, erschöpft und gleichwohl bei bester Laune.
In permanenter Ermangelung freier Zeit habe ich erst jüngst für mich einen akzeptablen Konsens gefunden, trotzdem nicht ganz auf Literatur verzichten zu müssen. Hörbuch heißt die Zauberformel unseres Medienzeitalters. Habe ich früher die Bücher reihenweise begierig

verschlungen, lasse ich sie mir heute via MC oder CD vortragen.
Ross McDonald, Donna Leon, Frank McCourt, Ruth Picardie, Ken Follett, Martha Grimes, Frederick Forsyth, Ruth Rendell, Patrick Remond, Elizabeth George, John Irving, Patricia Highsmith ...
Innerhalb kurzer Zeit lerne ich von mir ansonsten sicher weniger tangierte Schriftsteller kennen, deren witzige, spannende, tragische, poetische, todtraurige, sinnliche, zumeist teuflisch guten Werke und ihre persönlichen Erzählweisen schätzen.
Es ist schon so – das Leben folgt keinen Regieanweisungen. Zumeist läuft es ganz anders, beschreitet unerwartete Wege, erfährt Wendungen – Aufstieg und Fall, Freude und unermessliches Leid, Hoffnung und Resignation, Sehnsüchte und Verwirrungen, Nähe und Einsamkeit, Lebensentwürfe und Lebensverantwortung, schicksalhafte Kreuzungen von Biografien.
Gerade hat Marcel Reich-Ranicki Auszüge seines Werkes »Mein Leben« rezitiert. Ihm auf dem Fuße folgen Max Frischs »Homo Faber« und »Stiller«, jene faszinierenden Geschichten schicksalhafter Selbstfindung. Zwischendurch darf es aber auch mal Grissemann und Stermann sein, einfach so zum Ablachen.
In Gedanken gehe ich noch die Termine des kommenden Wochenanfangs durch. Ein Vortrag zum Thema Dickdarmkrebs im Rahmen der klinikinternen Weiterbildung der chirurgischen Assistenzärzte, OP-Management-Sitzung, OP-Wochenplanung sind die Dinge, welche mir ad hoc einfallen. Und dann noch die Vorgespräche mit der Druckerei in Sachen Kalender zugunsten des Fördervereins für krebskranke Kinder e.V. Dresden. Ich hatte mir aus der Vielzahl meiner Australienfotografien die besten herausgesucht und sie zu einem großformatigen Kalender zusammengestellt. Nur fürs Album waren die Bilder einfach zu schade.

Nun gilt es auch noch einige Sponsoren zu aktivieren; für die Herstellung einer Auflage von 1500 Stück belaufen sich die Druckkosten in Fotoqualität und auf entsprechend hochwertigem Papier auf immerhin zwei Monatsgehälter eines Stationsarztes in der Chirurgie. Bis dahin ist es allerdings noch Zeit und irgendwie wird es schon auf die Reihe zu bringen sein.
Aber als ich in die staubig-holprige Straße einbiege, in der ich zu Hause bin, kreisen meine Gedanken dann nur noch um eines: Die Spiele der Fußball-Europameisterschaft, und das garantiert ohne Unterbrechungen.
Parallel dazu kann man übrigens heute im öffentlich-rechtlichen Fernsehen auch das Politmagazin »Panorama« genießen, unter anderem zum Thema »Notärzte als Abzocker«.
Es lohnt einfach nicht, sich über solche gelegentlich schon schwachsinnig anmutende Polemik aufzuregen, ich habe es nach anfänglicher Erregung über derartige Betrachtungsweisen schon vor einiger Zeit aufgegeben.

Seilakrobatik

»Komm mal mit, seit letzter Woche gibt's was Neues am Hubschrauber!«, neugierig geworden, folge ich den beiden diensthabenden Piloten in den Hangar. Neben der Maschine liegt über die gesamte Länge des Hallenbodens ein Bergetau.

»Wir wollen uns für die Seilbergung in der Sächsischen Schweiz fit machen, sieht aber einfacher aus, als es ist.« Olafs Kommentar sollte sich in den nächsten Stunden mit Leben erfüllen, für den heutigen Tag waren Anflugübungen mit Personenaufnahme geplant.

Acht Bergretter aus der Sächsischen Schweiz haben sich zu uns gesellt. Sie sollen die Patienten in den oft unzugänglichen Stellen des Elbsandsteingebirges bergen und erstbehandeln, bevor wir sie per Bergetau aufnehmen, rasch zu einem nächstgelegenen Landeplatz fliegen und definitiv versorgen.

»Warum ein Fixseil und keine Winde?«, wollte ich wissen. Als Olaf mir eine jährliche Wartungssumme in sechsstelliger Höhe nennt, frage ich gar nicht erst weiter.

Das Wetter ist schon mal auf unserer Seite – sonnig, trocken, windstill.

Zunächst wird das je nach Verlängerung bis zu 35 Meter lange Bergeseil in die Verankerung am Unterboden der H 135 eingehängt. Der Rettungsassistent gurtet sich an, klinkt sich am Rahmen der geöffneten Seitentür ein, stellt sich auf die Kufe des Helikopters. Mit Helm und Sprechgarnitur ausgerüstet, soll er den Piloten einweisen, ihn in oft unüberschaubarem Terrain zum Patienten leiten.

Allmählich hebt sich die Maschine in den Himmel über den Flugplatz in Bautzen. Das Seil, an dessen Ende ein orangefarbener Beschwerungskörper hängt, folgt sich langsam auspendelnd. Auf dem glatten Areal unseres Flughafens gelingen die Anflüge problemlos. Von zwei großen Außenspiegeln und einem Rettungsassistenten geleitet, besteht die Schwierigkeit für die Piloten darin, Patienten und Bergretter im dreidimensionalen Raum anzusteuern. Nicht nur Seiten- und Längenkoordinaten müssen stimmen, natürlich muss auch das Seil in optimaler Höhe hängen. Ist es zu hoch, dann kann es nicht erreicht werden, hängt es zu flach, wird es über den Boden geschleift, kann sich an Wurzeln oder Ähnlichem verhängen, den Hubschrauber und seine Besatzung in Gefahr bringen. Ein paar stark verschmutzte und einen zerschlissenen Overall später ist die Übung bei Sonnenuntergang beendet. Einzelne der „Probanten" kamen bei den Absetzmanövern nicht gleich ins Laufen und machten unfreiwillig Bekanntschaft mit der Wiese im Mittelbereich des Flugplatzes. Alles gut und schön, aber wie soll das im bergigen Elbsandsteingebirge werden?

Gut sechs Wochen später ist es dann so weit, Premiere – mein erster Bergetaueinsatz.

Der Notruf kommt am späten Nachmittag herein. Die ersten Kälteeinbrüche im November haben einige exponierte Bergkuppen mit Eis überzogen. Einer Bergsteigerin wurde dies zum Verhängnis, sie rutschte aus, brach sich den Oberschenkel. Auf dem fußballfeldgroßen spiegelglatten Areal ist auch für die herbeigeeilten Rettungskräfte kein Vorankommen möglich.

Also setzen wir unser Fluggerät auf eine angrenzende Lichtung, auf der uns ein Kamerad der Bergwacht Sächsische Schweiz schon erwartet. Die anderen Bergretter sind bei der Verunglückten. Bergeseil einklicken, Rettungsassistent auf die Kufe, Luftretter ans Seil, Abflug. Ich bleibe auf der Lichtung, erwarte die inzwischen im Bergesack verstaute Patientin, um sie versorgen zu können. Nur in dem Fall, dass lebenserhaltende Sofortmaßnahmen am Unfallort eingeleitet werden müssen, wird neben dem Bergretter der Notarzt mit eingeflogen.

Die H 135 erhebt sich in den schon dämmernden Abendhimmel. Etwa 200 Meter hoch schwebt der Mann am Seil über dem Berggipfel, leicht hin und her pendelnd. Insgeheim bin ich froh, dass ich hier unten stehe und nicht an seiner Stelle in luftiger Höhe bin. Den Hubschrauber im Schwebeflug über der Unglücksstelle haltend, senkt Olaf die Maschine langsam ab. Irgendwann verschwindet das Seilende im dicht stehenden Wald. Als es nach wenigen Minuten wieder auftaucht, ist es leer. Der Bergretter bereitet die Patientin nun für den Flug vor. Sobald das geschehen ist, ruft er über Funk den Piloten. Das Procedere des Erstanflugs wiederholt sich in identischer Form. Als sich das Seilende im nun schon schwachen Gegenlicht über den Baumwipfeln zeigt, lassen sich zwei Personen daran ausmachen. Wenig später landen beide wohlbehalten auf der Lichtung. Ich eile hinüber, etwas blass vom »Freiflug« sind beide – ich möchte mir nicht vorstellen, wie ich aussehen würde.
Umgehend wenden wir uns der Verunfallten zu, versorgen sie mit ausreichend Schmerzmitteln, schienen den gebrochenen Knochen, schließen die Überwachung an. Die Nacht hat ihre Schleier über Dresden ausgebreitet, als wir auf dem Dachlandeplatz der Universitätsklinik landen.
»Hat ja alles prima geklappt«, lautet das einstimmige Resümee, als wir zum Helikopter zurücklaufen – also auf ein Neues, bis zum nächsten Mal.
Das nächste Mal sollte schon am kommenden Morgen sein. Bergunfall im Elbsandsteingebirge, ein Mann aus großer Höhe abgestürzt, lautet die kurze Ansage der Rettungsleitstelle.
Klettern am zum Teil vereisten Felsen ohne ausreichende Sicherung, manche fordern ihr Glück schon ganz schön heraus, überstrapazieren es gelegentlich auch schon mal. Dieses Mal gestaltet sich der Anflug schon reichlich schwieriger. Im unübersichtlichen Gelände ist die Absturz-

stelle erst nach mehrmaligem Überflug auszumachen. Im letzten Augenblick entdecken wir unter uns die winkenden Bergretter in ihren signalroten Anoraks.
»Das wird 'ne Sisyphusarbeit, das Seil dort hinunter zu bringen«, meint Olaf mehr zu sich selbst als zu uns gewandt. Die zwischen den Felsen herrschenden Fallwinde machen einen ruhigen Schwebeflug fast unmöglich. Und bei über hundert Meter hohen Gipfeln muss man mit einem 35-Meter-Seil schon recht tief »eintauchen«.
Die Vorbereitungen zur Bergung laufen schon automatisch ab. Wieder bleibe ich am Landeplatz zurück. Minutenlang schwebt der gelbe Hubschrauber über der Absturzstelle, senkt sich dann langsam und unter gelegentlichem korrigierenden Wiederaufsteigen zwischen den Felswänden hinab.
Von meinem Beobachtungspunkt aus verliert sich die Hubschraubersilhouette in halber Höhe zwischen den Felsen. Nur das monotone Brummen der Turbinen erweckt in mir eine gewisse Beruhigung. Mit zunehmendem Sinkflug wird das Geräusch immer leiser, ist kaum noch zu vernehmen. Die Minuten erscheinen mir wie eine Ewigkeit. Endlich, der Pegel der lärmenden Motoren nimmt wieder zu, mit zwei Personen am Seil erscheinen sie wieder in meinem Sichtfeld. Ein mächtiger Stein fällt mir vom Herzen, die eine Anspannung löst sich, wird aber umgehend von der nächsten ersetzt. Wie geht es dem Abgestürzten? Der Schutzengel, welcher ihn beim Sturz kurz aus den Augen verloren hatte, muss ihn im Flug überholt und relativ sanft landen lassen haben. Zwar hat er sich beide Unterschenkel gebrochen, aber Kopf, Bauch und Brustkorb zeigen sich beim ersten Bodycheck unauffällig. Für einen freien Fall aus schätzungsweise 30 Metern Höhe, nur gebremst von einigen entlang der Felswände vorspringenden Bäumen, ist er mehr als glimpflich davongekommen. Lediglich der Schreck steckt ihm mächtig in den Knochen.

Zitternd am ganzen Körper schildert der Mann, von der Gestalt eines Recken, stockend und schluchzend die Ereignisse. Mit angewärmten Infusionen, schließlich musste er über eine Stunde am Fuße des Felsenmassivs ausharren, bis die alarmierte Bergwacht bei ihm war, normalisieren wir die auf 34,5 °C abgesunkene Körperkerntemperatur, fliegen ihn nach der Erstversorgung in eine Unfallklinik. Wochen später erhalten wir eine Dankeskarte mit der Mitteilung, dass er wieder »auf den Beinen sei«, das Bergsteigen aber vorübergehend aufgegeben habe – vorübergehend!? – Bergsteiger sind also auch Verrückte. Solche Nachrichten freuen uns natürlich und lassen so manch unsanftes Eintauchen in die Baumwipfel vergessen.
Mit der Bergetaurettung hat sich nunmehr unser Einsatzgebiet, welches bislang Ostsachsen umfasste, bis in die Sächsische Schweiz ausgeweitet.

Herzklopfen

Das Leben ist eine Momentaufnahme. Und es sind oft auch nur Momente, Sekundenbruchteile, welche ein Leben in seinen Bahnen halten oder es umleiten und es neue Wege gehen lassen.
Eine anstrengende Woche schien gelaufen zu sein. Ich fühlte mich reichlich erschöpft und freute mich auf das seit Langem mal wieder dienstfreie Wochenende.
Zwei Tage frei. Kein Pieper, Stunden ohne Hektik. Zwei Tage Zeit für die Familie, Zeit, mal was für mich zu tun, mal wieder Sport treiben, nötig wäre es, die guten Vorsätze müssen wieder auf das nächste Jahr verschoben werden. Außerdem stand das dritte Weihnachten mit Paula vor der Tür, dieses Mal würde sie es schon viel bewusster erleben, wir mussten auf jeden Fall einen Weihnachtsmann organisieren. Mein Vater wäre doch dafür wie geschaffen, ich werde ihn anrufen.
Es fühlte sich an, als würde jemand mit einem Hammer auf meinen Brustkorb schlagen, immer und immer wieder. Ich glaubte, das Herz wollte herausspringen.
Mit den unregelmäßigen und viel zu schnellen Herzschlägen ging der Blutdruck in den Keller, die Knie versagten ihren Dienst, das Luftholen fiel bei jeder Anstrengung schwerer.
Verfluchter Mist, was ist das?
Ist es das?!
Instinktiv taste ich nach meiner Halsschlagader. Immer noch rast der Puls, setzt aus, stolpert. Unruhe macht sich schlagartig in mir breit und das verbessert meine Situation nicht wirklich.
Reiß dich zusammen, denk an irgendwas anderes, komm zur Ruhe! Es gelingt nicht, dem Herz kann man eben nicht seinen Willen aufdiktieren, es nicht in seinen normalen Rhythmus zwingen. Ich glaube, allein kann ich mir jetzt

nicht helfen, ich muss in die Klinik. Die Feststellung kommt überraschend schnell, aber unwiderruflich. Diese Rhythmusstörungen rauben mir die Luft, das Wissen um meine Situation raubt mir den Verstand. Ich weiß zu viel über derartige Symptome, ihre Ursachen, ihre Auswirkungen. Wie oft sind sie mir im Job begegnet, nun bei mir selbst, nie und nimmer habe ich dies erwartet.

Ich brauche endlose fünf Minuten bis ins Bad, rasiere mich, stelle mich unter die Dusche.

»Wie siehst du denn aus?«, Myren ist sichtlich erschrocken, genauso wie ich, als ich mich im Spiegel erblickte, blass, kaltschweißig. Meine Frau hat mich etwas überrascht bei meinen Vorbereitungen für einen unumgänglichen Klinikaufenthalt. »Du musst mich bitte ins Herzzentrum fahren, mir geht es nicht gut. Kannst du mir noch ein paar Sachen zusammensuchen?« Die Frage hat sich erübrigt, noch bevor ich sie stelle. Ich will sie nur nicht beunruhigen.

Den größten Stress hat nun wohl Myren. Paula liegt schon im Bett, muss wieder geweckt und angezogen werden, sie muss ja mit. Ich bin auch nicht wirklich eine Hilfe, habe mit mir selbst zu tun. Es hat mich total aus der Bahn geworfen, ich habe Angst. Ich kann mich nicht erinnern, jemals so gefühlt zu haben.

Auf der Fahrt zum Herzzentrum glaube ich zweimal, das Bewusstsein zu verlieren, ich zwinge mich, wach zu bleiben. Ich sage die ganze Fahrt kein Wort, ich will Myren nicht noch mehr beunruhigen. Warum habe ich Depp bloß keinen Rettungswagen gerufen? Man glaubt immer, es wird schon gutgehen, nicht so schlimm werden, Ärzte lassen sich nur ungern helfen. Eigenartig, aber schon oft erfahren. Wann geht ein Arzt mal zum Arzt? Dann schon lieber medikamentöse Rosskuren, nach selbst entworfenen Therapieschemata, mit denen man durch jede Prüfung fallen und welche man sicher nicht seinen Patienten antun würde – wirklich eigenartig.

Im Herzzentrum zunächst mal ins Bett gelegt und ans EKG angeschlossen, geht mir alles viel zu langsam. Wann lässt sich denn nun mal ein Arzt blicken, was ergeben die Laborwerte?
Ich schiele zum EKG-Monitor – Vorhofflimmern!
»Wir verlegen Sie auf die Intensivstation. Falls sich Ihr Herzschlag nicht unter den Medikamenten normalisiert, müssen wir Sie in Narkose versetzen und das Herz mit Elektroschocks wieder in seinen Rhythmus bringen.« Natürlich war ein Kollege sofort zur Stelle, Ärzte sind jedoch auch die schlechtesten Patienten, die man sich denken kann. Augenblicke scheinen wie Ewigkeiten.
Ich kenne die Patientenschleuse zur Intensivstation nur zu gut. Sehr häufig bringen wir Patienten hierher. Das Herzzentrum genießt einen guten Ruf, die Kollegen leisten beste Arbeit.
Dieses Mal komme ich jedoch selbst als Patient. Beunruhigt über das, was mich erwarten wird, bin ich aber gleichzeitig ruhig. Egal was passiert, hier bist du an der richtigen Stelle. Wenn die dir nicht helfen können, kann es kaum ein anderer. Aus nunmehr ungewohnter Perspektive erlebe ich diese Station völlig neu.
Was ist anders?
Die Dauer des Verweilens, die ungewohnte Situation, und es geht einem nicht so richtig gut. Und auf so einer kardiologischen Intensivstation geht es keinem wirklich gut.
Also ist mir alles viel zu laut, zu hektisch, jedes Geräusch stört – und es gibt unzählige davon:
Überwachungsgeräte melden sich im Rhythmus des Herzschlags, Spritzenpumpen surren, geben bei Fehlfunktionen unüberhörbaren Piepalarm, Beatmungsgeräte schnaufen, Patientenklingeln schellen, umhereilende Schwestern und Pfleger rauschen über den Gang, geordnete Hektik, wie sie in jeder Intensivstation vorherrscht …

Aus jeder Ecke blinkt es andersfarbig. Besonders laut wird es, wenn der Rettungsdienst einen neuen Patienten einliefert. (Ich bemühe mich seither, extrem geräuschlos durch die Station zu wandeln, wegen der geplagten Patienten!)
Die Narkose war schon mit dem diensthabenden Anästhesisten besprochen, der Weg zum Operationssaal schon zur Hälfte zurückgelegt. Plötzlich durchfährt mich ein wohlig warmes Gefühl, das Pochen im Brustkorb ist schlagartig vorüber, die Haut verfärbt sich von aschgrau in rosarot. Wieder der Griff an die Halsschlagader. Das Herz schlägt langsam und rhythmisch, nach über fünf Stunden hat mein »Motor« aufgehört zu stottern, jener Motor, der mich über mehr als vierzig Jahre treu begleitet und so manche Belastungssituation ohne Murren kompensiert hat. Ich hoffe, es bleibt noch eine Weile so.
Es ist inzwischen 23 Uhr geworden. So, mir geht es wieder gut, also was soll ich noch hier?
Der betreuende Arzt tritt ans Bett, schreibt noch ein Kontroll-EKG.
»Würde es Ihnen viel ausmachen, schnell meinen Entlassungsbrief zu schreiben?« Etwas merkwürdig hat er mich schon angeschaut. 23 Uhr und dann auch noch schnell? Ich denke aber, ein bisschen konnte er sich in mich hineinversetzen.
Natürlich kannte er mich, ich möchte nicht wissen, was er einem anderen Patienten mit diesem Ansinnen entgegnet hätte.
Kurz vor Mitternacht halte ich den Briefumschlag in den Händen. Etwas ungläubige Blicke von Patienten und Pflegepersonal begleiten mich, als ich zur Geisterstunde die Intensivstation verlasse. Ist sicher auch für sie neu.
Mein Vater fährt mich mit besorgter Miene nach Hause.
Drei Monate später, im Rahmen meines ersten Hubschrauberdienstes und nach einer selbst verordneten, zur Wiedergenesung genutzten Dienstpause betrete ich die ITS des

Herzzentrums. Wie althergebracht, um einen Patienten auf Station zu bringen.
Die meisten grüßen mich jetzt noch herzlicher und fragen mich nun jedes Mal, wie es mir denn gehe, ob wieder alles in Ordnung sei. Natürlich antworte ich auch jedes Mal ganz freundlich. Aber trotzdem muss ich mich sicher noch daran gewöhnen!
Was hat sich geändert?
Im Leben gibt es Punkte, an denen sich alles umkrempelt. So einen Punkt hatte ich nun auch durchlebt. Nicht aus der Ferne als Helfender, sondern an mir selbst. Mir ist dabei klar geworden, dass niemand unverletzbar ist, niemand unendlich belastbar. Also musste ich mir klar machen, was für mich wichtig ist. Die gut dotierte Oberarztstelle in der chirurgischen Klinik, unerbittliche Pieperalarme, Dienste schrubben, immer und immer wieder …
Nein, das kann es sicher nicht sein. Wichtig sind die Menschen, die mir beistehen – es ist die Familie.
Ich war an eine Grenze gestoßen, an meine Grenze gestoßen. Ich musste einen Reset vollführen.
Heute durchfährt mich ein Anflug von Glück, wenn ich nach Hause komme und Myrens Auto vor dem Haus und ein Paar Kinderschuhe vor der Tür stehen sehe. So weiß ich, dass ich gleich zwei in die Arme schließen kann, die sich auf mich freuen, bei denen ich mich geborgen fühle. Das ist mein Glück – bis zum Mond und wieder zurück.
Genauso freue ich mich auf jede E-Mail von Romy, über jeden Besuch von ihr. Diese sind mittlerweile zahlreich geworden – endlich.

Sicher wird es mir fehlen, das Operieren, für mich die direkteste Art, einem Patienten zu helfen. Trotzdem entschied ich mich, die Klinik, das sich immer fortwährend drehende Hamsterrad, zu verlassen, zusätzlich noch Sportmedizin und Allgemeinmedizin abzuschließen und eine

Praxis zu eröffnen. Sicher keine einfache Entscheidung mit Anfang vierzig, an einem Punkt, an dem man glaubt, seine Profession gefunden, eine fundierte Stellung erreicht zu haben, Achtung zu genießen.
Vor drei wenigen Monaten war es so weit – ein weiterer neuer Lebensabschnitt begann.
Selbstbestimmung und ein unbeschreiblicher Gewinn an Lebensqualität wiegen alles auf, ob man sich nun Oberarzt oder sonst wie, oder einfach nur Arzt nennt.
Dem Notarztdienst und der Luftrettung werde ich treu bleiben, nicht wegen des Adrenalins, sondern vielmehr um fit zu sein für Notfälle in der Praxis und an allen Stellen, wo sie einem begegnen können. Und ich genieße die Tage viel intensiver, trotz aller Belastungen. Es sind die neuen Prioritäten, die mich zufrieden machen, mir Glücksgefühle vermitteln. Ein Gefühl, welches man nicht beschreiben kann – man kann es nur erfühlen.

Abschied

Die Autobahn, auf die ich auf dem Weg nach Hause gerade aufgefahren bin, verschwimmt vor meinen Augen, ich drossle das Tempo und fahre an der ersten Raststätte ab. Gesichter, Bilder und Worte schwirren durch meinen Kopf, lassen mich nicht zur Ruhe kommen. »Grüner Pullover..., wieder gesund...« Es ist das erste Mal, dass mich ein Unfall derart übermannt hat, die Tränen nicht zu halten sind. Eine halbe Stunde brauche ich, bevor ich die Fahrt fortsetzen kann. Das mir so etwas nach all den Jahren noch passiert, oder passiert es, weil es schon so viele Jahre sind?

Der Einsatztag hatte eigentlich ganz normal angefangen. Am Abend sollte vieles anders sein.
Der für die Jahreszeit typische Frühnebel machte morgendliche Flüge unmöglich und wir konnten den Tag ohne Hektik beginnen, Duschen, Frühstück und Zeitungsschau, Radiohören und Lesen. Langsam jedoch gewann die Sonne die Oberhand über die Wolken, vertrieb die Nebelbänke. Ein Verlegungsflug von Görlitz ins Herzzentrum nach Dresden, danach eine zunächst bewusstlose Person, welche bei unserem Eintreffen wieder ansprechbar ist, ein Umstand, der sich als Unterzuckerung eines insulinpflichtigen Diabetikers herausstellt. Danach wieder Pause, Mittagessen.
Am Nachmittag springen die Pieper erneut an: »Unfall auf der A4, mehrere verletzte Personen, Schwere und Anzahl unbekannt.«

Die Flugzeit beträgt nur wenige Minuten. Unser Stützpunkt befindet sich unweit der Autobahn und der Unfall ereignete sich auf einer nahen Raststätte in Richtung Dresden.
Im Anflug bietet sich für uns ein verwirrendes Bild. Mitten auf dem Parkplatz der Raststätte liegt ein Pkw auf dem

Dach, sonst weit und breit keine weiteren Fahrzeuge oder Hindernisse. Wie ist der da hingekommen?
Nach der Landung werden Aufprallspuren sichtbar, der Unfallhergang deutlich. Der Wagen muss die Einfahrt der Raststätte verpasst haben, geriet auf den Beginn der Leitplanke und wurde so wie auf einer Schanze über das Gebüsch auf den Parkplatz katapultiert. Eine gut 40 Meter lange Schleifspur zieht sich von der Stelle des ersten Aufpralls bis zum Autowrack. Unglaublich, welche Kräfte hier gewirkt haben mussten. Kann man so etwas überleben?
Am Wagen angelangt, bietet sich ein beklemmendes Bild. Zwei Frauen sind schwer verletzt im völlig deformierten Fahrzeug eingeklemmt. Beide sind nicht ansprechbar, Lebenszeichen kaum zu vernehmen. Wir kriechen zwischen den ausgelösten Airbags so gut es geht ins Wageninnere, legen Zugänge, eine Frau können wir mit Mühe intubieren.
»Wir müssen sie so schnell wie möglich rausholen, um noch eine Chance zu haben!«
Mit Hilfe der inzwischen eingetroffenen Feuerwehren erfolgt eine Crashbergung, so können beide doch rasch befreit werden.
Noch auf dem Parkplatz versuchen wir die beiden zu stabilisieren, optimieren die Beatmung, geben Medikamente und Infusionen, welche den Kreislauf anregen und aufrecht erhalten sollen. Es gelingt uns nur teilweise. Die Verletzungen sind so schwer, dass die Patienten immer wieder instabil werden.
Plötzlich, wie aus dem Nichts, steht ein etwa 5-jähriger Junge neben mir: »Du, Onkel, die Frau im grünen Pullover ist meine Mama und die andere meine Oma. Aber jetzt werden sie ja wieder gesund.«
Völlig überrascht bemerken wir erst jetzt, dass zwei Kinder mit am Unfallort sind. Beide Jungen haben es weit-

gehend unverletzt aus dem Fahrzeug geschafft und sich auf eine von hier aus nicht gut einsehbare Bank gesetzt, offensichtlich um das Geschehene nicht sehen zu müssen. Und der größere von beiden stand nun neben uns. Sein Gesicht sehe ich heute noch vor mir. Blass, traurig, verzweifelt, eingetrocknete Tränen auf beiden Wangen. Und dann hoffnungsvoll: »Jetzt werden sie wieder gesund.« Die Worte dringen zu mir, aber irgendwie kann ich sie nicht realisieren.

Eine Rettungsassistentin beugt sich über den Jungen und führt ihn weg zu seinem Bruder, hin zu einem Rettungswagen, um beide untersuchen zu lassen.

Parallel landet ein zweiter Hubschrauber. Endlich. Wir hatten ihn angefordert, um beide Schwerstverletzte möglichst schnell zu versorgen und abzutransportieren. Er übernimmt die ältere der Frauen, bringt sie nach Dresden. Behutsam legen wir die junge Mutter auf die Trage.

Während die Augen ins Leere schauen, laufen jetzt schlagartig in Strömen Tränen über ihr Gesicht – „Augen-Blicke".

Neben schweren Kopfverletzungen erweist sich der Brustkorb als instabil, beide Beine sind mehrfach gebrochen. Wir sichern die Halswirbelsäule mit einem Spezialkragen, legen zwei Thoraxdrainagen, um freie Luft und Blut, welche die Beatmung einschränken, zu entfernen, schienen die mehrfach frakturierten Beine mit Luftkammerschienen und stillen die Blutungen aus den vielfachen offenen Wunden.

Automatisiert laufen alle Handlungen mit unserem Rettungsassistenten ab, wird die Patientin an die transportablen Überwachungsmonitore des Hubschraubers angeschlossen.

Umlagerung in den Hubschrauber, Umstecken der Beatmungsschläuche an unser Gerät, wir starten. Immer weiter stabilisierende Medikamente, jetzt über eine Spritzenpumpe zur kontinuierlichen Applikation, Infusionen über

Druckmanschette, um so viel Volumen in kürzester Zeit in den Kreislauf zu bekommen. Aber die Vitalparameter verschlechtern sich zusehends.
»Die Frau im grünen Pullover..., jetzt werden sie wieder gesund.« – die Worte hämmern in meinem Kopf.
Nein, die Frau im grünen Pullover wird nicht mehr gesund werden, das Leben weicht Schritt für Schritt aus ihrem Körper. Die Beatmung erfolgt maschinell, die Herztätigkeit wird trotz hoher Medikamentendosen schwächer.
Landung in Görlitz, auf dem Weg zur Rettungsstelle geben die Überwachungen fast ständig Alarm, wir haben alle Hände voll zu tun, um gegen zu regulieren. Im Schockraum übernehmen zwei Dutzend Ärzte, Schwestern und Pfleger die Verletzte. Anästhesisten kümmern sich um die Vitalfunktionen, legen großlumige Zugänge in herznahe Gefäße, führen die Narkose fort. Chirurgen machen sich ein Bild über das Verletzungsmuster, dokumentieren die Läsionen, sonographieren Brustkorb und Bauchraum, versorgen Wunden, organisieren Röntgen, CT und einen Operationssaal. Schwestern und Pfleger erneuern durchtränkte Verbände, bringen Blutproben ins Labor, holen Notfallblutkonserven herbei, schließen diese an.
Der Bauchraum ist voll Blut, ein bedeutsames Blutgefäß ist offensichtlich beim Unfall verletzt worden. Die Diagnostik des Bauchraumes per Ultraschall begründet die Kreislaufschwäche.
Ich sitze in einer Ecke des Raumes, fülle mein Notarztprotokoll aus und betrachte das Geschehen wie von Ferne durch einen Schleier, die extreme psychische Anspannung will einfach nicht abfallen.
»Reanimation« – das Wort des leitenden Narkosearztes lässt die meisten ihre Handlungen unterbrechen. Der Monitor zeigt eine Nulllinie – Herzdruckmassage wird begonnen, ein Defibrillator angeschlossen und sofort zum Einsatz gebracht. Die Versuche, dem schwer verletzten

Körper wieder Leben einzuhauchen, bleiben jedoch vergeblich.
Ich habe das Gefühl verloren, wie viel Zeit inzwischen vergangen ist, 20 Minuten, eine Stunde?
Wortlos verlasse ich den Raum.
»Grüner Pullover...meine Mama...wieder gesund.« Ich werde das Bild des Jungen im Kopf nicht los, sehr lange nicht los!

Wir landen auf dem Stützpunkt, als es schon dämmert, kurz nach 19.00 Uhr, mein Dienst ist zu Ende. Jener Dienst, der etwas in mir verändert hatte.
Ich ahnte, nein ich wusste, dass ich so etwas nicht noch einmal aushalten würde, es wurde Zeit für mich, Abschied zu nehmen, diesen mich so prägenden Lebensabschnitt zu beenden.

Diese Zeit des Abschieds dauerte dann aber doch noch vier Monate, die Entscheidung war nicht einfach zu treffen. So trug ich mich schon noch einige Male in die Dienstpläne ein.
Zu viele an schönen Begebenheiten, bewegenden Fällen hatten uns zusammengeschweißt, echte Freundschaften und tolle Menschen galt es zu verlassen.
In den letzten Monaten häuften sich aber auch jene Situationen, die mich zunehmend an die Grenzen des Verkraftbaren brachten.
Patienten mit fortgeschrittenem Tumorleiden, welchen die Worte: Fortschreiten der Erkrankung, Hoffnung und Zuversicht geraubt hatten. Anfangs ließen sie sich nicht von Zweifel, Angst und Traurigkeit die Kraft rauben, gab es kein Hadern mit dem Schicksal. Alle Energie wurde gebündelt. Sie brauchten keinen Trost, und wenn, so wollten sie es sich nicht eingestehen. “ Bitte lassen sie mich schlafen, da kann ich etwas träumen und für Momente der

Gegenwart entfliehen. Immer wenn ich wach bin, werde ich permanent mit ihr konfrontiert.“, sagte ein Patient zu mir.
Es ist wie bei so vielen schwerwiegenden Rettungseinsätzen, wo wir mit Leichtigkeit aus der Luft angeflogen kommen, die Situation erfassen und die Schritte zum Unfallort scheinbar langsamer werden und immer schwerer fallen, im Zweifel, diese Situationen bewältigen zu können.
Ich fühle mich mental zu langsam für die Ereignisse, welche um mich herum geschehen. Die Gedanken möchten rennen, springen, schreien, können aber nur in Zeitlupe gehen und ich bin zu müde zum reden, den Gedanken Inhalt zu geben, das nennt man wohl hilflos, wenn die Worte fehlen.
Ich bin vielleicht gut im Worte finden, aber nicht im drüber reden.
Im Notarztdienst sind es nur kurze Kontakte, Momentaufnahmen, agieren, reagieren. Der Mensch kommt, ist gegenwärtig und verschwindet wieder aus unserem Leben, in Minuten, höchstens Stunden. Die Reflexion kommt danach.
Medizinische Psychologie hieß das Fach, welches man im zweiten Studienjahr des Medizinstudiums belegt. Vorlesungen und Seminare, schlaue, abstrakte Sätze. Was mussten wir für Schemata auswendig lernen, nur um gut durch die Prüfung zu kommen: „Kreuzen sie die nicht richtige Antwort nicht an!?“
Mitgenommen hat man davon nichts. Und über solche Situationen erfuhr man dort erst recht nichts, extreme Belastungssituationen in Arzt-Patienten- Interaktionen. Und kann jemand, der derartiges auch nur aus Büchern kennt, noch nie solch eine Situation erleben musste, Verhaltenshinweise geben, Anleitungen zum Handeln?
Was mache ich hier? Sollte ich nicht zu Hause sein, die Zeit mit der Familie genießen?

Wir ziehen unsere Kleidung aus Nomex an, jenem Gewebe, was nicht entzündlich und besonders feuerhemmend sein soll und setzen uns in eine Röhre aus Aluminium und Kunststoff mit einem Rotor dran, voll gestopft mit Technik, von deren Funktionsfähigkeit unser Leben abhängt. Genau so wie von der Fertigkeit der Hubschraubermechaniker, welche die Wartungen durchführen – optimierte Sicherheit und doch so verletzlich.

Und dann war er also gekommen, der letzte 24-Stundendienst auf dem Rettungshubschrauber.
War die Begrüßung dieses Mal am Dienstbeginn besonders herzlich, oder kam es nur mir so vor?
Der Dienst selbst war dann eher ruhig, 4 Notrufe.
Mein letzter Einsatz brachte dann aber doch noch eine Neuerung.
Ein älterer Herr wollte die Reste des letzten Schnees des Jahres vom Vordach kehren. Leider waren die Filzpantoffeln ohne Profilsohle ein untaugliches Schuhwerk auf dem rutschigen Untergrund. Und so kam es, wie es kommen musste, er rutschte aus und fiel vom Vordach, verletzte sich erheblich an Kopf und Wirbelsäule, blieb bewusstlos liegen.
Das Einführen des Beatmungstubus gestaltete sich schwierig, im Alter ist die Halswirbelsäule nicht mehr besonders beweglich und eine Verletzung in diesem Bereich war nach dem Sturz nicht auszuschließen.
»Wir haben da was Neues«, Frank reicht mir einen kleinen Kasten. »GlideScope heißt das Teil und ist ein Spatel mit eingebauter Videokamera und Monitor.« Klasse, man muss sich den Luftröhreneingang, die Stimmritze unter Zurückneigen der Halswirbelsäule nicht direkt darstellen, sondern kann per Kamera kontrollieren, ob der Beatmungstubus korrekt platziert ist, ohne den Hals forciert überstrecken zu müssen.

»Das Teil ist zwar nicht ganz billig, für solche schwierigen Intubationen aber ideal«, meint Frank. Und ich muss ihm zustimmen, einführen, Stimmritze darstellen, Tubus platzieren, Blockung fertig. Das ging einfach und ich bin sicher, dass der Tubus korrekt liegt.
Die Vitalfunktionen sind stabil, dem Abflug steht nichts mehr im Wege.

Den gut zwanzigminütigen Rückflug vom Krankenhaus zur Luftrettungsstation versuche ich mit allen Sinnen festzuhalten – mein letzter Flug an Bord des Rettungshubschraubers. Ich genieße den Blick in die Ferne über die Dresdener Heide hinweg, bis hin zum Elbsandsteingebirge in die eine und bis zum Zittauer Gebirge in die andere Richtung. Die sanften Flugbewegungen des Helikopters verströmen in mir ein wohliges Gefühl. Eine Menge von Gedanken und Ereignissen schwirren durch meinen Kopf. Wo ist die Zeit hin? Sechszehn lange Jahre, was ist da alles passiert?
Nach den ersten Diensten habe ich jeden Fall nochmal rekapituliert, viel gelesen und die internen Weiterbildungen über Luftrettung verschlungen, es war ja Neuland für mich, das ich damals betrat. Nicht nur die Verletzungen und Krankheiten galt es zu beherrschen, sondern auch die Komplikationen, welche sich daraus ergeben konnten. Allmählich kam die Routine, die Sicherheit und so reduzierten sich die Erregung und Anspannung auf dem Weg zum Notfallort, nie jedoch der Respekt.
Wir sind den unterschiedlichsten Menschen hier an Bord des Rettungshubschraubers begegnet, haben gravierende Abschnitte deren Schicksals begleitet, versucht es in positive Bahnen zu lenken. Eine große Zahl von ihnen hat uns nie wahrgenommen, für sie sind wir die Helfer ohne Gesicht. Sie hatten das Bewusstsein verloren oder waren ins Koma versetzt worden. Für sie bleiben wir die Unbekannten, Piloten, die sie bei Wind und Wetter durch

die Lüfte flogen, um sie schnellstmöglich in die Klinik zu bringen, Ärzte und Rettungsassistenten, welche sie am Leben hielten und ihnen Schmerzen nahmen, als sie zwischen Leben und Tod schwebten.

Viele Piloten, Ärzte und Rettungsassistenten sind gekommen und gegangen, nun bin ich an der Reihe »Adieu« zu sagen. Meine Eltern sind sicherlich froh über die Entscheidung, die Luftrettung aufzugeben. Jeden Einsatztag bangten sie, dass wir gesund landen mögen, waren immer froh, wenn ich mich nach jedem Dienst telefonisch zurückmeldete.
Und ich, wie empfinde ich in den letzten Flugminuten? Auch ich bin froh, diese lange Zeit von 16 Jahren unbeschadet überstanden zu haben, glücklich über gelungene Einsätze, bei denen wir helfen konnten, nachdenklich über Niederlagen. Und ich bin überzeugt, es ist vernünftig, jetzt meinen Abschied zu nehmen, denn ich habe einige Momente durchlebt, die man nicht beliebig oft durchmachen kann, ohne Schaden an der Seele zu nehmen. Mit zunehmendem Alter, so habe ich feststellen müssen, wird das Hinterfragen intensiver, manchmal auch quälend und birgt damit die Gefahr des Selbstzweifels. Dies wiederum ist nicht gerade förderlich in einem Job, in dem schnelle, sichere Entscheidungen ausschlaggebend für den Lohn der Arbeit sind. Gegenstand dieser Arbeit ist der Patient, sein Auskommen bestimmt unseren Erfolg oder unsere Niederlage. Diese Zeit hat mich wesentlich geprägt, meine Einstellung zum Leben verändert.

Olaf dreht zur Landung ein, setzt weich auf dem Helipad auf und fährt die Turbinen runter.
»Das war´s, Jungs, danke für alles«, mehr kann ich im Moment nicht sagen, als ich bemerke, dass mir ein wenig die Stimme zu versagen droht.

Die Rotoren stehen schon eine Weile still, als ich die Tür aufschiebe und aussteige. Dieses letzte Mal lasse ich meinen Helm nicht auf dem Notarztsitz liegen, für den nächsten Einsatz. Ich klemme ihn unter den Arm und gehe allein zurück in den Hangar. Die Jungs haben ihre Handys herausgeholt für einige »Erinnerungsfotos«.
Wir ziehen den Hubschrauber hinein und schließen die beiden riesigen Rolltore.

Als ich zu Hause die Tür aufschließe, nimmt mich meine Frau ganz fest in den Arm. Sie weiß sicherlich am besten, wie es gerade in mir aussieht. Paula kommt aus der Wohnzimmertür: »Papa, darf ich deinen Helm haben?«
»Aber nur ausgeliehen!«, ihr Kopf verschwindet im noch etwas zu großen Helm. Glücklich entschwindet sie in ihr Kinderzimmer.

Epilog – Keine besonderen Vorkommnisse

Besondere Vorkommnisse – sie betreffen nicht die schwer verletzten oder erkrankten Patienten, nicht die oft chaotischen Situationen, welche uns am Notfallort erwarten, nicht unsere Anstrengungen, mit denen wir um so manchen Patienten kämpfen, und auch nicht die Gefühle in uns, wenn wir ihn nicht durchbringen konnten.
Sie betreffen nicht die diensthabenden Crews mit ihren ganz eigenen, privaten Problemen.
Keine besonderen Vorkommnisse – die Traumatisierungen, die über neunzig Prozent aller Notfallhelfer ereilen. Sie summieren sich ohne Hilfe von außen. Studien zufolge, welche an australischen Feuerwehrleuten durchgeführt wurden, zerbrechen immerhin ein Viertel von ihnen an den häufigen Konfrontationen mit Unfallereignissen – Gewalteinwirkungen in physischer und psychischer Hinsicht hinterlassen auch bei denen, die helfen, ihre Spuren. Wunden verheilen, die resultierenden Narben tragen wir weiter mit uns.
Menschen in Helferberufen als Hochrisikopopulation für das Erleben von Traumata, posttraumatische Belastungs- und Verarbeitungsstörungen, Unterdrückung von Emotionen, Schuldgefühle, Hilflosigkeit, Ängste. Wir bewegen uns gelegentlich auf sehr dünnem Eis.
Besondere Vorkommnisse – sie betreffen höchstens einmal einen technischen Defekt am Hubschrauber oder an den medizinischen Geräten.
Also lautet der Eintrag ins Einsatzbuch in aller Regel:
Besondere Vorkommnisse – keine.
Der Stationierung des ersten Rettungshubschraubers »Christoph 1« 1970 in München folgten bis heute, trotz Rückschlägen mit tödlichen Flugunfällen, über fünfzig weitere. Das flächendeckende Luftrettungsnetz garantiert, wie in keinem anderen Land weltweit, eine schnellstmög-

liche Notfallversorgung. Heranführen von hoch qualifizierten Rettungsteams und Material zur optimalen Versorgung am Unfallort, zur Stabilisierung lebenswichtiger Funktionen, und der schnelle und schonende, weil erschütterungsarme Transport zur definitiven Behandlung in geeignete Krankenhäuser – das sind die Hauptaufgaben. Durchschnittlich neun Minuten vergehen von der Alarmierung bis zum Eintreffen am Einsatzort. Im ersten Halbjahr 2001 wurde der einmillionste Rettungseinsatz auf dem Gebiet der Bundesrepublik Deutschland geflogen. 2014 wurden mehr als 100.000 Luftrettungseinsätze über deutschem Territorium absolviert.

Anfänglich hatten meine Aufzeichnungen lediglich Tagebuchcharakter. Irgendwie, irgendwo wollte ich unsere Erlebnisse niederschreiben, zum einen, um später auf einige retrograde Masterpoints, Landmarken der Erinnerung, zurückgreifen zu können, andererseits aber und sicherlich hauptsächlich, um Geschehenes einzuordnen, auf meine Weise zu verarbeiten – die Parabel, das Gleichnis und das Kontra, der scheinbar ewige Widerstreit zwischen Privatem und Job, zwischen Glück und Trauer, zwischen Vater und einer in Windeseile heranwachsenden Tochter, zwischen permanentem Stress und den seltenen Augenblicken der Ruhe – ein ständiger und nicht einfach im Vorbeigehen zu meisternder Balanceakt.

Ich schrieb aber auch gegen einen sporadisch wiederkehrenden Blues in Herz und Seele, um Dinge verdrängen zu können, die bedrücken, sie mir wenigstens erklärlich zu machen, im Beruf wie im Privatleben.

Andere brauchen dafür einen Therapeuten – »Nun erzählen Sie mir mal, was Sie bewegt!« – ich fasste meine Gefühle und Gedanken in Worte, formte sie zu Sätzen und schrieb sie nieder. Nicht alltägliche Fälle in meinem Leben als Chirurg und Notarzt, welche bei der Schnelllebigkeit des Jobs, der Oberflächlichkeit der gemachten Erfahrungen rasch in Vergessenheit geraten, außergewöhnliche Erlebnisse, die sich in ihrer Komplexität retrospektiv nur schwerlich, meist unvollständig, zu wenig objektiv rekonstruieren lassen, mich nachhaltig bewegten, zufällige, zwangsläufige Schicksalskreuzungen von Menschen an Bord eines Rettungshubschraubers galt es zu beleuchten. Aber was sind schon alltägliche und nicht alltägliche Fälle? Was ist wichtig, was weniger bedeutungsvoll?

Für meine Person ist diese inventarische Nachschau gelungen, für das Empfinden des Lesers bleibt dies noch abzuwarten.

Das Erlebte soll publik und damit die Problematik auch Unbeteiligten zugänglich gemacht werden.

Irgendwann kam der Gedanke, ein Buch daraus entstehen zu lassen, ohne auch nur die geringste Ahnung, wie so etwas gehen soll. Ohne besondere profunde journalistische Beschlagenheit schrieb ich also meine Geschichte und die Geschichtchen auf, kehrte beiläufig mein Inneres nach außen.

Ich versuchte Transparenz in die für den Außenstehenden oft so unwirtlich erscheinende Welt an Bord eines Rettungshubschraubers zu bringen, in die meist katastrophal und oft unübersichtlich anmutenden Situationen, gelegentlich Verständnis erhoffend.

Jene Ein- und Ausblicke eines Jobs, der enorme Kräfte fordert, immer noch Freude macht, Zufriedenheit bringt und so niemals zur Last wird, den ganz normale Menschen für ganz normale Menschen tun. Menschen mit ihren Schwächen und Fehlern, gelebten Sehnsüchten und verdrängten, noch lange nicht überwundenen Ängsten, mit vielleicht, oder ganz bestimmt, etwas mehr Verrücktheit ausgestattet, sicher aber mit einer ganzen Menge an Pioniergeist, Willen und Ehrgeiz im positiven Sinne, ohne einen Anspruch auf vollständige Beleuchtung aller Facetten kolportieren zu wollen.

Was sollen wir tun, mit dem gerade 20-jährigen Soldaten, dem nachts eine zu früh detonierte Sprengladung auf dem Truppenübungsplatz Arm, Bein und Gesicht zerfetzt hat und der bei vollem Bewusstsein die Dinge, die um ihn herum geschehen, miterlebt und nichts sehnlicher erwartet, als dass irgendetwas mit ihm geschieht, ihm geholfen wird?
Was tun mit dem Mittvierziger, dem vor dreißig Minuten das Herz aussetzte und somit das Gehirn ohne Blutzufuhr blieb? Werden sie uns dankbar sein, wenn es gutgeht? Und werden sie uns zum Teufel wünschen, wenn wir ihr Leiden nur verlängerten? – Rettung, intensive Medizin um jeden Preis, nur weil wir neue Verfahren, bessere Apparate haben?
Und was hat das Kind gedacht, was gefühlt, als es in unseren Armen starb? Wie geht es uns dabei? Wie lange halten wir das aus?
Was sagt man dem Mann, der gerade begann, sein Rentnerdasein zu genießen, und einen nicht mehr zu operierenden Krebs in seiner Bauchhöhle trägt, nur noch Wochen, vielleicht auch nur noch Tage zu leben hat und sich doch noch so viele Träume im Leben erfüllen wollte, jetzt, wo endlich Zeit dafür wäre?
Wir wissen auf diese Fragen keine Antworten und müssen sie uns doch immer und immer wieder stellen und stellen lassen.
Wohin geht die Reise mit uns?
Wenn schon eine Art von Mythos, dann Mythos als Vehikel, als Instrument der Allgemeingültigkeit, des Alltäglichen im Leben alltäglicher Menschen. Welches sind meine Träume, meine unerfüllten Wünsche?
Oft bin ich auch in Gedanken bei meinen Großeltern. Manchmal ging ich an ihre Gräber, nicht in erster Linie um etwas zu pflanzen, sondern um mit ihnen zu reden. Ich habe ihnen auch, ganz egal, was die verdutzt drein-

schauenden Passanten sich denken mochten, aus meinem Manuskript vorgelesen. Es ist mir sehr wichtig, dass sie es erfahren, und ich bin überzeugt, es gibt Wege, dass sie erfahren, wie es mir geht, was ich hier unten tue.
Ob sie es wohl gutheißen würden? Ich hoffe es sehr.
Als vor einigen Wochen die Zeit für das Grab auf dem Friedhof abgelaufen war, das Grab eingeebnet und der Stein vernichtet werden sollte, nahm ich den Grabstein einfach mit und stellte ihn zwischen zwei Buchsbäumen in einer ruhigen Ecke unseres Grundstückes auf, so sind sie weiter bei mir. Obwohl Atheist, glaube ich fest daran, dass sie von da oben zu uns herabblicken, stets ihre schützende Hand über mich halten. Einiges, was sie sahen, wird ihnen sicherlich ihr Herz gebrochen haben, zu sehr hingen sie an ihrer Urenkelin. Als meine Großmutter im Krankenhaus starb und ich an ihrem Bett saß, waren die letzten Worte, welche über ihre Lippen kamen: »Ach, meine Romy.« Ich hielt ihre von harter Arbeit und langjährigem Rheumatismus gezeichneten Hände. Sie entschlief ohne Angst und ohne Schmerzen, mit dem Lächeln, welches mir ihr Leben lang begegnete. Schmerz fühlten nur wir, die sie verließ und die sie so sehr vermissen. Wenn eine Kerze erlischt, müssen die, die zurück bleiben mit der Dunkelheit leben.
Ihren immerwährenden gütigen Gesichtsausdruck nahm meine Großmutter mit hinüber in die andere Welt.
Ja, ich habe das große Glück, diese Töchter zu haben, auf die ich richtig stolz bin.
Was wäre ich ohne meine Mädels? – Was wäre der Tag ohne Licht?
Sie sind einfach das Beste, was mir im Leben passieren konnte – davon bin ich überzeugt. Und was wäre ich ohne Myren?
Allerdings eine der zurzeit wohl größten Sehnsüchte und Wunschvorstellungen erscheint eigentlich recht banal, lässt sich aber so verdammt schwer verwirklichen.

Wieder einmal so richtig lange und ohne die leidigen, kraftzehrenden Unterbrechungen ausschlafen – unvorstellbar, grandios, außerirdisch!
Von hier oben sind die Unterschiede zwischen den angeblich großen und kleinen Dingen im Leben so unscheinbar und verschwommen. Das gibt uns die Möglichkeit, andere Prioritäten zu setzen –, ist unser Privileg.

Mir war durchaus auch bewusst: Irgendwann werde ich zu viele Tote, zu viele Schwerverletzte, zu viel Leid gesehen haben. Und ich habe mir eingestehen müssen: »Okay, das war's, es ist genug. Es ist Zeit für dich, auszusteigen.« Vorbei die Zeit des unentwegten Suchens der Balance, des Abstandes und der Nähe zu den Verunglückten. Jene Nähe zu finden, um ihnen bestmöglich zu helfen, und dabei den emotionalen Abstand zu wahren, um nicht mit ihnen zu sterben.
Ich musste feststellen, man ist nicht unverwundbar, aber ich habe gelernt Wunden zu kaschieren.
Zum letzten Mal habe ich meinen Helm aus dem Regalfach mit meinem Namen genommen. Bei allem Abschiedsschmerz bin ich froh, die 16 Jahre meiner Tätigkeit in der Luftrettung unbeschadet überstanden zu haben.
In meiner aktiven Zeit kam es in Deutschland zu einigen Unfällen mit Rettungshubschraubern, bei denen Piloten, Notärzte, Rettungsassistenten und Patienten ums Leben kamen. Erst vor einigen Tagen stürzte ein BK 117 Helikopter der Deutschen Rettungsflugwacht in die Ostsee, Pilot, Notarzt und Rettungsassistent überlebten diesen Absturz nicht.
Während der Einsätze habe ich nicht einmal darüber nachgedacht.

Vorbei auch die Zeit der Ängste, eine falsche Entscheidung zu treffen, Zweifel, die dich nicht in den Schlaf finden lassen. Gesichter und Augen werden mich sicher noch einige Zeit in meinen Tag- und Nachtträumen begleiten.

Nun warten andere Aufgaben, die es zu meistern gilt.
Für Paula beginnt das Ringen mit der Pubertät, was sicher auch unser Leben nicht unerheblich »bereichern« wird.
An die Kurzsilbigkeit der Teenager müssen wir uns noch gewöhnen. Wie war's in der Schule? Gut. Was gibt's Neues? Nichts.
Immerhin, neulich fasste sie ihren ersten Besuch bei Starbucks mit »like heaven served in a cup« zusammen.
Romy, mittlerweile Zahnärztin, wird in einigen Monaten zum ersten Mal Mutter.
Wir genießen es und sind weiter dran – am Leben.

Danksagung

Zunächst gilt mein Dank all denen, die mich zum Verfassen der Aufzeichnungen inspiriert haben, meinen Eltern, den Freunden und Mitstreitern, den unermüdlichen Manuskriptlesern und -kritikern. Allen voran den Helikoptercrews für ihr redaktionelles Engagement, die wertvollen Hinweise, fliegerische Terminologie, Anregungen, Berichtigungen und Verbesserungsvorschläge sowie die »Entschärfung« gelegentlicher abenteuerlicher Schachtelsätze. Sie haben maßgeblich zum Entstehen und dem nunmehrigen Abschluss der vorliegenden Abhandlung geführt.

Dem Microsoft-Computerprogramm MS Word gilt mein Dank für den virtuellen Beistand im schier undurchdringlichen irrationalen Dschungel der neuen deutschen Rechtschreibung – für Rechtschreibetheoretiker sicherlich ein wichtiges wissenschaftliches Highlight, für den Schreiber im alltäglichen Umgang mit der Rechtschreibung ein eher beschwerliches, wenig nutzbringendes Procedere.

Besonders herzlichen Dank an Herrn Postor, den praxiserprobten und fundierten Kenner der orthografischen Winkelzüge, meinem unermüdlichen Beistand im Grabenkampf zwischen alten und neuen Rechtschreibregeln.

Meinen Lektorinnen Frau Anke Witzel und Gabi Heller vom HELLER VERLAG sei Dank für die hochprofessionelle Betreuung und Beratung sowie die Hilfestellungen bei der Verwirklichung des Projektes und für ihre unendliche Geduld bei der regelgerechten Interpunktion meiner oft nicht enden wollenden Satzkonstruktionen.

Auf einigen Flügen begleiteten wir an Krebs erkrankte Kinder bei ihrer Verlegung in spezialisierte Einrichtungen, erlebten die Verzweiflung der Eltern, deren Ohnmacht, häufig auch ihr körperliches und seelisches Fiasko, und den schier unerschütterlichen Lebenswillen der Kinder, die Tapferkeit, mit der sie alles über sich ergehen lassen, ihren Mut und ihre Duldsamkeit. Dem Förderkreis für krebskranke Kinder e.V. Dresden bleibt Kraft und Ausdauer bei der Bewältigung einer der wohl anspruchsvollsten und emotional äußerst belastenden medizinischen und sozialen Aufgabenstellungen unserer Zeit zu wünschen.

Glossar

Abdomen – Bauch
Analgetika – Schmerzmittel
Anamnese – Krankheitsgeschichte
Anästhesist – Narkosearzt
Aneurysma – Aussackung der Blutgefäßwand
Anomalie – Fehlbildung
Antidot – Gegengift
Anus praeter – künstlich geschaffener Darmausgang
artifiziell – künstlich
Auskultation – Abhören (hier Abhören der Lunge)

Bulimie – Ess-Brech-Sucht

CT – Computertomografie, schichtweise Darstellung von Körperabschnitten

Defibrillation – Normalisierung der Herztätigkeit mittels Elektroschocks
Defibrillator – Elektroschockgeber, zur Behebung von Herzrythmusstörungen
disloziert – lageverändert, abweichend von der anatomischen Normalität
Drainage – Ableitung von Flüssigkeiten

EKG – Elektrokardiogramm
EEG – Elektroenzephalogramm
evaluieren – bewerten, beurteilen
exkulpieren – entschuldigen, rechtfertigen
Extremitäten – Gliedmaßen, untere E.= Beine, obere E.= Arme

Flexüle – Kunststoffverweilkanüle in der Vene

Fuß – hier: in der Luftfahrt benutztes englisches Längenmaß, ein Fuß entspricht 30,48 cm

GlideScope – Intubationsspatel mit eingebauter Videokamera und Monitor zur exakten Platzierung des Beatmungstubus bei schwierigern Intubationsverhältnisse
Guedel-Tubus – Luftbrücke zum Freihalten der Atemwege
GPS – Global Positioning System, satellitengestütztes Navigationssystem

Hämatom – Bluterguss
haptisch – mit dem Tastsinn arbeitend
HCM = HEMS Crew Member (Besatzungsmitglied eines Rettungshubschraubers)
HEMS = Helicopter Emergency Medical Service
Headsets – Kombination von Kopfhörer und Mikrofon zur Verständigung an Bord
Hemisphäre – Halbkugel
Hypertonie – Hochdruck, hier: zu hoher Blutdruck
Hypotonie – Minderdruck, hier: zu geringer Blutdruck

Infusomat – Gerät zur genauen Applikation einer Infusionsmenge über einen definierten Zeitraum
Infusion – Flüssigkeitszufuhr über die Vene
insuffizient – untauglich, nicht ausreichend funktionierend
intrakardiale Injektion – Medikamentengabe direkt ins Herz
intramuskuläre Injektion – Medikamentengabe in die Muskulatur
intravenöse Applikation – Medikamenten- und Flüssigkeitsgabe in die Vene
intrakranielle Blutung – Blutung im Schädelinneren
Intubation – Einführen eines Tubus in die Luftröhre zum Zwecke der künstlichen Beatmung
ITS – Intensivstation

Jetlag – Beschwerden, insbesondere Schlafstörungen, nach dem Überfliegen von mehreren Zeitzonen von Westen nach Osten

kardio-pulmonale Reanimation – Wiederbelebung von Herz und Lunge
Kasus – Fall, Vorkommnis
Knoten – Maß für Geschwindigkeit, in Meilen pro Stunde, etwa 1,85 km/h
KTW – Krankentransportwagen

Läsion – Verletzung, Schädigung
Laparotomie – operative Eröffnung des Bauchraumes
Lapsus linguae – umgangssprachlich für falschen Zungenschlag
letal – tödlich
Logopädie – Sprachschulung
Lumen – Innendurchmesser von Gefäßen oder Organen

Meile – nautische Meile, Längenmaß, 1 Meile entspricht 1,852 km
Multiorganversagen – Ausfall lebenswichtiger Organsysteme wie Nieren, Lunge, Leber, Herz-Kreislauf-System

Narkotika – Medikamente zur Einleitung und Aufrechterhaltung einer Narkose
NAW – Notarztwagen

Osmolarität – Konzentration einer Lösung

palpieren – etwas aus- oder antasten
Pankreas – Bauchspeicheldrüse
Pathologe – Facharzt, der krankhafte Veränderungen nach dem Ableben von Patienten untersucht
pathologisch – krankhaft verändert

Perforation – Durchbohrung, Durchstoßung
Perfusor – Spritzenpumpe, ermöglicht genaue Applikation bestimmter Medikamentenmengen über einen definierten Zeitraum
Pneumonie – Lungenentzündung
Polytrauma – Mehrfachverletzung eines oder mehrerer Organsysteme
postulieren – fordern
Protektion – Schutz
Progression – Voranschreiten, Fortschreiten
Pulsoximeter – misst über die Haut den Sauerstoffgehalt im Blut

Regression – Zurückbildung
Rekonvaleszenz – Genesung
Relaxation – medikamentös herbeigeführte Muskelentspannung
Reposition – in ursprüngliche Position zurückführen
Reputation – Ansehen
Rescuebag – Tasche mit komprimierter Zusammenstellung der wichtigsten Notfallutensilien
retrospektiv – zurückschauend, zurückverfolgend
RFDS – Royal Flying Doctor Service, fliegende Ärzte in Australien und anderen ehemaligen englischen Kolonialstaaten
Rheologie – Fließeigenschaft
rigid – starr, steif
RTH – Rettungshubschrauber (auch: **R**ettungs**t**ransport**h**ubschrauber)
RTW – Rettungswagen

Schädel-Hirn-Trauma – Verletzungen an Kopf/Schädel und Gehirn
Screening – breit angelegte Untersuchung
SHT – Schädel-Hirn-Trauma

Sonografie – Ultraschall
Status präsens – gegenwärtiger Zustand
Sternum – Brustbein
suffizient – ausreichend, hinlänglich, gut funktionierend
Suppression – Unterdrückung
Sydneysider – Einwohner Sydneys
Synergie – Zusammenwirken

Tachykardie – Herzrhythmusstörung bei zu schnellem Herzschlag (auch Tachyarrhythmie)
Terminus – Fachausdruck
Thorax – Brustkorb
Thoraxdrainage – Kunststoffschlauch (Tubus) im Brustkorb zwischen Brustwand und Lunge zum Ableiten von Luft und Flüssigkeiten
Transfusion – Gabe von Blutkonserven
Translation – Verlegung, Überführung
Transplantation – Verpflanzung von Organen oder Organteilen
Trauma – unfallbedingte Verletzung
Traumatologe – Unfallchirurg

vitale Funktionen – lebenswichtige Funktionen
VU/VKU – übliches Kürzel für Verkehrsunfall

Dr. Tino Lorenz, geboren 1962 in Dresden, lebt heute in Liegau-Augustusbad. Medizinstudium 1984–1990 an der Charité Berlin und der Medizinischen Akademie Dresden. Anschließend Facharztausbildung in den Krankenhäusern Heidenau und Dresden-Friedrichstadt.
Seit 1990 als Notarzt tätig, seit 1995 Notarzt in der Luftrettung. 1997 Facharzt für Chirurgie. Abschluss Sportmedizin 2005, Facharzt für Allgemeinmedizin 2005, seit 2006 mit eigener Praxis in Dresden, Teamarzt Fußball SG Dynamo Dresden seit 2006, Teamarzt DSC Volleyball Damen seit 2012.